宝安慈善实践探索丛书

宝安
慈善人物访谈

BAOAN CISHAN RENWU FANGTAN

张平照 ◎主编

中国社会出版社

国家一级出版社·全国百佳图书出版单位

图书在版编目（CIP）数据

宝安慈善人物访谈/张平照主编．－－北京：中国社会出版社，2024.4

（宝安慈善实践探索丛书／张洪华主编）

ISBN 978-7-5087-6256-2

Ⅰ.①宝⋯ Ⅱ.①张⋯ Ⅲ.①慈善事业－人物－访问记－宝安区 Ⅳ.① K820.865.4

中国国家版本馆 CIP 数据核字（2024）第 052488 号

宝安慈善人物访谈

策划编辑：许　畅
责任编辑：张　迟
装帧设计：尹　帅
出版发行：中国社会出版社
　　　　　　（北京市西城区二龙路甲 33 号　邮编 100032）
印刷装订：北京虎彩文化传播有限公司
版　　次：2024 年 4 月第 1 版
印　　次：2024 年 4 月第 1 次印刷
开　　本：170mm×240mm　1/16
字　　数：350 千字
印　　张：22
定　　价：98.00 元

总　序

"革故鼎新，得宝而安。"深圳宝安，地处中国南海之滨，扼守珠江口、大亚湾、深圳湾与大鹏湾，是"奇迹城市"深圳下辖的一个行政区，也是深圳市的前身。深圳作为一个城市虽然只有短短40年的历史，然而其前身——宝安，却有着近1700年的历史，被称为"深港文化之根"。早在东晋咸和六年（331年），朝廷"析南海郡东南地域置东官郡，郡辖宝安"。悠悠岁月中，宝安都是"粤省前哨"，辖地辽阔，大约包括如今深圳、香港、澳门、东莞市部分、广州市番禺区南部、中山市、珠海市等地区。从东晋至明清，宝安在政治、经济、文化、交通及军事上的地位和作用都十分重要。在东晋，是政治经济中心；在唐代，是海防要地；自宋至明清，是南方海路贸易中枢、食盐产地、珍珠贡品产地、军事要塞。中华人民共和国成立后，宝安成为广东省辖县。

潮起宝安湾，慷慨歌未央。20世纪80年代初，在宝安县辖区的基础上，深圳经济特区、深圳市相继成立，宝安县建制也最终在1992年年底取消，成为深圳市下辖的一个行政区。随着深圳城市的迅速崛起和奇迹般的发展，宝安这一古老的地区换了新颜。40年来，宝安区锚定"最擅长跑道"，跑出高速度、高质量路径，如今已经成为深圳市的产业大区、经济大区、人口大区。2017年至2023年，宝安区连续排名"中国工业百强区"前十，经济社会发展成就显著。

宝安及整个岭南的社会文化，延续中原文化血脉，公益慈善事业历史悠久，继往开来。宋朝以后，宝安地区民间大族兴起，乐善好施、惜弱怜孤、济贫扶危、守望相助、善德育化，蔚然成风。明清时期，政府开始正式实施民生保障举措。据地方志记载，清朝时期，宝安地区官府已设立恤政处所，用以收栖疯癫、孤老、盲人、枯骨等；近代和民国时期，本地企业家、宗教组织开启了现代公益慈善之路；中华人民共和国成立后，宝安的慈善事业被纳入社会主义建设整体框架中。改革开放以来，公益慈善事业随着深圳这座新兴城市的高速发展而获得了新的发展契机。特别是20世纪90年代以来，深圳以打造民生幸福城市为出发点和落脚点，持续优化慈善事业发展环境，慈善工作领先全国，荣获全国"七星级慈善城市""全国最具爱心和最慷慨的城市"等称誉。在这个历程中，宝安区委、区政府高度重视慈善工作，推动宝安区慈善事业向广度、深度、高度发展和进步，发挥在深圳慈善事业中的示范作用；宝安区慈善事业也一直走在全市前列，是全市慈善事业改革创新的试点区。

2007年，宝安区成立了深圳市首家区级慈善会。这是宝安慈善事业发展的一个重要里程碑，对加快宝安慈善事业发展，进一步完善社会保障体系，建设幸福和谐宝安具有重要意义。宝安区慈善会的业务范围覆盖广泛，包括：扶贫、济困；扶老、救孤、恤病、助残、优抚；救助自然灾害、事故灾难和公共卫生事件等突发事件造成的损害；促进教育、科学、文化、卫生、体育等事业的发展；防治污染和其他公害，保护和改善生态环境；以及符合国家慈善法律法规规定的其他公益慈善活动。作为全区慈善事业发展的枢纽型、平台型组织，宝安区慈善会一方面积极贯彻落实宝安区委区政府打造"慈善之区"的目标和工作规划，在保障和改善民生、扶贫攻坚、推进共同富裕、建设社会主义小康社会工作中担当助手角色、发挥补充功能；另一方面在社会各界广泛关注支持下，在慈善会团队共同努力下，学习借鉴先进地区的经验，立足宝安特色和实际，积极探索，躬身实践，坚持以社会化、规范化、专业化、特色化为抓手，依法行善，规范行善，主动行善，科学行善，有效行善，引领全区慈善事业初步走出了一条既博采众长又颇具本地特色的发展之路。

第一，传承发展之路。宝安区慈善会于2007年成立，并于2013年、2018年分别完成了第二届理事会、第三届理事会换届选举。16年来，宝安区慈善会高度重视传承工作，在继承中创新、在创新中发展、在发展中前行。首届理事会搭建了组织结构，制定了制度规范，组建了工作队伍，并在慈善募捐、慈善救助、对口支援、慈善文化宣传等业务工作中积累了富有价值的经验，产生了积极的社会影响。第二届和第三届理事会顺应慈善体制改革的趋势和方向，传承前届积累的经验做法，在前期改革创新的基础上，进一步理顺慈善会和政府的关系，优化治理，充实队伍，丰富方式方法，拓展工作领域，深耕慈善资源，通过完善的决策制度、合理的约束机制、良好的专业素质、可靠的监督制度、优秀的项目品牌，不断加强自身能力建设，不断提升慈善会的社会影响力，从而走出了一条结合传统官办组织和新型社会组织两者优势、按组织原则和章程独立运作的新路径。

第二，规范发展之路。制度是公益慈善机构的生命所在，是公信力的基础。宝安区慈善会自建会以来，不断完善组织架构建设，高度重视制度建设，形成了决策、执行、咨询和监督四位一体的完整的闭环系统。规范是宝安区慈善会发展的重要基础。宝安区慈善会非常重视规范化建设，通过16年的不断探索和完善，形成了一套完整的制度体系，包括重大决策提交常务理事会或理事会讨论决定制度、会长办公会集体决策制度、监事会制度、慈善金收支信息公开制度、第三方审计制度等34项制度，做到了"一事一制度"。同时，制定"五年发展规划"，规范、指引慈善会的运行方向。完备的制度体系保证了慈善会规范化运作，有效保障和促进了宝安区慈善会的健康良性发展，赢得了社会的高度信任。

第三，创新发展之路。宝安区慈善会一直把开放创新作为慈善发展的驱动力，以全局视野、创新精神主动适应慈善事业发展的新形势和新挑战，在总结经验的基础上不断开创慈善事业发展新局面，围绕宝安区社会发展重点领域和关键环节改革，把区内和区外社会资源有机结合起来，积极参与粤港澳大湾区建设，助力打造宝安区湾区高地、共享家园及共建共治共享社会治理新格局。首先，创新慈善募集和救助方式。近年来，宝安区慈善会大力发展冠名慈善基金和专项资金，提升精准帮扶实效，初步形成了多层面、宽领域、广覆盖、开放式的慈善救助模式。

截至 2021 年年底，全区累计冠名慈善基金 114 家，慈善资金实力稳步壮大，位居全市区级慈善会之首。其次，创新慈善服务方式。在原有救助办法的基础上不断完善慈善服务项目，运用现代公益创投的理念和方式，从 2015 年起每两年举办一届"宝安区公益慈善项目大赛"，选拔针对宝安区社会民生问题提出有效解决方案的公益慈善组织，予以资金资助、辅导培训、平台化常态化支持等专业服务。截至 2021 年年底，宝安区慈善会已经举办了五届大赛，入选项目共 54 项，总资助金额达 1334.96 万元，惠及服务对象 200 多万人次，涉及老年人、妇女儿童、残障群体、社区治理、环境保护等多个服务领域，绝大部分体现了宝安本土需求。实践证明，公益慈善项目大赛在提高公益慈善项目实施质量、解决基层社会问题的同时，还提升了宝安区本土社会组织的专业服务能力，使公益慈善的社会价值和影响力远播四方。此外，宝安区慈善会还创新慈善运营模式，探索慈善信托、慈善款物募用分离、第三方财务托管及评估等现代慈善运作模式，让参与主体通过多元形式筹集更多的资源用于公益慈善事业，不断扩大和盘活慈善资源。

第四，专业发展之路。宝安区慈善会充分认识到专业人才是慈善事业发展的支点，不断推进团队慈善知识、工作方式等方面的专业化建设，发展高效专业的慈善工作队伍。首先，加强专职队伍建设。通过招考、政府购买等形式广泛遴选社会优才，不断扩大慈善会专职工作队伍，形成了一支由在编人员、社工人员、专职辅助人员构成，具有较强组织管理、项目开发和运作、宣传推广等工作的阶梯型、应用型、复合型专职人才队伍。其次，创建兼职顾问队伍。通过创新用人机制，宝安区慈善会依托社会资源，从人大代表、政协委员、行业协会、新闻媒体、义工联、学术界等各个领域中聘请知名人士担任顾问，提供平台和渠道，吸引顾问从不同的视角集思广益、献计献策，不断开创慈善工作的新局面。再次，发展专业志愿者团队。根据慈善会的业务范围、宝安区公益组织发展状况、志愿者的服务兴趣和专业能力，与宝安区义工联合作设计专业志愿者项目，初步组建了不同类别的专业志愿者团队，推进全区志愿服务向专业化发展。最后，完善慈善应急专业能力。宝安区慈善会作为政府、市场之外重要的社会治理主体，长期注重提高慈善组织危机治理意识和应急管理能力，注重慈善领域应急机制的建立与完善。新冠疫情发生以后，宝安区慈善会创新应急救援救济机制和方法，第一时间启动疫情应急预案机制，实现了慈善组织与政府部门、社会需求在疫情应急管理中的无缝衔接，初步形成应对突发公共卫生事件、动员社会力量参与的宝安模式。

第五，文化发展之路。16 年来，宝安区慈善会通过不断深化和丰富工作方法，推动形成了具备宝安特色的公益慈善文化系列品牌。创新慈善宣传方式，充分发挥媒体宣传作用，通过新媒体"宝安湾""滨海宝安""宝安融媒"等微信公众号和官方网站等向社会展示区慈善会的风采。创作宝安区慈善会会歌、期刊和周刊，开展"宝安慈善之语"征选活动，推出"宝安慈善娃"爱心玩具，制作慈善宣传专题片、动漫片和微电影，其中公益微电影《金婚》在全国推播，引发广泛关注。每年开展"宝安慈善宣传周"活动，定期举办"宝安慈善奖"评选活动，定期组织举办全国性公益慈善论坛——"宝安慈善论坛"，每年举办"与爱同行慈善微跑"活动。其中"慈善微跑"活动在宝安区引起了强烈的反响和好评，已经成为宝安区慈善文化、慈善事业的标志性活动。在全市率先探索推进"慈善文化进校园"工作，到 2020 年年底，全区 139 所公办和民办小学实现了"慈善文化进校园"全覆盖。打造慈善空间，以"有项目、有空间、有团队、有规划、有进展、有成效"的"六有"标准，有序推动慈善空间打造工作，从而促进了更多社会组织之间的交流。打造慈善地标，按照"一街道一慈善地标"的目标，稳步推进慈善地标建设工作，使宝安更多慈善地标性建筑为慈善亮灯，弘扬慈善文化。

第六，合力发展之路。宝安区慈善会自成立之日起，就坚持多元参与、全民慈善的理念，以"合作共建、合作共享、合作共赢、合作推进"为原则，充分发挥本会作为枢纽型慈善组织的优势，与政府部门、企业组织、社会组织和公众密切互动、友好合作，搭建慈善服务平台，以服务助提升、以合作促共赢，凝聚慈善精气神，汇集慈善正能量，形成了强大的慈善合力，营造了全区"合力慈善"格局。近年来，宝安区慈善会先后与辖区内各街道办、五类百强企业、商会、义工联、媒体等签署了"推进宝安区公益慈善事业发展合作框架协议"，以框架协议的形式把政府、商会、协会、企业及媒体凝聚起来，形成了优势互补的工作格局，并深入推动各社区建立慈善组织网络，全区初步形成了"合力慈善、人人慈善、全民慈善"的氛围，形成了大慈善工作格局。

第七，特色发展之路。16年来，宝安区慈善会充分依靠本地慈善资源，优先回应本区社会问题，建立健全了便捷、直接、高效的本区公益慈善价值链，学习公益机构营销战略，持之以恒地开展凸显本地特色的慈善工作，建设符合区情的慈善生态品牌，加强公益慈善品牌管理建设，并在此基础上不断开拓新的慈善项目品牌。其中，已经产生了广泛影响力的品牌包括：宝安区冠名慈善基金和专项资金模式、"慈善文化进校园"和"与爱同行慈善微跑"等慈善文化建设模式、宝安区慈善空间和慈善地标模式、"宝安区公益慈善项目大赛"模式、宝安区"合力慈善"模式、宝安区公益扶贫超市模式等。这些模式，均在全国公益慈善界独树一帜，标志着宝安区走出了一条卓有成效的慈善服务新路子，也为宝安区实现慈善事业可持续化发展奠定了扎实的基础。

第八，学习发展之路。宝安区慈善会一直有"请进来，走出去""好好学习"的传统，通过加强学习和交流，不断提升慈善队伍的业务能力和服务水平，推动宝安区慈善事业依法依规健康发展。首先，加强理论学习，提高政治素养。坚持按照学习建会的要求，坚持会长办公会专题学习制度，强化党史学习、形势与政策学习、慈善法规制度学习，通过加强政治理论学习，把握慈善工作方向。其次，加强慈善工作交流，借鉴慈善工作经验。充分发挥宝安区贴近粤港澳大湾区的有利条件和优势，拓展与港澳地区在公益慈善、志愿服务等领域的交流合作，学习借鉴其成熟做法和有益经验。不定期与市内外慈善组织交流和沟通业务工作，相互观摩、学习和借鉴；积极参加省级、国家级慈善会系统及公益领域交流大会；坚持开展走访和座谈活动，加强与本会名誉会长、会员单位、理事、会员、各街道与社区的沟通和交流，广泛听取意见、建议，增强凝聚力和向心力。再次，打造学习型团队，加强团队能力提升。每年与国内高校和知名公益慈善培训机构合作，对本会人员的项目管理能力、执行能力、募资能力等进行培训提升。最后，加强一线工作人员业务培训，提高其专业服务水平。每年组织各街道、社区相关工作人员开展慈善救助业务专题培训，帮助基层慈善救助工作人员更加清晰明了地掌握相关慈善救助业务的办理流程和要求等，提升基层慈善业务水平。

任何一项有成就的工作都来源于坚持和坚守，宝安区慈善会对认准的事情坚持、坚守，绝不轻易放弃。正是由于这样的坚持与坚守，宝安区的慈善事业才有了生命力和影响力，宝安区慈善会也因此连续赢得殊荣。2013年，宝安区慈善会获得"深圳市扶贫济困日组织奖""广东省扶贫济困优秀项目"；2016年，在"第三届鹏城慈善奖"评选中，宝安区慈善会荣获十大"鹏城慈善典范机构奖"，成为深圳市第一个获得该荣誉的区级慈善会；在2017年度宝安区区级社会组织评估中，获得5A等级；2018年，在"第四届鹏城慈善奖"评选中，宝安区获评"深圳市鹏城慈善典范区"，成为全市唯一获评该殊荣的行政区；2019年，在由中国慈善联合会、深圳市民政局指导，中国公益慈善项目大赛组委会、深圳市社会公益基金会主办的全国"公益创投十周年"庆典盛会上，宝安区慈善会荣获"拾典·卓越协作者"奖；2020年，在"第五届鹏城慈善奖"评选中宝安区慈善会被授予"鹏城慈善40年致敬单位"荣誉称号；2022年8月，在"第六届鹏城慈善奖"评选中，宝安区慈善会倡导推行的"慈善文化进校园"项目荣获"典范项目"之誉。

随着国家有关"粤港澳大湾区"和深圳建设"中国特色社会主义先行示范区"的政策落地，宝安在"双区驱动"的历史机遇下赋予自己新的发展定位、新的时代使命。目前，宝安正全力打造国际一流城市新中心、粤港澳大湾区融合发展的核心引擎、先行示范区城市文明典范和民生幸福标杆，这必然对宝安的慈善事业发展提出新要求、新方向、新责任。

宝安区慈善会在推进慈善事业发展历程中取得了一些经验，同时在创新发展中也凸显了一些有待解决的问题和瓶颈，需要继续创新和探索。2022年逢宝安区慈善会成立15周年，到2023年我担任慈善会会长正好10年，在这个时间节点上，我们希望回过头来，对过去走过的道路、做过的工作系统梳理总结一下，认真思考、分析哪些经验可取并值得积淀下来，还有哪些问题需要解决、哪些失误应当避免，以期为今后更好前行提供铺垫，推动宝安区慈善事业在新的时代机遇下走向一个新的高度。因此，宝安区慈善会携手学界、凝聚智慧，共同对宝安区慈善事业发展的历史、现状与未来进行系统、全面、深入、细致的研究，以"宝安慈善实践探索丛书"的形式呈现出来，以期升华经验，总结教训，砥砺前进。

作为"宝安慈善实践探索丛书"的组织倡导者，我特别感谢上海交通大学中国公益发展研究院的徐家良教授、深圳大学政府管理学院的唐娟教授、中央民族大学管理学院的李健教授、华东政法大学政治学与公共管理学院的章高荣副教授、深圳《宝安日报》张平照总编辑团队，衷心感谢中国社会出版社的彭先芬女士、许畅女士、张迟编辑，没有大家的共同努力，就没有本丛书的面世。同时，我们也真诚希望通过丛书的出版，得到更多同行专家、理论大家以及从事和参与公益慈善的同人们的批评指正。

深圳市宝安区慈善会会长　张洪华
2024 年 3 月于深圳

序

　　"宝安慈善人物"系列访谈即将结集出版，宝安慈善会张洪华会长嘱我作序，欣然从命！

　　洪华会长是我特别敬佩的老领导，他布置任务，焉能不从。尤其是本书收录的人物访谈，都曾在我供职的《宝安日报》刊载过，产生了很好的社会反响。这些报道汇集成册，作为宝安慈善丛书之一出版，乃是宝安日报社的荣幸。是以欣然！

　　慈善行为是播洒爱心、升华自我的高尚追求。慈善公益是帮困济贫、服务社会的崇高事业。宝安区慈善会成立15周年，成长为深圳市"资金最雄厚、救助群体最多、覆盖面最广、影响力最大"的区级慈善会，宝安慈善模式闻名全国。宝安慈善事业能有今天的繁荣景象，离不开千千万万宝安慈善人的积极参与和无私奉献。他们来自各个领域、不同阶层，为慈善事业发展倾心倾情，出钱出力，共同成就了宝安慈善事业蔚为大观、欣欣向荣的局面。

　　2022年6月，洪华会长让《宝安日报》负责慈善事业报道的资深记者黄芳转告我，宝安慈善会成立15周年之际，他想与报社合作，宣传一批作出突出贡献的慈善人物，"先做报道，再出书，为他们立传"。宣传爱心人物，弘扬真善美，乃媒体天职，义不容辞。《宝安日报》编委会郑重其事，精心策划报道方案，组织近20名骨干记者，在洪华会长和慈善会鼎力支持下，完成对26位慈善人物的采访。2022年9月26日开始在《宝安日报》刊登，每位人物一个整版，图文并茂，强势推出。同时在宝安湾客户端、宝安日报公众号及"今日头条"和人民日报客户端发布，通过新媒体广泛传播，一时"洛阳纸贵"。

　　本书收录了26位宝安慈善人物的事迹，其中21人为企业家。由于工作关系，特别是得益于洪华会长的介绍引荐，书中的慈善人物我有幸认识大半。从事媒体工作近40年，采访报道过一些人物，看过的人物故事更是不计其数，但本书中的企业家群体让我领略到一种特别的风采。这些人大都是"老宝安"，有土生土长的，更多是20世纪八九十年代从广东乃至省外来闯深圳的。他们身上，既闪耀着"特区精神"：敢闯敢试、敢为人先、埋头苦干，又透着明显的"宝安气息"：厚道热情，低调朴实，崇德向善。洪华会长多次跟我说，这些热心慈善公益的企业家，深深打动了他，是他做慈善的重要支撑。我们的记者普遍反映，采访这些企业家"难度很大"：不太愿意接受采访，访谈时不愿意多谈个人，对个人慈善事迹轻描淡写。联想到宝安慈善会成立以来共募集8个多亿的善款，而这些企业家恰是捐赠主力，他们的低调更显可贵。

　　留意书中慈善人物小传，您会发现，21位企业家都是各个商会的会长，其中包括宝安区10个街道商会的会长。宝安是人口大区、经济大区，街道商会和其他各类商会都相当具有影响力，能把这些商界精英大咖凝聚到旗下共襄慈善大业，可见宝安慈善会领导的号召力！创会会长何植洪先生我虽未曾谋面，但他的声望和口碑令人敬重。我与洪华会长可谓一见如故，其领导水平、慈善情怀、雷厉作风、人格魅力令人服膺。执掌宝安慈善会10年，他心无旁骛、用情用力，事必躬亲、追求完美，坚持传承发展、规范发展、创新发展、专业发展、文化发展、合力发展、特色发展、学习发展，走出一条独具特色的宝安慈善发展之路，不愧是宝安慈善人物领军者。

　　深圳作为"建设中国特色社会主义先行示范区"，正在加快步伐构建现代慈善体系，更好地发挥慈善事业第三次分配作用，推动共同富裕，努力打造慈善创新发展新高地。宝安区慈善会15年砥砺前行，成为全国慈善事业的一面旗帜，是全区人民、社会各界共同的光荣，本书收录的26人堪称其中杰出代表，也是慈善公益的先行者，谨向他们致以崇高的敬意！

（深圳报业集团编辑委员会内容总监、《宝安日报》总编辑　张平照）

目 录

何植洪：开好头起好步，打造宝安区的阳光慈善

人物简介

何植洪，1946 年出生，宝安福永下十围村人。1965 年 12 月入伍，1967 年加入中国共产党，1968 年提干，1985 年由团长转业。1979 年参加对越自卫反击战。服役期间荣立三等功三次。转业后，先后担任宝安县委副书记，县委常委、纪委书记。1993 年 1 月宝安撤县建区后，历任宝安区委常委、纪委书记、区监察局局长、区委副书记、区人大常委会主任等职。2006 年 12 月退休后，参与筹备宝安区慈善会，于 2007 年至 2013 年间，担任宝安区慈善会第一届理事会会长。

宝安区慈善会的成立是构建和谐社会的必然

记者：区委当年为什么授命即将从区人大常委会主任岗位退休的您，组建区慈善会？

何植洪：要回答你这个问题，还要从我们区成立慈善会的背景说起。党的十六大以后，党中央提出了以人为本的科学发展观，在全党全国得到了积极的响应和贯彻，构建和谐社会成为当时的主旋律。从我们区来看，宝安区地处改革开放前沿，得风气之先，一跃成为制造业、外贸出口大区，经济、社会发展取得了骄人的成绩。但也存在一些发展不协调、不均衡的问题。以青春和汗水支撑宝安经济起飞的广大务工人员，不时会因突然遭受的不幸而感到无助；还有不少年人均集体分配不到2000元的"欠发达村"，因病致贫、因残致贫，生活在最低保障线之下的"低保户"。宝安的人民有着乐善好施的传统，不乏扶贫济困的善举，不少企业家自发地慷慨解囊，但资源还没有得到整合。建立统一的、能够整合慈善资源的平台，成为一个热门话题，也提上了区委区政府的议事日程。2006年8月，"成立宝安区慈善会，发展宝安区的慈善事业"，分别被写入了区四届一次党代会和区四届一次人代会的政府工作报告。

履行创会会长职责，立足宝安实际，为宝安阳光慈善打好基础

记者：那么区委为什么选您筹建慈善会并担任创会会长？

何植洪：这个问题有意思。2006年年底，我即将退休，通常组织上会考虑发挥离退休人员的余热。当时的区委书记周林祥，曾任深圳市纪委副书记，对公益、慈善领域的腐败比常人有更深刻的认识和警醒。我曾担任

过宝安区纪委书记，职业经历可能更符合区委和周林祥书记对区慈善会主持者的要求。因为，同时被选为区慈善会常务副会长、刚刚从区委副书记岗位上退休的张文枢，也是个老纪检，经验丰富，原则性强，有群众威信，曾经担任过罗湖、宝安等几个区的区纪委书记。

记者：区委挑选您做慈善会的创会会长，您当时的心情如何？

何植洪：感到很荣幸很光荣，也感到责任重大，有挑战性，决心坚持打好基础，起好步，开好局，把区慈善会筹建好、经营好，不负区委区政府的重托。

记者：您筹建和主持区慈善会期间，工作目标是什么？

何植洪：开好头，起好步，全力打造宝安区的阳光慈善。阳光慈善有两层含义：第一层含义是通过慈善把党、政府和社会对困难群众的关爱，传递给生活最困难、遭遇最不幸、群众最同情的困难群体，让他们感受到党、政府和社会的阳光和温暖；第二层含义是慈善全过程公开、透明，杜绝腐败，增强慈善事业和区慈善会的公信力。这是实现第一层含义的保证，有两句话说得很好，"阳光慈善聚人心，慈善阳光暖人心"，通俗地说明了阳光慈善的要义。这成为我们区慈善会从筹备开始就努力以高标准、高质量去追求和实现的工作目标。

六个值得回顾和称道的工作

记者：您在担任区慈善会会长期间，做了哪些值得回顾和称道的工作？

何植洪：谈到这个问题，我想调整一个角度，谈的不是"我"，而是"我们"，即我们区慈善会这个领导班子、团队和集体。

第一个值得回顾和称道的工作，是我们在全省全市率先制定并执行了慈善金封闭式管理的制度。慈善金单独闭环，不提成，不作风险投资，确保慈善金全部用于慈善救助。从而最大限度地防止了慈善金管理的腐败，增强了区慈善会和宝安慈善事业的公信力。这也是根据党风廉政建设的实际状况，是我们打造阳光慈善不可或缺的必要措施。

第二个值得回顾和称道的工作，是我们在全省全市率先做到了全部慈善救助的项目化。我们最初实施的是户籍困难居民重大疾病医疗资助、劳务工重大疾病医疗资助、自然灾害和突发性重大事故资助项目，继而又实施了驻地困难官兵资助、各街道残疾人综合职业康复服务中心康复器材捐赠、区社会福利中心弃婴（童）先天性唇腭裂和先天性心脏病治疗救助、"6·13"特大暴雨灾害专项救助等项目，以及面向贵州、湖南、河南、四川、广东、广西、江西等省内外的定向救助项目。

记者：以上的慈善救助项目，在我区实施后起到了什么作用？

何植洪：我区慈善项目的制定，都是经过深入的调查研究和慈善会集体讨论决定的。这些慈善救助项目的实施，好处是显而易见的。（一）全面覆盖了我区的各类群体，体现了慈善公平。（二）救助对象突出了劳务工和原居民，构建了慈善救助的基本框架。（三）救助项目的选择，与我区建立的社会救助体系有效衔接，成为政府救助的有力补充。（四）根据特区内外一体化的进程和全市低保水平与物价指数的变化及时调整救助力

2011 年 7 月 12 日在河源调研

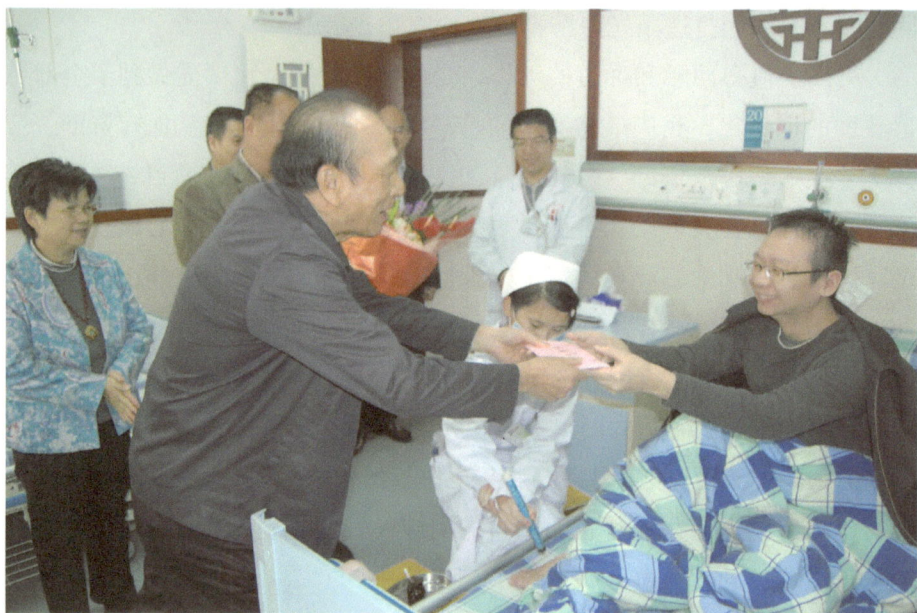

2011 年 12 月 31 日，宝安区慈善会赴区中医院慰问肝癌晚期的宝安区党员楷模罗莹哲

区慈善会领导到宝安区福利中心调研

度。（五）简化程序，最大限度方便困难群众。（六）在全国率先实施驻地困难官兵的慈善救助，助力军队和国防建设，促进军地、军民融合。

何植洪：第三个值得回顾和称道的工作，是我们积极参与了 2008 年汶川地震、南方冰冻雨雪灾害、2010 年玉树地震、甘肃舟曲特大泥石流、台湾"莫拉客"台风等重大自然灾害的募捐。募捐资金多，社会贡献大。在汶川地震发生后，全区共募集慈善金 1.7 亿元（不包括直接向市捐出的部分），占全市的四分之一。区慈善会被市政府授予"深圳市抗震救灾捐赠特别奖"，被市民政局授予"深圳市民政系统抗震救灾特别贡献集体"荣誉称号。屡次参与重大自然灾害的募捐，彰显了宝安区慈善会的动员和组织能力，彰显了宝安区各界群众的慈善热情和宝安区慈善事业的实力。

第四个值得回顾和称道的工作，是精心组织开展了"广东扶贫济困日"募捐活动，连续三年募捐数额全市第一，共募集资金 6252 万元，惠及龙川、东源县 326 个项目，121200 多人次。受区政府的委托，管理和监督所募集资金的使用，充分体现区委区政府对区慈善会的信任。

第五个值得回顾和称道的工作，是推行"一十百千万"，创新广东省"慈善捐赠月"活动的项目化。所谓"一十百千万"，就是倡议：中小学生捐 1 元，普通市民捐 10 元，公职人员和个体工商户捐 100 元，一般企业捐 1000 元，规模以上企业捐 1 万元。2012 年，区党代会报告和区政府工作报告都对此给予了肯定。

记者："一十百千万"，它有什么良好作用？

何植洪："一十百千万"的推行，一是捐助标准不高、负担不重；二是有利于慈善捐助的群众化、大众化；三是募集资金增多了 12%；四是寓慈善教育于实践之中，有利于提高普通群众，尤其是中小学生的慈善意识。

第六个值得回顾和称道的工作，是我区的慈善实践培育和涌现了一批充满爱心、真诚奉献、推动慈善事业发展的先进典型，张扬了宝安的慈善精神。召开首届慈善表彰大会，蔡吉胜等 79 人获"慈善个人奖"，艾美特电器（深圳）有限公司等 30 家企业荣获"慈善企业家奖"，福永商会等 30 个单位荣膺"慈善组织奖"，广东恒丰投资集团有限公司等 18 个单位被授予"2008 年抗震救灾捐赠特别奖"。区慈善会积极宣传并推荐林乐文、郑焯辉、翁锐桂、苏洪根、黄尔春等慈善人物参选"中华慈善奖"、"南粤慈善奖"和"鹏城慈善奖"的表彰活动。

用心最多，实则是用情最深

记者：您在任区慈善会会长期间，用心最多的工作是什么？

何植洪：我们区慈善会的工作对象是困难群体，他们有三个显著特征：生活最困难、遭遇最不幸、群众最同情。怎样能更有效地帮助他们是我的职责所在，也是我用心最多的工作。

记者：您和区慈善会是怎么做的呢？

何植洪：区慈善会成立之后，根据区委主要领导关于"第一笔或第一批慈善金具有导向作用、要慎重安排"的指示，设计和出台第一批慈善救助项目就成为我和区慈善会当时的头等大事。那七八个月，我们的主要心思都用在这上面。我们深入街道、社区、企业调查研究，广泛听取民政、劳动、卫生等部门和区慈善会法律顾问的意见，权衡各种建议的利弊，形成方案走完了程序，并获得了通过。由此，我区对"三最"困难群体的慈善救助，于 2007 年 9 月从户籍居民和劳务工的重大疾病、自然灾害和突发性重大事故救助，以及对残疾人康复资助方面破了局。

其后，把慈善救助作为我们的首要工作没有变，用心去做没有变。2008 年，区慈善会开展了对驻地困难官兵的资助。2009 年，对第一批三个救助办法的实施情况征求意见，进行了修改。2010 年，作为一种新的慈善项目，对各街道报送上来的 102 名困难群众进行春节慈善慰问；对沙井某企业中毒的 30 名员工进行特殊个案救助；为拓展新救助项目，开展宝安区户籍肾功能衰竭、地中海贫血、白血病和癌症病人情况调查。2011 年，继续开展春节慈善慰问，共慰问 183 名困难群众，发放慰问金 54.9 万余元；还决定从下一年度开始，扩大春节慈善慰问对象。一是重点优抚对象：生

在宝安区福利中心调研

为受资助市民发放医疗资助金

活困难的烈属、因公牺牲的军人遗属、病故军人遗属、残疾军人、在乡复员军人、带病回乡退伍军人和老苏区干部、老党员、老游击队员、老交通员、老堡垒户等"五老人员"。二是生活困难的残疾人、孤寡老人。三是因患重大疾病造成生活困难的户籍居民。四是患重大疾病并在接受治疗的困难劳务工。2012 年，捐赠某自闭症儿童康复机构价值 30 万元的康复设备；还根据医疗实际需要资助我区 8 家公立医院 16 项医疗设备约 1969.4 万元，主要包括麻醉机、移动心肺复苏仪、血透机、除颤仪、彩色多普勒超声检查仪等。

记者：在您任区慈善会会长期间，慈善救助项目不时会进行修改，您印象最深的是哪次修改？

何植洪：我印象最深的就是降低救助门槛。在我市特区内外"一体化"之际，当我市最低工资标准提高之后，我们都对救助门槛进行了多次调整，这样，2012 年，我区慈善救助门槛从最初的月收入低于 910 元降低到月收入低于 3000 元，惠及了更多的困难群众。

记者：区慈善会开展这么多救助项目，涉及这么多领域，情况这么复杂，对"三最"困难群体的帮扶救助难度也会增加。

何植洪：是这样的，我们当时也注意到了这个问题。为了把这些好的慈善救助项目落实好，我们认真开展了慈善救助业务的培训。2007 年 9 月 18 日，第一批慈善救助项目正式启动的当天，区慈善会举办的慈善救助项目操作培训班就同时开班，区民政局各科室负责人、有关科室的全体人员，街道社会事务办主要负责人及工作人员，社区民政员参加了培训。之后，区慈善会每年分片区或街道举办类似的培训班，培训慈善救助的业务。区慈善会副会长张文枢、秘书长刘年娣和慈善会的其他领导逢班必到，亲自主持，解答问题。从而，对规范慈善救助做到"不错漏""不延误"起到了良好的作用。

第一届慈善会 6 年的实践证明，我们的工作目标达到了，时任区委书记在区慈善会考察报告上批示："区慈善会的工作，区委区政府十分放心，十分满意。"

记者：您作为创会会长，从 2007 年至 2013 年，干了 6 年，您认为您当初提出的"开好头，起好步，全力打造宝安区的阳光慈善"的目标实现没有？

何植洪：从区慈善会的角度看，我认为我们做到了。标志是：（一）从筹备开始，我们就认真研究设计并在第一次理事会上获得通过的《章程》、慈善金封闭管理制度、集体决策制度、财务管理制度等，都得到了严格的执行。（二）6 年期间，我们没有违规使用过慈善金一分钱，没有个人或少数人非程序审批过一个慈善项目或一笔救助金，没有一个年度没有接受过审计，所有审计没有发现一个违规问题，救助支出明细公开后没有收到过一个投诉。（三）区慈善会成立之时，募集创始资金 5600 多万元，成立一周年"慈善之夜"文艺晚会上，募集慈善金 9600 多万元。6 年来募集的慈善金总额达 4.05 亿元，令人刮目相看。（四）推出 25 个慈善项目，救助 3200 多人次，发放 3900 多万元慈善金，困难群众得到了温暖，全社会感到了温馨。时任区委书记周林祥在区慈善会考察报告上批示："区慈善会的工作，区委区政府十分放心，十分满意。"（五）慈善救助项目被纳入我区社会救助体系，并成为其中重要一环。省民政厅于 2010 年专门召开会议，推广了我区建立社会救助体系的经验。（六）作为第三次分配，宝安慈善对社会第一次、第二次分配，发挥了应有的补充作用，对促进共同富裕，促进效益和公平的均衡，产生了深远的影响。

第一届区慈善会的工作离不开区委区政府、区慈善会团队和社会各界的支持，可谓"三个结果"，借此表达我的"三个感激"

记者：在您担任创会会长期间，区慈善会做了许多富有成效的工作，您有哪些感悟？

何植洪：慈善是个系统工程。做好区慈善会的工作，发展慈善事业，必须坚持"党的领导、政府推动、民间运作、政策引导、社会参与"的工作格局。

由此，我的第一个感悟是，区慈善事业的发展和慈善会取得的成绩，是区委区政府正确领导的结果。我们区慈善会从筹备起，每一项重要工作的决策，都得到了区委区政府的指示。为了支持慈善金的封闭管理，区委区政府决定慈善会的工作经费由财政核拨，并解决了工作人员的编制问题。注入创会资金最大的一笔，是区财政990万元；第一笔最大社会捐款500万元，是区委书记动员的。区慈善会给区委区政府的请示和报告，主要领导都及时批复。区委区政府主要领导亲临区慈善会成立大会、"慈善之夜"文艺晚会、首届区慈善表彰大会、慈善工作座谈会，号召社会各界支持慈善事业发展。每逢发生重大自然灾害，区委区政府的主要领导都及时指示，带头捐款，为募捐、救助工作的开展提供了有力的支持。

我的第二个感悟是，区慈善事业的发展和慈善会取得的成绩，是区慈善会领导团队同心同德、精诚合作的结果。区慈善会常务副会长张文枢，带头调查研究，带头发动募捐，亲自主持自然灾害和突发性重大事故等多个救助项目。有行政兼职的副会长，分别从政协、商会、民政工作角度密切配合。区慈善会秘书长积极协调，保证了各项制度的执行、集体决策的落实。众多的、有实际慈善经验的领导成员的参与，提高了科学决策的质量。副会长苏洪根博士曾任著名国际慈善组织——香港狮子会执行会长，主动提供业界的信息和建议，为区慈善会参观学习香港慈善经验牵线搭桥，从而开阔了团队的眼界，增强了团队从事慈善工作的能力。

我的第三个感悟是，区慈善事业的发展和慈善会取得的成绩，是社会各界支持和共同努力的结果。我区每一次慈善行动、每一笔善款，都包含了全区人民的爱心和善意。"5·12"汶川大地震后，全区党员共捐款1238万元，位居全市六区第一。党员和公职人员全员参与，普通市民和劳务工不甘落后，中小学生捐出零花钱，劳务工捐出了微薄的薪水，优抚对象捐出了优抚金，不少欠发达社区的群众、残疾人也踊跃献爱心。企业家是募捐的中坚力量，捐款占全区募捐总额的大头。

在这里，我由衷地感激区委区政府的正确领导，感激区慈善会领导团队的精诚合作，感激社会各界的鼎力支持！

同时，我还要特别感谢现任会长洪华同志，在我们区慈善会筹建和创会期间，洪华同志作为区委副书记，参与了对区慈善会的领导，他经常参加我们的重要会议，给我们出点子；当我们遇到困难的时候，他总是为我们排忧解难。我们区慈善会在筹备和创会的 6 年间所取得的成绩也包含洪华同志的重要贡献，在此我也表示衷心的感谢。洪华同志任职第二届、第三届区慈善会会长以来，在我们第一届慈善会的工作基础上，不断开拓、不断创新、不断发展，并取得了丰厚业绩。在此我也表示衷心的祝贺。

慈善人物感言 ☆ ★★ ☆ ★

我们树起慈善会这面旗帜，就是要顺应潮流，积善扬善，捐赠不计多少，不分先后，有爱心就行。慈善救助也许不能解决根本问题，但一定是社会保障的一个重要补充。

记者手记

　　谦虚、务实、厚道、与人为善、善于合作、执行力强，是老同事们对何植洪的印象。或许正是因为如此，何植洪在干部群众中有很好的口碑。

　　在采访即将结束时，何植洪说："慈善作为第一、二次分配的补充，不可或缺。随着共同富裕的不断推进，慈善事业将世代传承。每一代人都有自己的责任，我们祝福宝安慈善事业蒸蒸日上。"

（记者：何艳）

人物简介

苏洪根，出生于 1944 年，广东省新兴县太平镇人。他于 1967 年、1995 年分别获得台湾大学土木工程学士学位、英国赫尔大学（University of Hull）工商管理硕士学位，并于南澳洲大学（South Australian University）修读博士学位，2011 年 1 月获亚洲知识管理学院资深院士暨美国林肯大学荣誉管理博士。曾任台湾大学香港校友会会长、国际狮子总会中国港澳303 区青山狮子会会长、国际狮子总会中国港澳 303区第六分域主席、国际狮子总会中国港澳 303 区肾病中心主席。现任恒星电子国际有限公司董事局主席，深圳市宝安区政协委员、深圳市宝安区福永工商联（商会）常务副会长，香港围棋协会会长、香港中文大学新亚书院校董，深圳市宝安区福永街道归国华侨联合会主席。享有"台湾大学香港校友会永久荣誉会长""深圳市荣誉市民"称号。

与慈善结缘　以真情奉献

记者：您是从什么时候接触"慈善"这个概念的，对"慈善"最初的理解和认知是怎样的？

苏洪根：20世纪80年代开始接触慈善。起初我在中国香港创办了公司，我认为企业最重要的一方面就是要承担起应有的社会责任，所以鼓励员工身体力行，从身边小事做起，践行环保理念。1988年起，我担任了香港围棋协会会长，其间共捐款数百万港元，为香港围棋协会购置会址，助力香港围棋事业发展，这是我真正开展慈善的实践。

仁慈友爱，乐善好施，是中华民族的传统美德，是我们与生俱来生长在骨子里的情怀。作为礼仪之邦，中国是世界上最早倡行慈善事业的国家之一。尊老爱幼，扶贫济困，已经成为人们约定俗成的道德规范。我一直将"助人为快乐之本"当作自己的慈善理念。

有很多人认为慈善就是捐钱做好事，其实不然。实际上，慈善拥有非常丰富的内涵，捐赠、救济、见义勇为、保护环境、关怀困弱群体、传播正能量等一切善意之举都是慈善。而且，慈善是一种情怀，无论富裕，还是贫穷，人人都有自己的慈善情怀，人人都可以做公益慈善。比如大人可以见义勇为践行公益慈善，孩子也可以传递真善美弘扬公益慈善等。

记者：您还记得第一次或最开始参与的慈善活动情况吗？当时是什么氛围？做了些什么？

苏洪根：1988年起，我开始担任中国香港围棋协会会长，历时十多年，累计捐款数百万港元，为中国香港围棋协会购置会址，使棋会变成有阵地、有经费、有组织、有活动之队伍。现今中国香港围棋协会会址的价值已超过1500万元了。

其间，我们与中国香港政府合作，选派导师到各社区、中小学等地教导及推广围棋运动，并多次邀请国内外高手到港指导及派员到海外参加国际业余围棋大赛等。

这些年，协会先后组织了中国香港围棋队到内地各城市以及日本、韩国参加业余赛事，加强了中国香港围棋选手与外界的交流和学习。受内地围棋发展的影响，中国香港围棋普及工作逐年提升，全港大部分小学都开设了围棋课，协会组织的选拔赛有四五百人参加，全香港目前有三四万名围棋爱好者。中国香港围棋协会在荔枝角拥有一个 150 平方米的固定活动场所。

2016 年，我率队到湖南株洲参加第十八届世界华人炎黄杯名人围棋邀请赛，当时有来自世界各地政治、经济、文化界的 200 多位围棋名人会聚在株洲。看淡输赢，快乐下棋，相互了解，彼此分享各地围棋的发展动态，探讨围棋推广的经验，这对我国香港围棋发展也是一次非常重要的机会。

行善足迹遍布全国多地

记者：这些年参与慈善事业给您留下了哪些美好的回忆？

苏洪根：我做慈善已经有 40 多年，大大小小的慈善活动都给我留下了深刻的印象，我就挑选几件事情来说一下。

这几十年间，我在贵州、云南、广西、广东等偏远山区捐建了很多所学校。每年，我们都会深入这些地区考察，然后根据当地的实际需求，联系当地的政府进行选址，设计、建设学校。

回想起 30 多年前我们去山区的状况，我还记得蜿蜒崎岖的山路，我驱车开过一座座山头，看到孩子们居住的房屋都十分破旧，他们徒步走数千米的山路去上学，如果遇到下雨，他们就披着简单的雨衣来上课，看到孩子们艰苦的生活条件和教育环境，我鼓励他们要从大山里走出来，要好好学习。

因为深知"扶贫先扶智"，所以我们每年定下目标，要在原贫困山区捐建 4 所学校，并为学校购置教学器材、完善配套设施，让孩子们能在良好的环境与优质的教育资源下成长。

我始终坚持做慈善不仅要出钱，还要出力、出心。我们的所谓"四出"——"出钱、出力、出席、出心"便是这样。在学校建成、学生顺利入学后，我时常返回当地了解孩子们的生活、教育现状。当看到曾经远在深山的孩子们，现在在规模化的学校上课时，我感到特别欣慰。

记者：慈善给您带来最大成就感的一件事是什么？

苏洪根：我1994年加入狮子会，并于2000年至2001年出任青山狮子会会长，于2004年至2005年出任国际狮子总会中国港澳303区第六分域主席。国际狮子总会是一个全球性的慈善服务组织，其创建于1917年，拥有4.8万个分会及150万个会员。会员分布于世界209个国家和地区。目前已发展为历史最悠久、会员人数最庞大、服务范围最广泛的志愿服务团体。

1998年，我们借助国际狮子总会的平台，与中国残联合作，共同推动"视觉第一中国行动"项目，这是一项造福盲人的系统工程，内容包括在我国开展白内障复明手术、普及防盲治盲知识、发展手术复明机构、培训眼科技术人员等。

我国大约有900万名视力残疾者，其中白内障致盲的有400万人。"视觉第一中国行动"一期项目决定在1997年至2001年5年时间里，在我国实施175万例白内障复明手术。到2001年年底，一期工程各项指标已完全超过了当初的计划，进行白内障复明手术达210万例，并在100个县级医院设立了专门眼科，培训了4000名农村眼科医生及7000名眼科辅助人员，改建了一家人工晶体厂。

按照国际狮子总会"视觉第一中国行动"二期项目计划，自2002年起，在5年内我们计划施行250万例白内障复明手术，并组派100批医疗队赴不能开展白内障复明手术的县和边远、贫困高发地区巡回手术；建立眼病防治培训中心，培训师资力量、县级医院眼科医生、眼科辅助人员、各省项目管理人员及乡村医生，使其分别掌握管理技能、业务技能和防盲知识，并长期服务于农村；援建400个县或西部地区的地市级医院眼科，提高基层眼病防治服务能力，将西藏建成无白内障区等。

在1998年至2008年10年内，我们借助国际狮子总会平台，共为超过

405万名白内障病人做了复明手术。

印象最深的是，我们在医院目睹了一位失明十余年的白内障患者重见光明，由于患者长达十余年都处在黑暗的世界中，他已经忘记妻子、儿女的模样了。在他重见光明的那一刻，他连自己的妻子、儿女都不认识。虽然这件事情已经过去了20多年，但我依然记忆犹新，我永远记得他们"重逢"的场面，他能够重新看清这个世界，这样我们做的慈善事业才有意义。

树高千尺不忘根

记者：您经营多家公司，比较擅长用商业成果回馈社会公益，开展公益项目或行动，如何看待做生意和做公益两者之间的关联？

苏洪根：我认为，真正的企业家一定要有强烈的社会责任感，要在关键时刻冲在第一线，要承担起社会责任，用一点一滴的行动回馈社会。

大学毕业后，我在社会上工作了10年，便开始在香港办起了实业。1980年，我在香港创建了恒星电子国际股份有限公司，这是第一家把应变传感器用在消费电子秤产品上的厂家。企业内部也始终秉承践行社会责任等理念。我认为，要做一个好的企业，第一个层次是做好企业自己的事，促进经济发展、解决就业、纳税等；第二个层次是做公益慈善；第三个层次是保护环境。

创业成功后，我一直没有忘记生我养我的故土和在童年时光里给予我关爱和帮助的家乡父老。随着改革开放的春风吹遍南粤大地，我就一直想为家乡做点什么。

我1987年开始在罗湖莲塘设厂生产，随后搬到了深圳宝安区福永，并在福永设立邦深科技（深圳）有限公司。公司越做越大，2012年，我决定在家乡广东省新兴县设立新的生产基地，2013年新兴县工厂全面建成投产。

取之于社会，用之于社会，成功之后要回馈当地，这是企业家应该做的事情。这些年，我在家乡投资工厂，创造劳动就业岗位，同时也促进家乡经济的发展。

我对新兴县的感情源自对家乡深沉的爱，以及一颗感恩的心。我坚持资助学校、出资修路，还帮助低保户、残疾人士、孤儿、贫困大学生、贫困侨眷，并且积极投身家乡的建设和发展，力所能及地为家乡做一些有意义的事，帮扶需要帮扶的人。

用初心守护 与宝安慈善同行

记者： 宝安区开展的慈善活动您参与了哪些？

苏洪根： 宝安区慈善会的会长会议、工作会议我都会参与。当然，慈善会最本质的还是参与慈善活动。

2019 年，我个人捐资 200 万元，在宝安区福永商会公益基金会设立了冠名基金"苏洪根博士教育基金"，实现从助学金到奖学金的全覆盖。2021 年至 2022 学年度，捐给福永中学、福永小学、塘尾万里学校、桥头学校、新兴太平镇中心小学每年每所学校 3 万元。

2020 年 9 月 1 日，桥头学校举行"福商公益基金会——苏洪根博士教育基金"表彰仪式

2020 年 10 月 21 日，云浮新兴太平镇中心小学举行"苏洪根博士教育基金"颁奖仪式

2020 年 10 月 26 日，苏洪根博士为福永中学学子颁发荣誉证书及奖学金

苏洪根与广西玉林孤儿院的老师和孩子们合影

在福永商会组织的扶贫济困公益捐赠活动中，我们积极参与捐款。为了助力乡村振兴，与贫困村形成结对帮扶，重点进行产业帮扶、消费帮扶、民生基础设施帮扶、困难群众帮扶和特殊群体关爱帮扶。

除了我们自己做慈善活动，我也曾带动慈善会成员去中国香港、中国台湾以及新加坡等地学习交流慈善经验，学习他们慈善事业的优秀经验，从而推动我们宝安的慈善事业更上一层楼。

记者：在宝安慈善活动中，您有什么不一样的感受？

苏洪根：首先，宝安区慈善会的动员、推动能力比较强，有很多商会、企业家支持宝安慈善事业，所以宝安区慈善会的筹款能力十分强大，从宝安区慈善会设立至今，如果把募捐款加起来，其筹款数目已经超过10亿元。

其次，在动员范围方面，宝安区慈善事业动员范围非常广泛。宝安区慈善会以及辖区商会鼓励全民投入慈善，慈善不是企业家个人的责任，而是所有公民共同的事情。比如学生可以做一些简单的小事，传播公益慈善美德。与此同时，在教育方面从小培养慈善意识，开展"慈善进校园"等活动。开设慈善课程，让慈善的观念深植于小孩子的内心，宝安区慈善事业形成社会大慈善的格局。

最后，公益慈善本意是扶贫济困，既有"促进社会公平正义，增进人民福祉"的实际作用，也是社会诚信的象征。基于社会信任的公益慈善，可以有效集合社会资源、力量，"聚沙成塔、积少成多"。因此，无论是官方还是民间的慈善机构，立足之本都是"诚信"二字，容不得半点虚假。宝安区慈善会筹款信息公开、业务分布清晰、监督力量有效，是一个非常公正、透明、公开的慈善会。

由此，宝安区慈善力量才会强大，慈善事业才会越来越好。

记者： 对宝安慈善15年的发展您有什么看法？

苏洪根： 宝安慈善会的筹办、成立、运作，我一直都参与其中，宝安区慈善会始终坚持"让每一笔善款都真正用在慈善救济上"，是一个非常阳光，组织和管理都很完美的慈善会。

我认为，这15年来，宝安区的慈善制度体系、保障机制更加完善，制度机制的完善将进一步鼓励和支持民众将公益慈善热情转化为持续化、常态化的公益慈善行为，引导和提升公益慈善组织在社会资源动员与使用等方面的规范化、透明化、专业化与健康化发展水平，在全社会营造了良好的公益慈善氛围，宝安区慈善会在全区慈善事业方面的影响力、号召力也越来越大。

记者： 您参与慈善最大的收获是什么？

苏洪根： 宝安区慈善会经过这么多年的发展，组织健全、善款增多、运作成熟、规范明确，帮助的人也越来越多。我们的目标是帮助社会上最值得同情、最需要帮助的困弱群体。在这个过程中，我们也探索出更多的公益慈善途径，比如个人不想把钱捐献给慈善会统一分配时，捐款者可以设立属于自己的冠名基金，同时也可以将该基金定向给某一类特定人群使用。

记者： 对宝安慈善未来的发展您有什么意见建议？

苏洪根： 希望需要帮助的人越来越少，这表示大家个人能力越来越强，也希望我们帮助过的人都感到满意，这说明慈善会的能力越来越强。老吾老以及人之老，幼吾幼以及人之幼，尽心尽力，有目标、有方向地去做善事，把所有的善款都用在慈善救济中，真正地帮助困弱群体。

记者： 您怎么看待慈善在社会发展过程中发挥的作用？

苏洪根： 首先，慈善事业是政府主导的社会救助工作的重要补充。不管社会如何发展与变迁，社会上总是会有一部分需要给予特殊关怀和照顾的困弱群体，而对这些特殊群体的救助就成了中国传统慈善事业的重中之重。

其次，慈善事业对于调节贫富差距，促进社会公平具有很强的实践意义。比如在脱贫攻坚、乡村振兴中，慈善事业的存在为社会履行帮扶责任提供了平台，更为困弱群体创造了获得社会援助的机会，为他们由弱变强、走向富裕提供了有效路径。

此外，慈善事业对于弘扬奉献精神，促进社会和谐有着良好的引领作用。中华民族自古以来就崇尚"大爱大公精神"。无论是公益捐赠，还是志愿服务，都体现了慈善的本质，也就是我们老百姓常说的"赠人玫瑰，手有余香""滴水之恩，涌泉相报"。帮助他人能让我们获得成就感，被帮助的人也会获得幸福感，久而久之，人们在互帮互助间体会到慈善的意义，让人们更加坚定地投身于"做好事"的行列中，从而在全社会激发起无穷无尽的慈善力量。

记者： 请您用一句话评价宝安慈善。

苏洪根： 宝安慈善机制完善、体制健全、公开透明，通过大胆探索、用心投入和持续赋能，为慈善事业写下了独特的注脚。

记者： 请您用几句话号召更多的人来参与慈善。

苏洪根： 苏轼的《劝世文》说道："凡作佛事，富者以财，壮者以力，巧者以技，辩者以言。若无所有，各以其心。"这告诉我们，盖以人生在世，能够有钱出钱，有力出力，有智慧贡献智慧，尽心尽力去帮助别人，都是值得赞叹之事。然吾人若一无所有，仍可以"随喜"的心，与人为善，成人之美。"大慈善"格局，愿共勉之。

　　"慈"是关爱和扶持，"善"是友爱和相助。用一人的慈善，带动更多人去做慈善。用一次慈善行为，去带动一个能够自动循环、产生良好效果的慈善现象，不断传递、传承慈善理念，在全社会激荡起慈善氛围。

记者手记

"做慈善是一种本能"

　　相由心生。初见苏老先生，是在他福永的公司，他笑着迎接我们，一眼看去就觉得很"慈善"。果不其然，一个多小时的采访，充分展现了他的慈善情怀。

　　说起苏老先生的创业故事，那已经是40多年前的事情了，有些细节就连苏老先生本人都记不太清晰了。与他聊企业，他总自然不自然地转到慈善话题上。

　　作为企业家，苏老先生把慈善更多地当成"理所当然"的事。桑梓情深，他怀着一颗感恩的心，回馈家乡、回馈社会，他的慈善足迹遍布大江南北，他的善款捐赠数以亿计。

　　"做慈善是一种本能。"苏老先生表示，能力有限，就捐少一些；能力强大，就捐多一些。捐款多少不是关键，善心其实不分大小，这样整个社会和更多人都可以做慈善。

　　或许正因为这种"理所当然"，他一做慈善就是40多年，即使已近耄耋之年，他依然致力于研究和参与慈善事业。

（记者：高山）

欧阳泉：反哺家乡，回报社会，用产业架起慈善扶贫爱心桥

人物简介

欧阳泉，广东河源人，深圳市华丰世纪集团董事长。1988 年，欧阳泉创立华丰，在将企业做大做强的同时，时刻不忘自己的社会责任，热心慈善事业，获得过"宝安区纪念改革开放 30 周年优秀企业家""2010 年第三届深商风云人物""首届鹏城慈善奖""光彩事业奖"等数十项荣誉。

作为宝安区慈善会名誉会长，欧阳泉以身作则，30 余年来坚持参与慈善活动。参与的慈善项目覆盖地域广，除了宝安区和深圳其他各区，以及广州、河源、茂名、惠州等省内各地外，省外北达北京，西到青海、四川、广西、贵州，东至上海，遍布城市与农村；参与的慈善项目领域多元化，包括产业、就业、科教文卫、敬老、救灾、扶贫、济困、环保等 8 类 200 余项；慈善捐赠的总金额高，产业帮扶投资 23.5 亿元，直接捐赠 1 亿余元，抗疫减租 1 亿余元。

深受客家文化熏陶　坚持行善回报社会

记者：您好，您是从什么时候开始接触"慈善"概念的？对"慈善"最初的理解和认知是怎样的？

欧阳泉：古语有云"德不配位，财必移位"。我从小就深受客家文化熏陶，认识到做慈善就是行善，行善就是积德。在我看来，一个人要想成功，就要行善积德，做企业更是如此。

我的企业成立至今已经有34年了（2021年），其间发生了很多非常感人的故事。其中最让我记忆犹新的是2003年，集团一位叫夏德元的女保洁员，她丈夫晚上在家不小心摔成重伤。我得知此事后，立刻安排同事送他们去医院，由集团垫钱做开颅手术，在ICU抢救、治疗了100多天。了解到她上有几个老人要赡养，下有两个小孩要抚养，生活十分困难，我又派同事持续到医院陪护、慰问，安顿赶来深圳看望他们的子女亲人。其间花费的数十万元费用，除集团员工自发捐款外，均由集团捐赠。这位保洁员因此对我和集团充满了感恩之情，也开始做慈善，不仅每月从自己比较低的工资中拿出100元，一年就是1200元，捐给集团的慈善基金，帮助有需要的人；而且积极参加义务劳动、做义工等力所能及的慈善活动；还积极参与集团的文艺晚会，利用业余时间排练表演节目，真是打心底爱党、爱国、爱企业，不断传播慈善文化、企业价值观，不断回报社会。这件事让我看到了慈善的力量，慈善可以影响身边的人，勿以善小而不为。当我们大家都尽己所能地去帮助身边的人时，这个社会该是多么美好和谐！也因为这位清洁工的善举，她多次被评为优秀员工，我觉得这是她坚持做慈善应该得到的奖励和馈赠。

记者：您还记得第一次参与的宝安区慈善活动的情况吗？您做了些什么？有什么感想或者感受可以分享一下吗？

欧阳泉：2008年，时任宝安区委书记周林祥委托我组织三家爱心企业

2008 年 3 月 19 日，"企业连心互助会"揭牌仪式

前往贵州省纳雍县扶贫。我们一行人到了纳雍县之后发现当地的村民家里还没有通电，也没有一家能用得上自来水，更没有一条平坦的村道，村民日常用水需要翻山越岭，花两小时才能挑一担水回来使用，条件非常艰苦。看到这一情况后，我们几位企业家当即决定捐款 170 万元，帮助当地的村民通水通电、修建村道。在这次活动中，我还以我企业的名义捐款 57 万元，用于纳雍中学购买教学仪器和教材；捐款 53 万元，用于修建和改善纳雍的道路，总计捐款 110 万元。

因为参与这次捐赠活动，我们企业和纳雍县教育局建立了深厚的感情，平时通过电话和书信联系，我也一直心系纳雍人民，想知道他们过得好不好。后来，我拜托太太代表我，带着儿子和孙子去到纳雍，了解当地村民的生活情况。2018 年，我又以家人的名义，通过"深圳市广电公益基金会·志学行动公益基金"，资助了 40 万元帮助贵州纳雍贫困学生上学。我想让我的家人感受慈善的力量，也想让我的后代尤其是孙辈体验一下贫困地区的生活，让他们在以后的学习和工作中拥有吃苦耐劳、奋力拼

2011 年 4 月 1 日，为中国绿化基金会绿色宝安基金捐款 200 万元

向上海交通大学捐赠签约仪式

2019年9月7日东源县船塘中学奖教奖学活动（背景为欧阳泉捐建的思源楼）

搏的精神，从而建立更好的人生观和价值观，同时也希望在他们的心中播下慈善的种子，让慈善成为我们的家族传承。未来，他们将从我们手中接下慈善这根接力棒。

如今的纳雍，家家户户通水通电，道路也修建得很漂亮，我感到很欣慰，也深刻意识到脱贫攻坚工作是一项非常有意义、非常伟大的事业。

记者：这些年，您还参与了哪些慈善活动？

欧阳泉：我参与慈善活动的时间比较久，覆盖地域广，项目比较多，捐款金额也比较高，其中影响比较深、比较有特色的慈善活动有：

一是在深圳市、宝安区和各街道社区，参加了党委政府和宝安区慈善会等组织的各级各类慈善活动上百项，捐款捐物数千万元。

二是亲赴贵州等地参与慈善活动，为青海、四川、广西、贵州等地区扶贫济困、捐资助学，捐款近千万元。

三是主动回报家乡河源，投资23.5亿元建设河源华丰国贸项目，以产业帮扶带动家乡经济发展，捐赠2000余万元支持脱贫攻坚和乡村振兴，近4年的广东扶贫济困日向家乡累计捐款1200万元。

四是高度重视科教文卫尤其是教育公益事业，累计已在教育上捐资5000余万元，计划向上海交大捐赠5000万元，首期已捐赠1100万元。

五是十分重视敬老事业，近年向东源县船塘镇敬老院、南沙区横沥镇敬老院合计捐赠300余万元。

六是带头抗击新冠疫情：2020年年初，带领员工提前预警、率先布防，组织千余家企业复工复产，创作MV"声"援战疫，亲率两千人力、投入百万元物资防疫，主动减免租金1亿余元，捐款捐物数百万元，"六保""六稳"工作业绩突出。

七是对内创设华丰慈善基金、教育奖励基金、感恩节，历年为遭遇地震水灾等受灾员工、遭遇车祸等受伤员工、遭遇大病员工等捐款捐物，对员工继续教育、员工子女教育进行奖励和帮扶，累计达500余万元。

走产业帮扶之路　助家乡经济发展

记者：上面提到您以产业帮扶投资和直接捐赠2000余万元等方式回报家乡河源，这里请展开谈一谈吧。

欧阳泉：我是从河源农村走出来的孩子，身上永远带着农民的本色。我始终忘不了，是河源的青山绿水哺育了我，我一直以孝敬父母、回报家乡为自己的本分。在我心里，家乡是最亲切的，帮助家乡发展经济、扶贫济困是我的责任和使命。

至今，我已累计为家乡捐款2000余万元，助力河源乡村振兴。一是助力家乡加快新农村建设，修建乡道村道等基础设施，改善村容村貌，帮助乡村治理；二是着力于科教文卫、才智等方面的帮扶，设立船塘中学、新寨小学长期奖助学基金，大力资助东源县敬老院和残疾人救助事业；三是实施就业、产业、旅游、消费等帮扶，直接吸纳800余名河源籍员工就业，带动数千名河源人外出就业。我希望尽可能改变家乡的村容村貌，让更多人能读书，通过读书改变自己的命运。

授人以鱼不如授人以渔，慈善帮扶只能改善一时的贫困，要想从根本上脱贫致富，还需要增强家乡当地的"造血"功能，我坚信产业帮扶才能真正带动家乡的经济发展。因此，我投资 23.5 亿元，返乡建设河源市华丰世纪国际贸易中心项目，引进国际五星级酒店"洲际酒店"，打造甲级写字楼，河源地标建筑，河源"总部经济"平台，建成运营后更将引领河源经济社会发展、产业升级，带动大批高端产业、高新企业总部落户河源，预计将解决家乡大约 5000 人的就业问题，创造更多利税，助力河源"融湾""融深"，打造承接"双区"产业转移新平台，打造独具特色的都市经济圈，促进"两个河源"建设，带动家乡的经济发展，让家乡的父老乡亲在此平台上通过自己的努力发家致富。

记者：您刚刚还提到计划向上海交大捐赠 5000 万元，首期已捐赠 1100 万元，请问，为什么您会有这个计划？

欧阳泉：我研究生毕业于上海交大安泰经管学院，我一直铭记上海交大的校训——"饮水思源，爱国荣校"。上海交大这个知识殿堂，让我学习有了热情、个人有了进步，更进一步提高了经营管理企业的能力，对我的企业的发展壮大起到了非常重要的作用。这次捐赠主要是感恩上海交大和各位老师对我的培养和引导，同时也是践行上海交大的校训——"饮水思源，爱国荣校"，希望为国家培养更多的人才，尤其是产业人才，助力我们的国家更加繁荣昌盛。

记者：您刚刚提到的在企业内部创设华丰慈善基金和教育奖励基金感觉很有创意，可以详细介绍一下吗？

欧阳泉：在华丰世纪集团，我始终坚持倡导"我是华丰人、华丰是我家"的"家"文化理念，倡导员工互帮、互爱、互助，集团急员工之所急、解员工之所困，设立华丰慈善基金就是为了更好地帮扶或救助困难员工。

教育奖励基金用于资助集团员工再教育、员工子女奖助学、资助家乡的贫困学生，主要有以下几类：

华丰世纪集团在职员工继续教育奖励基金：长期以来，华丰世纪集团积极提倡在职员工再教育（包括学历提升、考取与本岗位相关的国家职业资格等级证书等），以提升员工专业知识水平，并发布《关于集团在职员工继续学习的奖励办法》，对获得岗位相关职业资格证书、专科

华丰国贸项目效果图

升本科、本科升硕士的在职员工给予补贴奖励，自 2019 年至今已累计奖励 25 万余元。

华丰世纪集团员工子女助学基金：旨在对困难在职员工的子女教育进行助学帮扶、对员工优秀子女升学进行奖励。

华丰世纪集团船塘中学奖教基金、奖助学基金：设在东源县船塘中学，奖励优秀教师、帮扶贫困学生、奖励优秀学生。

华丰世纪集团新寨小学奖教基金、奖助学基金：设在东源县新寨小学，奖励优秀教师、帮扶贫困学生、奖励优秀学生。

记者：这两类基金成立之后反响如何？有没有什么感人的故事可以分享？

欧阳泉：这两类基金成立之后收到了许多叫好声。我们在做慈善的时候除了要关注大灾大难外，也要关注身边需要关心和帮扶的人，不能忽视他们的困难和需要。

2019 年 5 月，在我们集团工作了十几年的水电工杨周洪突发肺部疾病急需手术，可高昂的手术费难住了本就不富裕的一家人。在了解这一情况后，我们集团第一时间组织捐款，向其家属代表现场捐款 11 万余元，解了他们一家的燃眉之急。经过积极治疗，杨周洪同志成功战胜病魔，恢复了健康。他们一家还给集团送来"雪中送炭、恩重如山，爱的奉献、至诚永远"的锦旗。而我也希望这种精神能一直在集团延续下去，无论谁有困难需要帮扶，我和我们集团的员工都会施以援手。

我是教育的受益者，所以我一直非常重视教育，进入社会开始工作之后，许多人都没有再进修的动力和勇气，而我希望我的员工能不断进步，所以我特别设立了华丰世纪集团在职员工继续教育奖励基金，解决他们进修的后顾之忧。邓衍平是我们集团信息部的经理，在集团的鼓励和支持下，他终于下定决心提升自身专业知识和文化水平，于2019年获得北京科技大学计算机科学与技术专业本科学历，同年获得集团颁发的"专升本"8000元补贴奖励。在他的带动和影响下，部门其他两位员工先后报考"专升本"，顺利获得计算机专业本科学历，并分别获得集团奖励的8000元奖励。员工选择再进修，不仅提升了自身的文化水平和专业技能，回到岗位之后也能为企业创造更大的价值，岂不是双赢？

参建宝安区慈善会 共筑"合力慈善"模式

记者：宝安区开展的慈善活动您参与了哪些？

欧阳泉：多年来，我参与了宝安区开展的科教文卫、社区、敬老、扶贫、济困、环保等各级各类慈善活动上百场，比如2011年为"迎大运、捐大树、种好树"慈善活动合计捐款329万元；2019年向"深圳市宝安中医院发展基金会"捐赠505万元。

记者：在宝安慈善活动中，您有什么不一样的感受？

欧阳泉：宝安区委区政府非常重视慈善事业的发展，在全市成立首个区级慈善会——宝安区慈善会。多年来，宝安区慈善会通过各种慈善活动，宣传普及慈善文化，影响深远，在宝安形成了良好的慈善氛围，大家都积极主动地参与宝安的慈善活动。宝安区慈善会会长张洪华创新慈善方式，搭建多种慈善平台，吸引了许许多多和我一样的宝安爱心企业家主动参与，凝心聚力、齐心共筑宝安的"合力慈善"模式，打造了具有宝安特色的慈善文化，慈善理念在宝安已深入人心。

记者：对宝安慈善 15 年的发展您有什么看法？

欧阳泉：2007 年 1 月宝安区慈善会成立，可以说我是宝安区慈善会的元老之一，曾参与筹备和创建宝安区慈善会。15 年来，宝安慈善坚持"立足宝安，适度外溢"的原则，围绕区党委政府工作中心，打造了一批独具宝安特色的慈善品牌项目，受到了广泛好评。

近年来，在张洪华会长的带领下，宝安区慈善会进一步加强慈善事业的规范管理，完善以定向与专项募捐、冠名慈善基金、日常募捐三大板块为主的社会捐赠模式；进一步创新慈善模式，搭建社会力量参与慈善事业平台，推进、深化和拓展与港澳地区在公益慈善、志愿服务等领域的交流合作，形成一批具有鲜明特色和广泛社会影响力的品牌项目；进一步打造宝安慈善品牌，构建全民参与的公益慈善体系，形成"热心公益办慈善，身体力行办慈善，制度规范办慈善，全民参与办慈善"的良好局面。

经过 15 年的发展，在何植洪、张洪华两任会长的带领下，宝安区慈善会已成长为深圳市"设立最早、资金最雄厚、制度最健全、组织能力最强、救助群体最多、覆盖面最广、影响力最大"的区级慈善会，为补齐宝安民生短板发力，为困难群众提供及时、精准、有效的慈善服务，为完善宝安社会保障体系、助力深圳市打造"民生幸福标杆"作出了重要贡献。

记者：您参与慈善最大的收获是什么？

欧阳泉：因为多年来参与慈善的经历，我学到了很多，也成长了很多，构建了仁爱、充实的精神世界，为个人、家庭、企业积德，为后代播下了慈善友爱的种子。

同时，我的慈善行为也感染了我的家人和企业员工。我家里是四代同堂，家庭非常和谐友爱，他们都很支持我参与慈善事业，也跟着我一起做慈善。我的太太对集团员工非常关心，集团的许多年轻人都说，在集团感受到了妈妈般的温暖和关心。

在我们集团内部慈善氛围浓厚，慈善理念深植。在我看来，一个会参与慈善的人，一定是一个懂得感恩的人，他会感恩党、感恩国家、感恩社会，会更加主动地承担社会责任，会圆满高效地完成工作任务，这就是企业慈善的力量，而这股力量会变成企业腾飞的翅膀。

记者： 您对宝安慈善未来的发展有什么意见、建议？

欧阳泉： 过去的慈善以"输血"为主，大家捐款捐物，帮助有需要的人；而新时代的慈善以"造血"为主，可以通过产业帮扶，以产业带动一个地区的经济发展和社会面貌的改变，这才是长久之计。建议宝安慈善未来在这方面多作一些探索，为其他公益慈善组织提供学习的样板和成功的经验。

另外，我还建议在重要的社会活动场所，如广场、公园、图书馆、商会、协会等地，设立慈善墙或张贴慈善标语标识，进行广泛深入的慈善宣传，让慈善文化深入基层，成为社会向上发展的动力。

记者： 您怎么看待慈善在社会发展过程中发挥的作用？

欧阳泉： 慈善是中华民族世代相传的传统美德，是社会文明的重要组成部分，是人类最崇高的行为。慈善作为一项事业，在社会发展过程中发挥着独特的功能和作用，有利于构建温暖幸福的和谐社会。中华民族每次遇到重大挫折时，都是非常团结的。抗日战争时期，就涌现出了许多爱心人士，捐款捐物，救国救民。进入新时代，社会发展良好，各民族互相关心爱护、团结一心，形成了"一方有难、八方支援"的友爱局面。宝安区慈善会将慈善文化送去校园，鼓励每一位学生和家长都参与慈善，培养他们感恩的心，这将成为社会发展的强大动力。

记者： 请您用一句话评价宝安慈善。为什么这样评价？

欧阳泉： 宝安打造了最具特色的宝安慈善文化和最有影响力的区级慈善会。为什么这样说呢？宝安慈善历史悠久，是深圳市最早成立的区级慈善会，经过15年的耕耘，宝安区慈善会获奖无数，影响深远，被社会评价为有温度的"社会化、规范化、专业化、特色化"公益慈善平台，成为深圳市和宝安区打造"民生幸福标杆"的重要力量。

记者： 请您用一句话表达您参与慈善的感受。

欧阳泉： 在践行慈善的过程中我感觉自己更年轻，更有幸福感和荣誉感了，更有信心和力量带领企业向前发展。尤其是当下，我深刻感受到：

对民营企业家而言，产业报国、实业兴邦，做好企业、带动就业，就是最大的慈善。

记者：请您用一句话感召更多的人来参与慈善。

欧阳泉：让我们一起行善积德，升华自己，温暖他人，照亮后人，回报社会！

记者：您慈善路上的引路人是谁？为什么是他？

欧阳泉：宝安区慈善会会长张洪华就是我慈善路上的引路人，他一心扑在慈善事业上、不求回报、无私奉献的精神深深地感动了我。张洪华会长带领我们做慈善，不是简单地捐款捐物，而是不断创新慈善方式，从慈善文化进校园到公益慈善项目大赛，每一次都让我们眼前一亮，原来慈善还可以这么做。也是受到他的影响，我不断改进和完善自己做慈善的方式，思考该如何更好地帮助需要帮助的人。在张洪华会长身上，我学会了如何专业化、规范化、系统化地做慈善，也更加深刻地认识到参与慈善是一个优秀企业家的责任、义务和使命，而我以践行好这一使命为荣。

慈善人物感言 ☆★★☆★

我们民营企业家要感党恩、听党话、跟党走，进一步坚持产业为本、产业引领、产业报国、实业兴邦的理念，进一步做好企业、带动就业、回报社会，这就是我们能做的最大的慈善。

记者手记

原定上午 10:30—12:00 的采访，聊得太尽兴，一不小心就错过了午餐时间，采访结束时已经是下午 1 点多了，感人的故事让我听得津津有味，竟然丝毫不觉得饿。采访过程中，我不止一次听到欧阳泉董事长说"爱党、爱国、爱家乡"是他的原则和使命。身兼宝安区慈善会名誉会长、民营企业家、客商、源商等多种身份，他不仅身体力行践行慈善，还一直不遗余力地动员、引领、组织、带动身边的爱心企业家、家人和员工一块儿做慈善。众人拾柴火焰高，他说，看到被他影响的人和他帮助过的人都纷纷投身慈善事业，是他最开心的事情。

（记者：范晓霞）

林良浩：用『恒心』做教育 用『爱心』做慈善

人物简介

林良浩，1973 年 6 月生，汉族，本科学历。深圳市崛起教育集团董事长。现任民盟中央社会服务工作委员会委员，民盟广东省委第十六届委员会常务委员、联络委员会副主任，民盟深圳市第七届委员会副主任委员，深圳市第七届人大常委会委员，深圳市民办教育协会会长，深圳市教育学会副会长，深圳中华职教社副主任，宝安区民办教育协会会长，宝安区慈善会监事长，深圳市人民政府教育督导室特约督学，深圳市检察院司法监督员。历年来，荣获"全国民办教育先进工作者""民盟中央社会服务工作先进个人""深圳市青年创业奖""深圳市先进教育工作者""宝安区十大杰出青年""感动宝安优秀教育人物""支持党建工作先进个人""中国民主同盟脱贫攻坚先进个人"等多项殊荣。

结缘慈善：从修路挖井到助学扶智　倾力助贫困

记者： 林总您好，请问您是从什么时候接触"慈善"的？第一次接触慈善的故事是怎样的？

林良浩： 其实，慈善对我而言，最开始就是做好事、做公益，而真正开始接触慈善概念，走上慈善之路是在2005年。

当时，在党中央的号召下，由深圳对口贵州毕节等县开展扶贫帮扶，我作为民盟党派人士，在民盟中央的组织下，一同前往贵州毕节实地考察。虽然以前也去过一些偏远地区，但到毕节后，所有人还是震惊了，那种贫穷是超出我们想象的，当时连条像样的路都没有，就连饮水都要翻越两座山去挑，条件相当艰苦。

这种环境是我始料未及的，但也正因如此，能够帮助他们让我感到非常有价值。为此，我们当即开展详细走访调研，一同思考扶贫项目，有钱出钱、有力出力，修路、挖井，解决群众出行、喝水等基本生活保障问题，我也从此与慈善结缘，投入慈善事业当中。

直到现在，我每年都会去毕节开展扶贫活动，现在就是乡村振兴了，十多年来，我可以说是见证了毕节的变化。毕节现在变化相当之大，早已不是当初的模样，各种硬件设施都很完备，甚至建起了现代化的机场航站楼，其腾飞让人热血沸腾。

对于慈善的理解和认识，我也是在一步步参与的过程中感悟的。我本身是做教育行业的，而教育的本质就是"真善美"，其与慈善事业理念是一致的，都是给予其他人一些东西，所以，我认为，慈善不是简单的"捐钱捐物"，而是要像做教育一样授人以渔。

对贵州毕节的帮扶就是这样，刚开始帮助改善当地硬件设施，然后邀请农业专家进行农业技术指导，形成养鹅产业链。还有我利用自己集团的教育资源，组织教师团队到毕节对当地老师进行培训，将先进教学理念带过去，或者邀请当地的教师到深圳跟班学习。除了毕节，我们还与河源和平电大、深圳中华职教社、深圳电大联合为河源和平县培训幼师（保育员），并安排考核合格者在崛起教育集团深圳辖属各幼儿园上岗就业。总之，我们开展慈善更多的是扶智，培育当地的造血功能，这样才有意义、有价值。

慈善情深：一路艰辛一路爱　慈善脚步更坚定

记者：这些年，您还参与了哪些慈善活动？让您印象特别深或感触特别深的是哪几次？

林良浩：这些年我参加的慈善活动很多，各种方式、各个领域都有，但主要的还是在教育方面，除了刚才讲到的教育帮扶外，我还以个人名义资助河源和平县十几名家庭困难学生，帮助他们完成高中学业。

慈善对我而言，其实是一件很平常的事情，就像"今天吃什么东西、穿什么衣服"一样，是自己的一种爱心表达、一种社会责任、一种生活方式，要说印象特别深或者感触特别深的还是自己对慈善的这份执着吧。

因为我们帮扶的地区不管是贵州毕节，还是广西大化，抑或是广东的河源，都处于大山深处，路途遥远且危险。一次去广西组织捐赠水柜，当时行驶的盘山公路非常危险，一边是悬崖，一边是高山，不时有碎石掉落，路上还有沙石，车辆多次打滑，与悬崖几乎一步之遥，山腰上坡度甚至超过45度，说实话这是我们平时都没有经历过的。但从事慈善事业后，这样的山路一年都不知道要走多少回，我们做慈善的脚步也更加坚定，做慈善何惧路途艰辛呢？

还有一次是在2020年8月，我在市委统战部指导下赴广西田林县参加深圳中华职教社联合县教育局专场培训活动。当时受台风影响航班一再延误，火车没票，我想尽办法改变线路，历经24小时，日夜兼程、奔波辗转，千里迢迢赶到当地，参加深圳中华职教社"温暖工程"幼儿园教师培训班开班仪式以及教学设备捐赠仪式，当时我不仅捐赠了一批价值11.3万元的教学和生活设备，还带领崛起教育集团学前教育骨干园长和教师，为田林县全部68所幼儿园236位教师现场讲授幼儿园教学先进方法，以专业辅导支持当地学前教育。

重任在肩：让爱心不被辜负　让慈善更阳光美好

记者： 作为一名监事长，您为宝安慈善活动做了哪些工作？

林良浩： 我最初参与慈善就是在宝安，参与最多慈善活动也是在宝安。

作为宝安区慈善会监事长，我的职责是不仅要带头扶危济困、助医助残、救急赈灾，还要加强内部监督机制建设，监督理事会遵守法律和章程的情况，对宝安区慈善会负责，对每一笔善款负责，让宝安慈善更透明、更阳光、更有公信力。

我认为，公开透明是慈善公益事业的生命线，只有不断满足社会各界的知情权，不断提升透明度和公信力，慈善公益事业才能得到更广泛的支持和参与，宝安区慈善会就是一个公开透明的组织。另外，"公开透明"是永无止境的，正所谓"没有最透明，只有更透明"，宝安区慈善会正在不断努力中。

慈善收获：在行走中回归　它让我的心灵更通透

记者： 您是如何理解慈善的？

林良浩： 我用六个字概括：追求、责任、回归。

第一，它是一种追求，我是1995年进入教育行业的，从当时创办第一所宝丰小学，发展到成立深圳市第一家民办教育集团，乃至现在的崛起教育集团，这个过程我经历了很多，也收获了很多。而慈善又是一项全新的追求和事业，在此过程中，人的精神会得到升华，因为在这个过程当中你所做的每一件事都是只付出而不求回报的，每当看到需要帮助的人因为自己的微薄之力感受到温暖，我就觉得这是一件特别有价值的事情。

我一直觉得，我们付出的真的不多，只是力所能及的一点点，可是却收获了太多太多。我相信只要是做过慈善的朋友都能体会到爱的力量，关爱别人，受益的是自己。施比受更有福，赠人玫瑰，手有余香是一种什么感觉，你亲身体会了就一定知道。

第二，它是一种责任，促进社会文明进步，构建和谐社会，是每一个公民的责任。特别是近年来，宝安慈善事业紧紧聚焦服务脱贫攻坚这一时代命题，为推动慈善事业创新发展、助力打赢脱贫攻坚战作出了积极探索。站在接续奋斗乡村振兴的新起点上，慈善事业绝不是旁观者，而是奋进者、开拓者，而我能以自己的力量作一些贡献，我觉得很有意义。只有整个国家好了，我们每个人才会好，所以我作为慈善会的一分子，深感责任重大、使命光荣。

第三，它也是一种回归，每个人最初进入公益慈善领域的时候，想法和初心都大相径庭。我是从事教育行业的，我刚才也讲过，教育的本质是弘扬"真善美"，慈善与其有很多共通之处。在公益之路上，有条件要帮，没条件创造条件也要帮。

当教育与慈善相结合的时候，我就真正融入这个充满爱的洪流当中，逐渐就没有"小我"了，不知不觉中就向"大我"蜕变，什么意思呢？就是我们不会再拘泥于物质，而是不断地收获精神上的净化，心灵更加通透。有句话说人生三重境界是见自我、见天下、见众生。我就是用做慈善的方式，在行走、在体验、在回归。像我现在吃的、穿的其实都很普通，但是我内心很饱满，那是因为慈善放大了我的世界，这个世界越大，"我"自然就会越小，这就是慈善的魅力。

宝安有爱：走过的每一步　都充满了温暖和爱

记者：您对宝安区的慈善氛围有什么看法？

林良浩：大家都知道，深圳是慈善之城，被誉为全国最具爱心的城市，连续五届位居中国城市公益慈善指数前列，而宝安区慈善会作为深圳市"资金最雄厚、救助群体最多、覆盖面最广、影响力最大"的区级慈善会，绝对是一个标杆和特色。

近年来，宝安区高度重视慈善事业的发展，持续加大对慈善事业的投入力度，宝安慈善事业呈现持续蓬勃发展的势头，宝安慈善捐赠数额、人次逐年上升，社会组织的公信力和透明度进一步提升，更打造了一批独具宝安特色的慈善品牌项目。比如，设立慈善冠名基金、举办"与爱同行"慈善微跑活动、开展公益慈善项目大赛、开展慈善文化进校园工程等，慈善覆盖面和影响力不断扩大。

随着慈善力量的充实，我们的慈善行动也越来越广泛。从贵州毕节到广西大化对口扶贫，从河源和平到青海，从关爱辖区贫困学子、孤寡老人到护航交通安全、抗疫捐资送暖……宝安区慈善会作为宝安慈善事业的骨干力量，处处展现宝安大爱。

我加入宝安区慈善会已经10年了，一路见证了宝安慈善的发展。这10多年来，一步一个脚印，走过的每一步，都充满了温暖和爱。

特别是慈善会组织的建设越来越规范，规范是公益慈善机构的生命所在，是公信力的基础。目前，宝安区慈善会形成了决策、执行、咨询和监督4个完整的闭环系统，构建了一套完整的制度体系，制定了《章程》《财务管理制度》、救助办法、募捐箱管理办法、慈善志工管理办法等，做到"一事一制度"，这对宝安区慈善会的良好运作起到非常重要的组织保障作用。

不仅如此，慈善会还制定"五年发展规划"，坚持每季度召开会长办公会，执行监事会制度、慈善金收支信息公开制度、第三方审计制度等，有效地促进了区慈善会健康良性发展，不断提升慈善会的公信力。

而这些与会长的努力、会员的参与密不可分，核心在于"团结一心"，凝聚起社会各界力量，共同将宝安慈善事业做大做强，为宝安发展作出贡献。特别是洪华会长，很有担当，有责任心，实事求是做慈善，真的是以发展宝安慈善为己任，不忘初心，传承发展，辛勤工作，无私奉献。多方募集善款，壮大慈善实力；顶着烈日挨家挨户到救助对象家中走访慰问，为困难群众雪中送炭；经常深入基层，宣传慈善、推广慈善，令我敬佩。

2017 年 8 月，和平幼教培训就业

　　2017 年，宝安区慈善会发动社会募捐对广西都安县和大化县进行对口帮扶，建设"爱心水柜"项目。在大化捐建了 40 座"爱心水柜"，为当地 1 万多名村民解决了饮用水问题。这些举措见证了宝安扶贫工作的新成果，也让人感受到宝安区慈善会真心助人的诚意。

　　所以，我认为有洪华会长以及宝安的这一批慈善团队，是宝安慈善发展之幸，也正因为有这样一群有爱心、有能力的人在，宝安慈善一定会迎来更加灿烂的明天。

慈善建言：让慈善文化在宝安蔚然成风

　　记者：您怎么看待慈善在社会发展过程中发挥的作用？对宝安未来慈善事业发展有何建议？

　　林良浩：所谓慈善，就是慈悲的心怀和善意的举动。中华民族是一个热情仁爱、乐善好施的民族，中国的慈善思想源远流长。儒家的孟子就主张"老吾老以及人之老，幼吾幼以及人之幼"。

　　那么，到了现代，到了实际生活中，慈善的意义和作用就更大了，慈

2020 年 2 月，崛起教育集团助力抗疫，慷慨捐赠回馈社会

2020 年 8 月，出席广西田林县深圳统一战线帮扶田林县学前教育项目，并捐赠物资

善至少有两方面的作用。

一是帮助真正有需要的人。健全的社会保障体系，由社会保险、社会救助、社会福利和慈善事业四个方面组成，它们共同支撑着社会保障体系这座大厦，缺少任何一个方面，都会影响大厦的稳定性，不利于社会和谐与发展。

但无论社会保障体系多么完善，难免会存在一些制度无法及时跟进、措施无法完全覆盖的区域。有阳光也有阴影，人间总有冷暖。那么这个时候，慈善事业的作用就体现出来了。

比如，我们对和平县开展的温暖工程"梦想启航·爱心助学"活动，资助了河源和平中学高中部35名品学兼优、家境困难的学生，并鼓舞孩子们奋发向上，激发他们"走成功之路"的愿望。最终，这些学子全部考上了大学，其中21人考上了本科，那么这些人的命运就在我们的帮助下发生了变化。

所以，我们简单的一个善举可能就能够改变一个人、一个家庭，进而影响整个社会，而反过来，社会公益慈善组织的发展程度，是一个社会文

2021年1月，林良浩（前排右一）参加帮扶龙川县捐赠仪式

明进步和公民整体素质的体现。"仓廪实而知礼节，衣食足而知荣辱"，越是文明程度高的社会，慈善组织的规模、层次和效能就越可观。

二是慈善能让这个社会更加充满爱。慈善不是施舍，而是发自内心的善意，是带着心中的温暖，把微笑写在脸上，做对人有益的事情。而这种"善"是能够传递的，能够把每一个人的善的心唤醒过来，让他们醒过来说："我也可以。"

过去中国有句古话，授人以鱼不如授人以渔，就是说，你给我金子不如给我点石成金的能力。进一步说，就是慈善行为传递给别人的，不仅是一种物质、一种技术，更是一种心灵的力量。

我们做慈善要做到受资助人的心里面，才能持久地从根本上帮助苦难中的人走出困境。以今天的社会发展程度，你捐多少钱或许不会起什么决定性作用，但只要你捐出一分钱，就会给这个世界带来一点好的影响，哪怕只有一点，也会让世界发生微妙的变化。你的每一个公益行动，每一份善心，都会产生积极的意义，让世界变得越来越好。因为慈善不是钱，心有多大，慈善就能走多远。

说到对宝安慈善未来发展的意见建议，我认为，一个是要坚持把慈善事业发展下去。另外一个就是要加强慈善宣传，大力建设社会主义慈善文化。发展慈善事业必须有良好的"人文关怀"的社会环境，这种环境的形成，需要有文化的承载和激励，要推动慈善事业的可持续发展，就必须构建慈善文化，发展慈善文化。

慈善无门槛，慈善无台阶，只要心中向善，人人、时时、处处都可以做慈善。让我们继续行动，保持内心的善与爱，把每一天都过得热气腾腾。宝安慈善事业"春天的故事"，在很大程度上由我们每一个人的爱心微故事筑成。

慈善人物感言 ☆★★☆★

饮水思源，致富图报，是一个企业家的良心和责任。社会多一份爱心，就多一份祥和，多一点温暖。体现慈善的不是钱，是心，心有多大，慈善就能走多远，只要尽心尽力就好。我将把慈善作为一项事业，继续在公益慈善之路上坚定地走下去。

记者手记

授人以鱼不如授人以渔

在采访中，林良浩显得甚为低调，他说自己一贯主张"少说多做"，教育如此，慈善亦是如此。

事实上，十余年慈善公益之路，他行走过的村庄发生了翻天覆地的变化，他帮助过的众多蓓蕾已绚烂绽放。在教育慈善公益行动的道路上有着太多的感动和回味，有着太多的故事留存于心底。在他轻描淡写的讲述中，一幅幅画面铺展开来，不管是邀请专家讲授养鹅的技术，还是开展公益教学……我们不仅感受到了慈善的魅力，更感受到他"授人以鱼不如授人以渔"的慈善态度。

授人以鱼，三餐之需；授人以渔，终生之用。慈善的意义不仅是给饥饿的人提供食物，给病患者及时救治，给衣不蔽体者以御寒之物，更是要给困境者以希望，让他们拥有走出困境的能力。在林良浩的推动下，许多人的生活甚至命运发生改变，成了生活中的强者。

慈善道路还很长，但我们有理由相信，有了"渔"，自然就会有"鱼"，只有这样，慈善才具有生命力。

（记者：刘杰）

张洪华：用大爱传递温暖 让感动激发情怀 凝聚力量打造出独特的宝安慈善模式

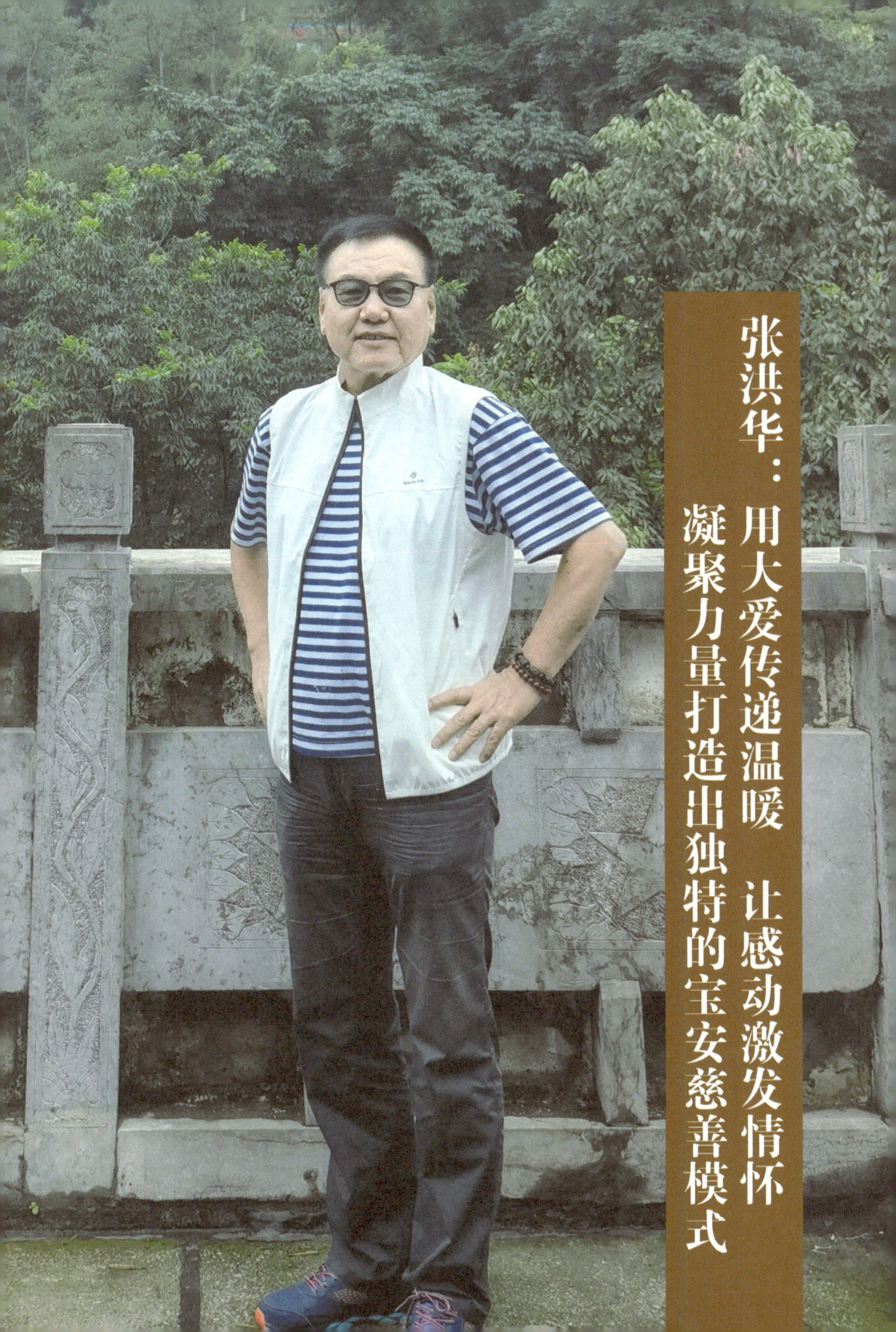

人物简介

张洪华，1954年5月出生，天津市人。硕士研究生毕业，中共党员。1973年12月参加工作，1982年1月起，在海军南海舰队当兵32年，从普通战士成长为海军北海水警区正师职政委。转业到深圳宝安后，任中共深圳市宝安区委员会委员、常委、副书记。个人先后获得深圳市鹏城慈善奖中的十大慈善推动者奖、十大慈善感动人物奖。十年慈善之路，他带领宝安区慈善会在第1~6届深圳鹏城慈善奖评选中共获得10多项表彰，特别是在第四届鹏城慈善奖评选中，宝安区被授予全市唯一的"鹏城慈善典范区"荣誉称号；在第五届鹏城慈善奖评选中，荣获"鹏城慈善40年致敬（人物）单位"奖等。

担任宝安区慈善会第二届和第三届会长以来，张洪华带领宝安区慈善会坚持"立足宝安，适度外溢"的原则，围绕区党委政府中心工作，助推宝安社会保障事业不断优化完善，为补齐宝安民生短板发力，为困难群众提供及时、精准、有效的慈善服务，为完善宝安社会保障体系作出重要贡献。经过多年的积极探索和实践，宝安区慈善会初步走出一条具有传承、创新、规范、专业、文化、合力、学习等特点的宝安特色慈善发展之路。

关注社会底层 用慈善创造"爱的奇迹"

记者：您好，张会长，您现在已经是宝安慈善事业的领军人，用心用情干慈善这么多年，创造出了一个又一个"爱的奇迹"，那么在这之前，您是从什么时候开始接触慈善，继而投身于慈善事业的？

张洪华：从部队转业到宝安以前，我也参与了不少公益活动，但那时候对慈善概念了解不深，没有认识到慈善可以作为一项伟大的事业来做。2005年我来到宝安区担任区委副书记，深圳是改革开放的前沿，在我的认知里深圳应该是一个各方面都很发达和社会基础设施完善的地方，但在工作走访调研中我却发现，现实与想象的差距很大，特别是处在关外的宝安区。很难想象内地大部分城市都已经解决的自来水问题，在宝安的一些地方还没有得到解决，一些区域的居民竟然还要靠自己打井取地下水饮用。当时是2005年年底，我包挂观澜街道，街道辖区发生了一起小孩掉到井里的事故，我亲自参与现场营救以及事件后期舆情处理等。这件事让我意识到预防事故发生的重要性，更清醒地认识到宝安还有很多落后的地方，还有很多需要帮助的人。

2006年，区委书记周林祥同志提出来要成立慈善会，作为政策帮扶之外的补充，关心和关爱相对需要帮助的人，得到了所有班子成员一致同意。2006年年底写入了党代会报告，计划成立区慈善会。2007年1月，宝安区慈善会正式成立，我担任了区慈善会筹备领导小组组长，参与整个筹划、组织工作。那个时候我就萌生了想法，一定要尽自己的力量去帮助宝安贫困的人，去为他们做些事。每一次发动募捐、募捐座谈会等，我都直接参与。

最初接触慈善工作，我深深地认识到：第一，宝安处在这个发展阶段，有些事情党和政府还不能全部照顾到，需要有一个慈善组织协助做这些填补政策"低洼地"的事；第二，有了慈善组织的帮助，能够让困境中的老百姓感受到在这里生活有我们党和政府在关照他们，有社会各界在关爱他们，让他们感受到社会的温暖。

温情感动甘当"义工"　践行慈善帮助更多人

记者：很多人退休后就开启了自由放飞生活模式，为什么您却挑起慈善会的重担干起"义工"？

张洪华：在岗时很辛苦，我确实也想过退休后好好享受生活，也有很多部门抛出橄榄枝，希望我继续干。最后组织强烈要求我退休后继续作些贡献，安排我担任区慈善会会长一职，这一接就是 10 年。接下这项任务就是一种责任，必须要做好，所以在这 10 年的时间里，我把 99% 的精力和 100% 的心思都用在了慈善事业上，付出这么多努力才有了今天的成果。

为什么甘当"义工"一干就是 10 年，是爱心企业家、爱心人士身上那种发自内心的、骨子里的爱、善、责任，深深地打动了我，温暖了我。第一是在做慈善的过程当中，得到了老领导们的支持；第二是我周边慈善家们对我的信任和支持；第三是慈善会团队的小伙伴们，虽然人员少，但都肯干能干愿吃苦，没有怨言。另外，区委区政府对慈善会给予很多支持、关心和厚爱。这些都让我觉得特别温暖，也是我做好工作的原动力。

厘清定位　打造全国标杆慈善组织

记者：您是怎么对宝安区慈善会进行定位的？宝安模式有什么特点？

张洪华：目前国内很多慈善组织都没有特别明确清晰的定位。这些年我很用心地作了一些研究，后来形成了宝安区慈善会的模式。我概括出宝安区慈善会定位是：有政府背景，由退休老领导担任会长，集慈善基金会和慈善行业组织于一体，按照章程自我运作、自我发展的一个区县级公

张洪华会长参加 2023 年 2 月 25 日举行的第六届"与爱同行"慈善微跑

益慈善组织。这个定位得到大家的认可，全国各地很多慈善组织都前来学习交流。

基于这个定位，宝安区慈善会提出了三个价值理念。第一个价值理念是募集更多的善款，帮助更多需要帮助的人。因为具有基金会功能，就必须想办法募集更多的钱，才能够帮助更多的人。第二个价值理念是让更多的人知晓慈善、了解慈善、关心慈善、支持慈善、参与慈善，创造一个良好的社会氛围，因为具有社会行业组织功能，宣传是必须做的事。第三个价值理念是要规范化运作，打造最干净的慈善会。

打造"最干净"的慈善会　赢得信赖、敬重和支持

记者：您刚接手慈善会时，"郭某某事件"导致国内的慈善氛围跌入谷底，大众对慈善组织的信任度大幅下降。在这样的环境下，您是如何打造最干净的慈善会，使宝安区慈善会逆势发展，让全区各界人士参与慈善

慈善文化进校园回顾展

参加捐建河南南阳十中教学楼开工奠基仪式

的热情和积极性不减反而大增？

　　张洪华：我刚接手时确实面临着非常复杂的形势，感觉压力很大。第一是"郭某某事件"让老百姓对带有政府背景的公益组织失去信任；第二是站在上一届慈善人建立的高平台上往前走，前方路要靠自己探索，当时宝安区慈善会是深圳市第一家区级慈善机构，没有任何可借鉴的经验；第三是宝安区慈善会方方面面已经做得很不错了，各方的期待很高，包括区委和区政府的期待、广大市民的期待、慈善界的期待等。

　　接班后实行两条腿走路的策略，一是传承上一届的经验；二是广泛调研，为进一步创新发展打基础。当时提出打造慈善"四个力"的目标，即有活力、有凝聚力、有公信力、有影响力。

　　要实现这个目标，首先抓的就是规范发展。制度是公益慈善机构规范发展的生命所在，是公信力的基础。宝安区慈善会自建会以来，不断完善组织架构建设，高度重视制度建设，形成了决策、执行、咨询和监督4个完整的闭环系统。通过这些年的不断探索和完善，形成了一套完整的制度体系，包括重大决策提交常务理事会或理事会讨论决定制度、会长办公会集体决策制度、监事会制度、慈善金收支信息公开制度、第三方审计制度等34项制度，做到了"一事一制度"。同时，制订"五年发展规划"，规范、指引慈善会的运行方向。完备的制度体系保证了慈善会规范化运作，有效保障和促进了宝安区慈善会健康良性发展。这些制度已经被很多前来交流的公益慈善组织带走，我们毫无保留地供他们学习借鉴，而且全国各地有很多组织参照我们的规章制度来运作。

　　只有阳光透明才能做到"干干净净"，在干干净净的前提下，认认真真、实实在在干事，才能出成效，才能真正赢得大家的信任和支持。爱心企业家都是阅历丰富的人，要得到他们的认可才能得到他们的支持。目前我们有些影响力，正是因为信任，他们才放心把钱放在慈善会，通过慈善会帮他们完成大善举。"过去政府让我做慈善，现在我主动要去做慈善。"多名宝安知名企业家这样描述参与慈善的感受。这个根本性的转变，就是慈善会公信力的最好验证。曾有一个企业家，托人联系上我，表示想做慈善，但不想把钱给到其他公益机构，自己又不知道怎么去高效地做慈善，就想

入户走访慰问

把钱放到宝安区慈善会，他充分信任宝安区慈善会，让宝安区慈善会帮他管理使用这笔善款。后来，宝安区慈善会帮他设立专项关爱基金，帮他把善款用在真正需要帮助的人身上。

我们建立规范的监督机制，有决策、执行、咨询、监督"四位一体"闭环的运作模式。宝安区慈善会成立监事会，一季度召开一次监事会，50万元以上的资助项目可以随时进行现场抽查。宝安区慈善会还将资金使用情况在官方网站上公布，市民在网上实时可查，同时还开通了手机端，市民通过手机也能进行实时查看，接收的捐款数额和捐助出去的善款金额以及去向、用途等，每年善款的全部支出情况都会在《宝安日报》上刊登，对社会公布，接受社会监督。基本上能想到的可以起到好的监督作用的方式方法我们都用上了，目的是打造最阳光最干净的慈善会。

打造最干净的慈善会另外还有一点非常重要，那就是得到宝安区委、区政府的大力支持。宝安区慈善会的运作得到区委、区政府的财政拨款。从成立时每年运作经费200万元，随着慈善会发展壮大和人力成本增加等，逐渐提升到现在每年400万元。尽管慈善法有规定允许在慈善金里抽取一

实地考察"爱心水柜"捐建项目

实地考察龙川捐建项目

定比例的经费用于机构运作，但一旦动用，就很难保证它不违反规则。宝安区慈善会有区财政的支持，慈善会的运作经费从来不从慈善金里出，这样就有能力和底气保证慈善金一定是干干净净的，慈善金每一分钱都用在受助人身上。

创新发展　聚大众之力行慈善之大事

记者： 在您的带领下，宝安区慈善会探索出独特的宝安慈善模式，打造出冠名慈善基金和专项资金捐赠模式、"慈善文化进校园"和"与爱同行"慈善微跑等慈善文化建设模式、慈善空间和慈善地标模式、公益慈善项目大赛模式、"合力慈善"模式等，都被全国慈善界盛赞和学习，您是如何打造出这些模式的？

张洪华： 慈善事业发展既要传承又要创新，我一直坚持在继承中创新，在创新中发展。宝安区慈善会推动募捐方式创新，设立慈善冠名基金、专项基金，吸引企业家参与慈善；设立慈善爱心募捐箱，吸引普通大众参与慈善；改变以往依托政府部门开展募捐的做法，推行社会化大型募捐活动，如慈善微跑、慈善拍卖会等；开创互联网＋慈善捐赠模式，推动救助方式创新，完善慈善救助办法，创办公益慈善项目大赛，实施慈善专项资助，降低救助门槛，提高救助标准，扩大救助覆盖面，为更多的困难群众送去温暖。

"合力慈善"就是撬动社会资源参与慈善的一种创新。宝安区慈善会自成立之日起，就坚持多元参与、全民慈善的理念，以"合作共建、合作共享、合作共赢、合作推进"为原则，充分发挥区慈善会作为枢纽型慈善组织的优势，与政府部门、企业组织、社会组织和公众密切互动、友好合作，搭建慈善服务平台，以服务助提升、以合作促共赢，凝聚慈善精气神，汇集慈善正能量，形成了强大的慈善合力，营造出全区"合力慈善"格局。"合力慈善"最基础的东西，就是战略框架，近年来，我们与辖区内各街道办、志工联、五类五百强企业、商会、媒体等都签署了《推进慈善事业发展合作框架协议》，形成了优势互补的工作格局，并深入推动各社区建立慈善组织网络，全区初步形成了"合力慈善、人人慈善、全民慈善"的氛围，形成了大慈善工作格局。

深耕慈善文化　慈善种子植入每个人心中

记者： "人人参与慈善"的氛围在宝安越来越浓厚，您是如何做到让慈善理念深入人心的？

张洪华： 要让慈善理念深入人心并不容易，这些年，我和区慈善会的小伙伴们不断深化和丰富工作方法，积极打造宝安特色的公益慈善文化系列品牌。

一种文化的传播，方式方法很重要，我们创新慈善宣传方式，充分发挥媒体宣传作用，向社会展示区慈善会风采。创作宝安区慈善会会歌、创办期刊和周刊，开展"宝安慈善之语"征选活动，推出"宝安慈善娃"爱心玩具，制作慈善宣传专题片、动漫片和微电影，其中一个公益微电影《金婚》荣获 2022 年中国公益映像节最佳微电影奖，另一个关注青少年眼健康的微电影《焦点》于 2023 年 2 月 18 日上线，刚上线就引起广大师生家长共鸣。每年开展"宝安慈善宣传周"活动，定期举办"宝安慈善奖"评选活动，定期组织举办全国性公益慈善高端论坛——"宝安慈善论坛"，每年举办"与爱同行慈善微跑"活动。打造慈善空间，以"有项目、有空间、有团队、有规划、有进展、有成效"的"六有"标准，有序推动慈善空间打造工作。打造慈善地标，按照"一街道一慈善地标"的目标，稳步推进慈善地标建设工作，使宝安更多慈善地标性建筑为慈善亮灯，弘扬慈善文化。

我们在全市率先探索推进"慈善文化进校园"工程，于 2013 年在坪洲小学启动试点，到 2020 年年底全区 139 所公办和民办小学实现了"慈善文化进校园"全覆盖，推动了 13 万余名小学生和教师参与。宝安慈善文化进校园工程，从启动试点推进到现在历时 10 年，成功将慈善文化引进校园，实现慈善文化与校园文化相融合，慈善活动与学校活动相融合，慈善理念与教学理念相融合，慈善教育与家庭教育相融合。逐渐在孩子心中种下"爱"与"善"的种子。该项目在第六届鹏城慈善奖上获评"鹏城慈善典范项目（慈善信托）"奖。

慈善人物感言 ☆ ★★ ☆ ★

路虽远行则将至，事虽难做则必成。认准的绝对不放弃，一定要干成，并在实施过程中不断去调整、去丰富、去完善。

记者手记

　　洪华会长一直都是我非常尊重和敬仰的领导和长辈，他的骨子里透着军人气质，虽已是古稀之年，依旧行走带风，坐立笔挺，谈吐思路清晰而敏捷，干事有魄力，胸怀大爱。

　　刚认识的时候他给我一种不怒自威的感觉，熟悉之后，我发现他还有着一颗幽默且细腻的温柔心，时刻充满激情的年轻心。"想要保持年轻多做慈善。"这是洪华会长被问到保持年轻秘诀时给出的答案。他说，正是因为全身心投入慈善事业，在慈善中与许许多多有爱人士传递正能量，让他心中有爱、眼中有光，才收获了非常多的快乐和福报。带动更多的人一起参与，一起快乐做慈善，帮助更多需要帮助的人，让困境中的人能够看到希望、感受到温暖、奋发拼搏走出困境，这就是他做慈善的目标。

（记者：黄芳）

陈长贵：一颗慈善心　十年公益路

人物简介

陈长贵，出生于 1956 年 7 月 15 日，籍贯为安徽亳州。1976 年在海军南海舰队驱护舰支队服役，海军政治学院毕业，转业前曾在导弹护卫舰、导弹驱逐舰担任主官、党委书记，转业后先后任深圳市宝安区商会副会长、区非公有制组织副书记、纪委书记，宝安区人大常委会法工委主任，宝安区劳动局局长，宝安区人力资源局局长，政协深圳市宝安区委员会秘书长、党组成员，现任深圳市宝安区慈善会副会长兼秘书长。

陈长贵秘书长从 2012 年开始接触慈善事业，2012—2016 年兼任宝安区慈善会副会长，2018 年 5 月宝安区慈善会换届，陈长贵秘书长正式任宝安区慈善会第三届副会长兼秘书长。从事慈善事业后，陈长贵秘书长一直保持军人"退役不褪色"的本色，在没有任何薪资待遇的条件下，认真学习研究慈善，宣传参与慈善，引领组织慈善，践行发展慈善，积极参与各项慈善活动，无私奉献自己的力量。

萌芽：缘起荔枝果　爱上慈善路

记者： 您原来在政府单位工作，是什么时候接触"慈善"概念的？对"慈善"的最初理解和认知是怎样的？

陈长贵： 我最初接触"慈善"应该是在 2012 年。那年我在宝安区政协任秘书长，同时，兼任宝安区慈善会的副会长。是工作调动的缘分让我在区慈善会一直干到现在，从时间上来讲，我也在"慈善"工作上干了 10 个年头了。

还记得 2012 年刚刚兼任区慈善会副会长一职时，区慈善会的重要会议都通知我参加，那时候我刚刚接触"慈善"，从刚开始的不了解到慢慢了解，然后在不知不觉中热爱上"慈善"这份事业。

刚开始我对慈善还不了解，我觉得慈善是"富人的行为"，是"助人为乐""帮人解困"，是"做一个好人"。这 10 年的工作经历，让我改变了对慈善的认知，我现在深深感觉到"慈善"是为了更好地营造美好和谐的社会氛围，是为了帮助社会上的困境群体渡过难关而发起的团结活动。

记者： 在区慈善会工作和您原来的工作有什么不同吗？

陈长贵： 宝安区慈善会于 2007 年 1 月 18 日成立，2018 年第三届理事会换届时，张洪华会长征求我的意见，他说："退休以后也没别的事做，家无负担身体好。你到区慈善会来咱们一起做？"我就答应了。

换届后我任宝安区慈善会副会长兼秘书长一职，这个职位在区慈善会是负责具体干事的，它不是一个领导岗位，而是一个真的要工作和干活的岗位。我身边一些亲朋好友也劝我："你退休以后怎么还干这个事，这个事情有意义吗？又不拿一分钱，纯粹是在做义工！"

虽然别人这样说在一定程度上好像是在关心我、爱护我。但从侧面来想，身边的亲朋好友也可能带有一种质疑的态度。但是我想既然答应了，那就要尽自己应尽之责把这件事做好。

记者： 在您这 10 年的工作中，有没有哪一个事件、哪一个节点是让您觉得"我要下定决心来做慈善事业"的？

陈长贵： 这个决心可以说是在常年的工作中潜移默化形成的，也可以说是慈善事业对我个人思想的一种涓涓滋润。在我记忆里比较深刻的事件就是 2018 年 6 月 21 日，我们区慈善会号召企业家认购西乡农户李振源家种植的荔枝，帮助果农李振源的一对双胞胎女儿治疗地中海贫血。

家住宝安西乡的果农李振源家中有一对患有重度地中海贫血的双胞胎女儿，但夫妻均为劳务工，无力支付孩子高昂的治疗费。2015 年，李振源和朋友承包了黄麻布社区附近的果园，一共 3000 多棵荔枝树，他盼着有一天通过卖荔枝，为双胞胎女儿筹得手术费。

2018 年的时候两个孩子在台湾省骨髓库终于找到配型，9 月就可以做手术了，整个手术治疗费估计在 60 万元以上。然而，2018 年正好赶上了荔枝的"大年"，荔枝一直滞销。荔枝销售出了问题，小孩的手术却耽搁不得！此事受到宝安区慈善会的关注，在辖区慈善企业家的帮助下，园里的荔枝被预订一空。

这件事当时在社会上引起了很大的反响。我记得最先是从义工联发起的，可以说引起了整个社会热议，周边的爱心人士，包括东莞的、惠州的都来买他的荔枝。但是那些散户买荔枝总是有限的，这么多荔枝该怎么销？消息通过义工联发布后，爱心人士买了 2 万斤左右，还剩了几万斤荔枝，又加上天气有变化，如果不能很快把它卖出去，荔枝就会坏掉。宝安区慈善会了解情况后，立即联系企业家到果场协调。

在果园里，宝安区慈善会领导、宝安爱心企业家同李振源亲切交谈，鼓励他要勇敢面对困难，不要放弃。深圳市广兴源投资发展有限公司董事长、宝安区慈善会副会长黄耀文先生当即把果园剩余的荔枝全部认购。

我记得很清楚，黄耀文先生当时说："我听到这件事情之后，就想必须亲自来，把这个荔枝全包下来、把它认购下来。"这个事情也触动了我的内心，我想以后要多做善事、多做好事。现场的义工们听到黄先生的话后都竖起了大拇指，觉得很开心，因为终于有爱心企业家愿意帮这一家人解决难题了。

在这个事件里新闻媒体不知道的是，黄耀文先生其实不需要这么多荔枝，他花了15万元把这些荔枝全部买下来后又转赠给了交通养护、环卫保洁等高温下的城市劳动者。当时我们慈善会陪着黄耀文先生一起捐赠，这件事对我的心灵产生了很大的触动。这是一个企业家的爱心，以荔枝这样一个农副产品为媒介，帮助了一个困难的家庭，给两个孩子带来了生命的希望，也给我们宝安一线的交通工作者、环卫工人等送去了温暖。什么是慈善？慈善有什么作用？我觉得，通过这件小事小爱传递成大爱，企业家、义工、受助者、城市服务者，这件事背后的每一个人都收获了一份善良和温暖，这就是慈善的意义。

让爱心传递：陈长贵将从困难农户处购得的爱心荔枝赠送给环卫工人

从这件事后，我就感觉到，我已爱上慈善这个事业，用最朴素的话来讲，不管社会上有什么杂音，还是遇到什么困难，我都要认认真真地把宝安的慈善事业做好，不能懈怠。

深耕：开启慈善扶贫路　惠及百万山区群众

记者：真的是一个非常温暖和感人的故事，所以说此后您更坚定了自己做慈善的信念。那您后来又做了哪些慈善工作呢？

陈长贵：后来的事就更多了，自己感觉也越做越起劲了。2017 年，按照党中央关于东西部扶贫协作的部署，宝安区结对帮扶广西都安瑶族自治县（以下简称都安）和大化瑶族自治县（以下简称大化），除了政府对口帮扶，宝安区慈善会还发动社会募捐进行对口帮扶捐建"爱心水柜"项目。

我们生活在城市里的人可能想象不到，在都安、大化一些贫困村里，水柜没有建成的时候，每到旱季（11 月至次年 3 月），村里人都要翻过山坳到 30 里外的外村去挑水，腿脚快的人去打一趟水来回也要走 3 个多小时。旱季里经常一家人共用一盆水洗脸，洗完脸洗脚，洗完脚还要留着给牲口喝。对于生活在山高路远、缺水地薄的都安和大化山区的村民来说，每到旱季用水就成了生活中最大的困难，每一勺水都非常珍贵，洗澡成了一件奢侈的事情。

2017 年都安共获得宝安区慈善会捐建"爱心水柜"项目资金 500 万元。原计划是修建 10 座 500 立方米的"水柜"，帮助 3000 名山区群众解决饮用水困难。按照张洪华会长的指示，慈善资金要用在刀刃上，扶贫不是完成任务，在资金有限的情况下，我们只有把工作做得更扎实、更深入，创新方式方法，才能让更多人得到帮助，改善生存条件。于是我和会长多次与宝安驻地帮扶干部深入都安、大化的每个贫困村屯，实地了解每户困难群众用水生活情况。

当时在调查都安的时候，我和宝安驻地帮扶干部饶城进一村一屯地看，村民用水真的非常苦，对我的触动非常大。后来区慈善会研究决定将建设都安的 10 座水柜的资金调整，建成了 19 座规模更符合各村屯实际需求的水柜，总蓄水容积达到 6700 立方米，远超原计划总量，实际受益人口达6000 多人，比原计划的 3000 人增长了一倍。

在整个对口帮扶捐建"爱心水柜"项目中，宝安区慈善会共募集资金1000万元，为大化、都安援建了40座"爱心水柜"，解决了1万多人饮水难问题。

记者：在脱贫攻坚中，您在慈善会还参与了哪些事情？发挥了什么作用？

陈长贵：在扶贫道路上，宝安区慈善会撬动社会资源并且设立的每个捐助项目都是经过实地考察、深入了解、仔细研究有了实实在在看得见摸得着的具体项目方案后才发动捐款的。目的就是让每一位爱心人士的善款都捐得放心、用得值得，透明度、公信力都很高。

我们主要通过"宝企帮百村""学子献爱心""社区扶贫募捐""助力脱贫攻坚献爱心项目众筹"等，有效推动形成"大扶贫"格局。在区委、区政府的主导下，宝安区慈善会积极参与善款募捐，共拨付社会帮扶资金2.1亿多元，其中都安5056.8万元、大化4885.9万元，多年来募集资金总数位居全市各区前列。还建成了龙川县宝龙东江大桥、龙川县宝安慈善楼，募集1209.5万元开展都安、大化"爱心水柜"项目，在脱贫攻坚的道路上，宝安区慈善会不断地动员社会力量，为脱贫攻坚助力。

先说说在龙川县的"宝安慈善楼"。在我们对口帮扶的龙川县，有光

陈长贵参加宝安区慈善会爱·善行公益活动

荣院、福利院、儿童福利院，简称"三院"。2013年，龙川县开始筹备"三院"建设项目，这是龙川县近年来的主要民生工程之一。项目选址在距县城5千米的义都镇半径村（原县福利院），规划用地150亩，建筑总面积2.2万平方米，总投资6272万元。龙川县"三院"建设期间得到了深圳市宝安区民政局及宝安区慈善会的大力支持，捐资300万元兴建了儿童福利院大楼。2018年龙川县儿童福利院竣工揭牌仪式上，为铭记宝安人民的爱心善行，经龙川县委县政府同意，将龙川县儿童福利院大楼命名为"宝安慈善楼"，并立碑为记。龙川县"三院"项目建设完成，可容纳约510位老人和孤儿入住（光荣院60张床、福利院350张床、宝安慈善楼100张床），为孤寡老人和孤儿提供生活、护理、康复、娱乐等服务。

2016年12月20日上午，河源市龙川县佗城镇宝龙东江大桥正式竣工通车。宝龙东江大桥建设工程，是龙川县重点工程项目之一。该桥的兴建遭遇严重资金缺口问题，该项目工程投资6309万元，其中交通部补助资金1060万元，省补助资金700万元，缺额资金4549万元。

身为龙川县的对口帮扶伙伴，深圳市宝安区委、区政府大力支持，在

陈长贵与建成的水库合影

宝安区慈善会的发动下，宝安区企业家捐款 2000 万元用于大桥建设，确保大桥顺利完工。宝龙东江大桥的建成，为佗城东江两岸群众的出行带来了极大的便利，有效地改善了广东历史文化名城——佗城镇的交通环境和投资环境，对促进佗城镇社会经济发展及县城经济一体化有重要作用，也是我们宝安区慈善会在脱贫攻坚工作中的一项重要成绩。

巧思：创新思维做慈善　推动公益新发展

记者：我知道宝安区慈善会开展的慈善项目中不仅有建桥修楼这样的大项目，也有金额小、受众群体多的微慈善，您可以介绍一下吗？

陈长贵：是的，对于遭遇公共卫生事件、自然灾害和极端天气的宝安区救助对象，我们开展了困难群众"微救助"项目。

2022 年 6 月 23 日，宝安区慈善会第三届理事会第十四次会长办公会讨论通过了《关于困难群众个案救助暂行办法》，增加救助项目内容，区慈善微救助项目正式启动。该项目的实施，将更广、更细、更及时地给予困难群众帮助。

救助对象是在宝安区遭受自然灾害和突发性重大事故，人身、财产遭受重大危害，需要慈善救助的家庭或个人。救助范围是因自然灾害或者突发性重大事故导致家庭基本生活受到严重影响的，可以申请生活救助金；因自然灾害或者突发性重大事故受伤造成医疗费用负担过重的，可以申请医疗救助金；遭遇重大突发性事件造成生活困难或身患绝症危及生命并造成医疗费用负担过重，且不符合区慈善会其他救助办法规定的救助范围的，可以申请个案救助。

对在宝安区发生公共卫生事件时，因医学观察或者政府要求其他限制措施，导致基本生活困难的，给予救助，金额不超过 1000 元（含 1000 元）；对在宝安区发生自然灾害，导致居民自住房屋倒塌（用于出租的房屋除外），无人员伤亡的家庭，给予救助，金额不超过 10000 元（含 10000 元）；对在宝安区发生的极端天气，导致群众得不到及时救助的，给予救助，金额

陈长贵与建成的水库合影

不超过 1000 元（含 1000 元）。

慈善"微救助"项目的申请程序也十分简单，只需要社区工作站工作人员核实救助人的基本情况后填写申请表，经街道公共服务办负责临时救助的工作人员审核后，报区慈善会审批就可以了。

合力：汇聚慈善力量　构建宝安慈善新格局

记者：在参加宝安慈善活动过程中，有什么不一样的感受？您对宝安区的慈善氛围有什么看法？

陈长贵：我记得咱们深圳当时只有 6 个区的时候，最先倡导成立区级慈善会的就是我们的宝安区。从 2007 年成立宝安区慈善会至今，已经过了 15 个年头、历经三届理事会。我觉得宝安区相较于深圳其他区域更富有善心，可以从以下 3 个方面来说明：

1.综观整个深圳市，宝安区慈善会成立最早，募集的资金也最多。从

2007年到现在，宝安区慈善会一共募集慈善款8.2亿元。

2. 宝安区的爱心人士捐款十分主动。从全国层面来说，深圳市的爱心人士较多且都是较主动的，在宝安区尤甚。宝安区慈善会从来没有摊派任务的说法，爱心人士和爱心企业都是主动募捐，从慈善冠名基金的数量来说，宝安区也走在前列。

3. 宝安区慈善会在宝安人民的心中影响力颇大。按照慈善法规的规定，慈善人募捐的资金，慈善会可以提取10%的管理基金作为日常运营的成本，但是在我们宝安，区慈善会的工作经费是由宝安区委、区政府保障的，区慈善会的会长和秘书长都是由从区委、区政府重要领导岗位退休后的老领导来担任的，他们不领薪酬。且慈善会的监管非常严格、公开透明，慈善人的捐赠资金又全部用于困难救助对象的帮扶工作上，所以在宝安人民的心中，区慈善会的公信力、影响力、慈善为民的属性不断增强。

宝安区在营造慈善氛围方面也独具智慧、具有创新性和团结力。在2015年第四届中国公益慈善项目交流展示会上，深圳市民政局与宝安区人民政府共同签订了《推进公益慈善事业发展合作框架协议》，在培育公益慈善组织、打造慈善文化等方面发挥市区联动优势。为积极发挥社会组织作用，2016年，宝安区慈善会与宝安区义工联、宝安区新安街道办、宝安六街道商会分别签订了《推进公益慈善事业发展合作框架协议》，充分发挥各单位自身优势，打造"合力慈善"。

2018年11月，在宝安区慈善会第三届理事会第二次会长办公会上，区慈善会分别与区义工联，以及新安、西乡、福永等9个街道商会签订《推进慈善事业发展合作框架协议》，共10个项目，合作时间为2018年至2023年。合作内容包括在资金、项目、宣传等方面推进公益慈善事业的发展，共同培育具有一定社会影响力的慈善品牌；优势互补，共同扩大影响力；共同开展慈善募捐、发动成立专项资金、发展冠名基金、开展探访慰问活动、开展定向捐赠工作、探索区慈善会第三届特色创建工作、开展慈善文化宣传、开展慈善业务培训、开展联谊活动等。这是宝安区发动全社会合力办慈善的一种落地实施方法。

记者：在慈善会工作这么久，您对宝安慈善未来的发展有什么意见建议？

陈长贵：宝安区慈善会成立 15 年来，我们通过不断探索走出了一条适合自己的慈善道路。未来宝安慈善发展的方向，应该是在 8 个方面继续探索前行：传承、规范、创新、专业、文化、合力、学习、特色。

宝安区慈善会从第一届理事会发展到如今的第三届理事会，从来没有因为换人或者时间的变迁导致工作出现脱节，慈善工作的传承使我们不忘初心、砥砺前行。规范和制度是慈善会发展的根基，创新则是慈善工作不断向前的灵魂。做专业的慈善，发扬和宣传慈善文化以及做合力慈善之前一直有说，就不详细展开来讲了。希望未来的慈善工作能够不断地学习其他地区的做法，扬长避短，融合宝安的实际特点，做具有宝安特色的慈善工作。

慈善人物感言 ☆ ★★ ☆ ★

慈善是人世间芬芳的记忆，

慈善是菩提花甜蜜的寄托，

慈善是山水间永恒的新绿，

慈善是星空下不老的传说。

慈善就是一条光明大道，站在未来的角度看，走这条路的人势必会越来越多，路也势必会越走越宽。

记者手记

在奉献中发扬慈善精神

和陈长贵的交谈中，他总说："哎呀！我都快 70 岁啦！"但在记者眼中，陈长贵身姿挺拔、心胸宽广、慈眉善目，看起来最多五旬。

什么是陈长贵的"不老秘诀"？从一上午的采访过程中慢慢剖析，立马就能找到答案：他有一颗慈善之心，这颗心让他十年的公益之路越走越年轻。

和慈善企业家不一样，陈长贵可能没有企业家们訾富的身家，但军人出身的他，半生戎马保家卫国、半生从政服务为民，内心富足，不缺衣食。这样的他退休后仍然放不下一颗赤诚为公的心，做慈善工作，最恰当不过。

　　十年慈善路，看到困难群众他有怜悯之心，对他人的苦难他感同身受，爱人如己。人们常说，我没有钱，没办法做慈善，实际上，慈善不只限于捐赠，你无法从金钱物质上帮助别人，但你可以做好慈善这份工作，参与慈善服务，成为慈善事业的一颗螺丝钉。陈长贵的十年慈善故事就是如此，与之共勉。

（记者：何柳）

吴换炎：众志成城，共同参与，人人皆可做慈善

人物简介

吴换炎，籍贯福州福清。全国政协第十二届、十三届委员会委员，全国侨联常委、香港福建社团联会荣誉主席，世界福州十邑同乡总会总会长、深圳市荣誉市民，为深圳市新二金达城实业有限公司董事长。在宝安，担任宝安区工商联（总商会）第五届理事会荣誉会长、宝安区慈善会副会长、沙井街道工商联（商会）主席（会长）。

吴换炎自 20 世纪 80 年代从香港来到深圳经济特区，先后创办多家企业。在实业报国的同时，他凝聚爱国爱港的闽籍乡亲，为维护香港的繁荣、稳定和团结作出了重要贡献。在稳健经营企业的同时，吴换炎热心各项社会公益事业。2008 年，被中国侨联授予"援建北川中学特殊贡献奖"。2012 年 9 月，捐款 1000 万元被福建省归国华侨联合会授予"捐赠福建侨心公益事业杰出贡献奖"。2016 年 6 月，荣获深圳市政府颁发的"鹏城慈善个人金奖"，深圳市仅有 10 人获此殊荣。2017 年 1 月 17 日，荣登十大闽商公益人物榜首。2020 年 10 月 1 日，荣获"金紫荆星章"。

从 1995 年结缘慈善，20 多年用心用情投入

记者： 您好，吴会长，伴随着企业的成长，您也在慈善方面投入了很多的精力和资金。请问您是从什么时候接触"慈善"，如何投身其中的？

吴换炎： 1979 年，我从福建来到香港，靠着工作踏实勤奋，又能吃苦耐劳，逐渐站稳脚跟。伴随着改革开放的春风，深圳发展建设日新月异，在看到深圳宝安沙井招商引资的消息后，我们进行了实地考察。1985 年，凭借在塑胶厂积累下来的丰富经验和对各个生产环节的熟练掌握，我和几个朋友一起来到沙井开办工厂。1993 年，又自购土地 10 万平方米，自建厂房 12 万平方米，成立了金达塑胶五金制品（深圳）有限公司。

党和政府的好政策，促使我们的企业能够在短时间内迅速发展壮大，从创办之初仅有十几台塑胶机、百余名工人，到如今成长为大型企业集团。而感恩社会、回报社会，是一家优秀企业应尽的社会责任。我参与慈善公益事业最早要追溯到 1995 年，当时是为老家的福清融江吊水工程捐出人民币 50 万元。我们那里以前长年缺水，党委政府牵头做了这一民生工程，在众多爱心人士踊跃捐助下，大家团结一心，有钱出钱，有力出力，保障了项目顺利完工，解决了几个镇的几十万人的农业灌溉问题。那个时候，我才知道，慈善要靠大家，而不是靠一个人。不积跬步，无以至千里，不积小流，无以成江海；个人之举也许微不足道，但众人之力不可估量。自此之后，我的慈善行动一直未曾停止过。

记者： 这些年，您还参与了哪些慈善活动？能否分享一些让您印象特别深或感触特别深的事？

吴换炎： 这些年，我参与的慈善活动主要是捐助修桥铺路、扶贫济困、乡村振兴、文化教育、救死扶伤等。比如参与"龙川双到"及沙井、新桥片区新时期精准扶贫对口帮扶，组织商会企业家募捐 300 余万元援建龙川郭岭希望小学、铁场陈屋沙井商会大桥、田心镇田心村沙井商会民心桥等

代表街道商会与张洪华代表的区慈善会签订《推进公益慈善事业发展合作框架协议》

项目；举办每年两次"慰问敬老院""慰问一线交警""关爱留守儿童"等慈善品牌活动，为"6·30广东扶贫济困日"及汶川、玉树等灾区人民募集善款1500余万元。2020年以来，面对新冠疫情，我们也积极助力防疫，带领各社团组织捐款捐物，筹集一批批的医疗物资寄往抗疫最前线。

在河源龙川帮扶的时候，我们曾走访了一户人家，一家三口人，其中，一个大人瘫痪在床上，一个小孩患有痴呆。看到他们的生活环境、居住状况，我们都掉眼泪了，马上组织捐款捐物。第二年，我们又去了他家看望慰问，新房子盖好了，一家人的精神面貌也改变了，对我们连连道谢。通过做慈善，可以帮助贫穷家庭改变居住环境，提升生活水平，更重要的是，满足他们对美好生活的向往，用爱心让他们对未来充满信心和力量。

我曾经对29名贫困学生实行捐助，每年向他们每人提供2000元的学费，直至他们大学毕业。在此期间，我们也不时有书信来往。后面，他们毕业了，各自进入工作岗位，能够为国家作出一些力所能及的贡献，这让我很感动。

无论是通过慈善会、商会平台，还是个人自发捐助，都是在做我力所

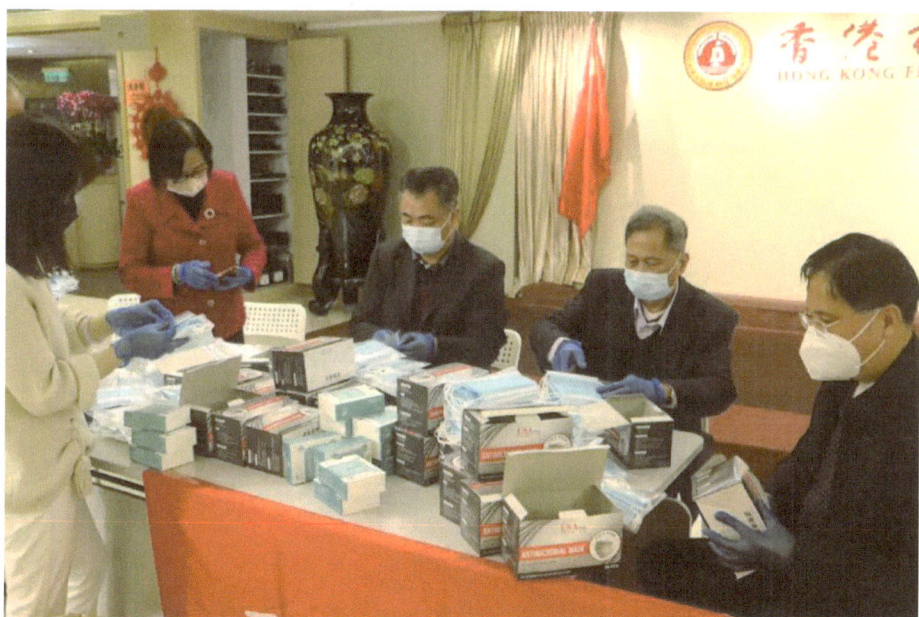

吴换炎（右二）在香港积极捐款捐物助力疫情防控

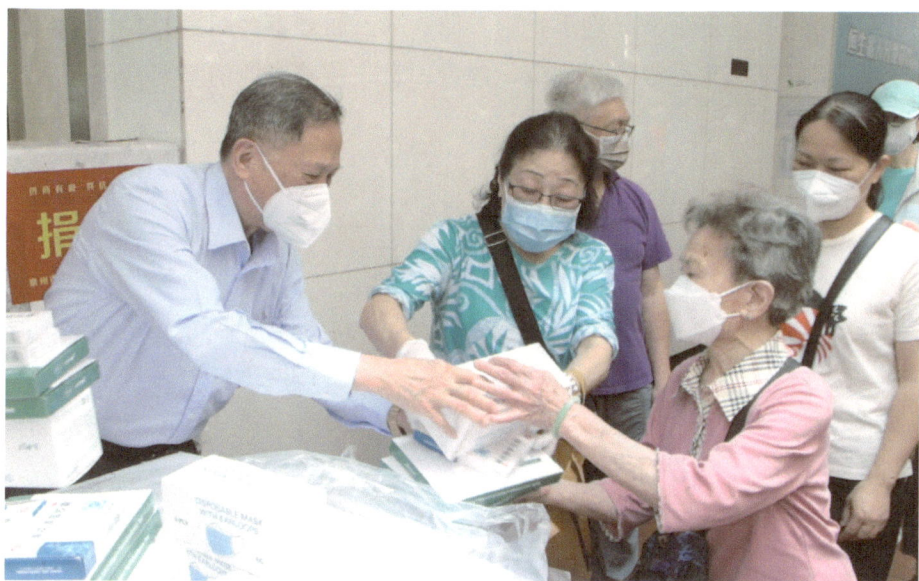

吴换炎（左一）向市民派发防疫物资

能及的事。我在很多社团担任领导职务，一直都倡导呼吁大家坚持"发展企业，回馈社会"，在对社会的支持，对贫困、困难群体的支持上，我们要起带头作用。

宝安慈善很专业规范，有文化有合力有创新

记者：身为区慈善会的领导，您对目前宝安区的慈善事业发展、慈善氛围营造怎么看？

吴换炎：2007年，宝安区成立了深圳市首家区级慈善会。宝安区委、区政府非常关心重视慈善事业发展，经过15年的发展，宝安区慈善会在何植洪、张洪华两任会长的带领和全社会的共同参与之下，不断完善组织架构建设，传承优良、创新发展，在深圳乃至全国，都起到了示范引领的作用，得到民政部、广东省的高度评价，赢得了社会各界的认可。

宝安的慈善很专业、规范，而且有文化有合力有创新。在区慈善会，我担任第一届理事会常务理事，第二届、第三届理事会副会长。我深切感受到，宝安区慈善会很重视规范化建设，筑牢慈善事业的坚实基础。通过

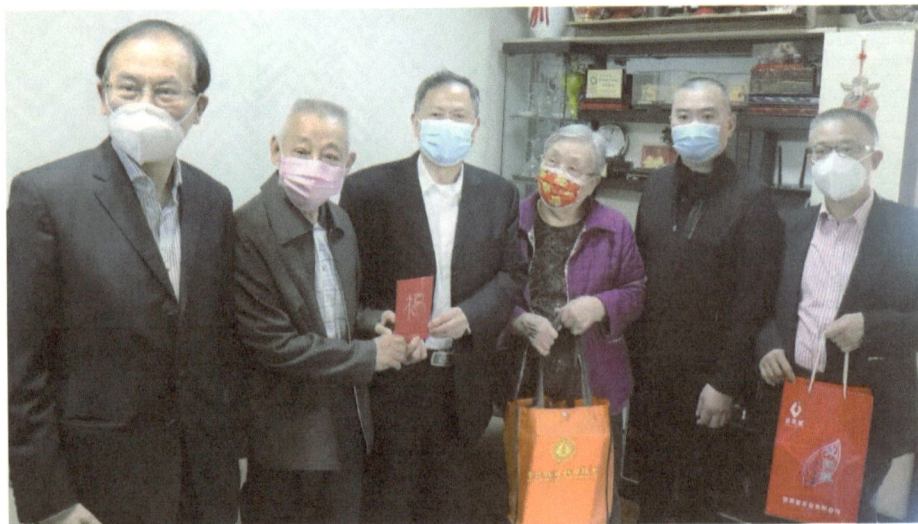

吴换炎（左三）慰问基层闽籍乡亲，送上慰问金和礼品

15 年的不断探索和完善，形成了一套完整的制度体系，制定了《章程》《财务管理制度》、救助办法、募捐箱管理办法、慈善志工管理办法等，做到"一事一制度"。完备的制度体系保证了慈善会规范化运作，有效促进了区慈善会健康良性发展，不断提升慈善公信力，宝安的慈善是阳光、透明的，我们坚持每季度召开会长办公会、监事会会议，实行慈善金收支信息公开制度、第三方审计制度等。

现任张洪华会长很有远见，也很有创新精神，很有思路，他带领我们共同努力，凝聚合力，吸引多方力量参与宝安慈善事业，"合力慈善"也是宝安慈善的重要特征。近年来，宝安区慈善会不断创新捐助渠道，除了常规的募捐形式，也有线上募捐渠道。在户籍人员和劳务工重大疾病救助办法、自然灾害和突发性重大事故救助办法、个案救助办法等 4 个救助办法的基础上，还通过积极动员爱心企业和社会人士设立冠名基金和专项资金，实施有针对性的对特殊群体的精准帮扶。

如今，具有宝安特色的慈善文化还逐步向社区、向企业延伸。宝安区慈善会创作了会歌、制作了慈善动漫、拍摄了慈善微电影、打造了慈善空间，并依托报纸、电视、微信、网站等平台积极宣传宝安慈善理念，各街道商会打造的慈善地标也一个接一个地拔地而起，让慈善"处处可见"，逐渐形成了人人认识、关心、支持、参与慈善的浓厚氛围。

记者：您刚才提到设立冠名基金、创新慈善项目等，那么，是如何动员、引领、组织、带动大家一起来做慈善的？可否介绍一些事例、经验。

吴换炎：宝安区慈善会发展至今与会长的努力、会员的参与密不可分，其核心在于"团结一心"，凝聚起社会各界力量，共同将宝安慈善事业做大做强，为宝安发展作出贡献。

冠名基金是建立慈善资金稳定增长长效机制的重要途径。我是沙井街道工商联（商会）主席（会长）。在沙井这片充满经济活力和爱心的土地上，拥有一大批扶贫济困、乐善好施的慈善人士，沙井商会除了爱心企业以外，还有股份合作公司的强有力支持，大家以大爱之心，用实际行动推动慈善事业发展。

2018 年，沙井商会成立了沙井商会公益慈善基金，当时就募集慈善款近730万元，至今累计筹集慈善款超千万元。这几年来，我们利用这个慈善基金做成了很多大大小小的慈善项目，进行安老扶幼、助学兴教、抚孤助残、扶贫济困等慈善救助。比如，大力支持"龙川双到""广西双精准对口扶贫工作"，先后资助广西都安县尚律村水管建设和危改项目，以及广西河池市佑岸村花椒产业项目等。

为助力疫情防控，2021年，沙井商会主动与沙井街道办、深圳市中西医结合医院对接，经过商会常务班子充分酝酿讨论，联合几家爱心单位出资152万元捐建深圳市中西医结合医院"火眼"实验室，专门用于新冠病毒检测，提高核酸检测能力和效率，为发热病人的确诊、高危人群的排查、疑似病例的甄别提供了快速诊断，担负起抗疫前哨作用。

爱心善举不分大小，人人皆可做慈善

记者：感谢吴会长和有爱心的企业家，共同为慈善做了这么多的事情，也改变了很多人的生活。您为慈善投入这么多精力，慈善给您带来了哪些变化？您有什么体会感悟？

吴换炎：慈善是调动社会资源、促进社会公平的一种方式，也是推动社会参与、促进社会进步的一条有效途径。慈善兼具社会救助与社会治理的双重功效，慈善组织已经成为社会发展中的必要补充。

一开始，我是个人参与力所能及的慈善捐款。到后来，我逐渐认识到，众人拾柴火焰高，应该讲，慈善需要动员人人都参与进来，除了我们自己做慈善，还要积极带动自己的家庭，动员身边的亲朋好友，呼吁全社会共同行动起来，怀仁慈之心，行善良之举。维护慈善可持续发展需要从政策激励、社会环境营造、舆论生态建设、国民财富和社会责任观念教育等方面统筹推进。

我觉得，爱心善举不分大小，人人皆可做慈善。中国人都是有爱心的，只要把思想宣传工作做到位，大家都会踊跃出钱出力，无数爱心才能汇聚成慈善的磅礴力量。我们做慈善工作，一方面要经常向居民、企业宣传党

吴换炎（后排左三）参加资助贫困学生活动

吴换炎（后排左二）参加宝安区慈善文化进校园活动

和政府关于发展慈善事业的政策法规，介绍宝安慈善工作开展的情况；运用群众喜闻乐见的形式和看得见、摸得着的实事，广泛宣传慈善的性质、作用及运作方式，使什么是慈善、如何参与慈善这些基础性问题家喻户晓。另一方面要及时宣传捐赠单位和个人支持慈善活动的事迹，给予他们一定的社会和政治荣誉，扩大他们的影响，保护和调动其捐赠的积极性。尤其是要尊重捐赠者的意愿和感受，及时反馈所捐款物的流向、使用情况及社会对他们乐善好施行为的肯定，吸引他们更加自觉地投身慈善。

记者： 如果用一句话表达您的慈善感言，呼吁大家共同参与慈善，您想说什么？

吴换炎： 众志成城，共同参与，希望大家共同来参与慈善，而且还要继续加大力度宣传慈善，争做慈善标兵，在"慈善无处不在，慈善人人可为"的氛围中涵养慈善意识、弘扬慈善文化。我们要让慈善成为一种发自内心的自觉，成为大家共同的认识，让慈善在宝安蔚然成风。

宝安慈善要努力做标兵、做榜样，传播正能量

记者： 深圳进入了粤港澳大湾区、深圳先行示范区"双区"驱动，深圳经济特区、深圳先行示范区"双区"叠加的黄金发展期。宝安区第七次党代会提出，要全面落实前海合作区深化改革开放重大战略，在服务前海、服务港澳中推动宝安新一轮发展。长期往返于深港，您觉得，如何进一步促进深港慈善发展？

吴换炎： 同饮一江水，深港一家亲。作为香港福建社团联会荣誉主席，我一直把爱国爱港作为自己最坚定的使命，希望能够带领福建、深圳在港同胞积极参加香港社团活动，热心投身公益。比如，组织香港福建社团联会捐款捐物，派发医疗物资，慰问送温暖等。

香港深圳宝安沙井同乡会的成员也是爱国爱乡、乐善好施的。无论是香港也好，深圳、宝安、沙井也好，只要大家愿意出钱出力，为慈善贡献力量，我们都要敞开大门欢迎，把大家紧紧地团结在一起，这样才

能够带动社会和谐，促进社会稳定。此外，我们也要加强联络和沟通。2023年，我预计会有更多时间待在沙井，计划更多参与精准帮扶活动，助力乡村振兴。

记者：您说到2023年要更多参与精准帮扶活动，助力乡村振兴。那么，还有什么思路、举措想要去实践的吗？

吴换炎：在宝安区慈善会会长张洪华的带领下，我们要多一点交流合作。宝安区慈善会每季度都会召开会长办公会，大家互相交流经验，破解存在的问题。今后，10个街道的慈善组织也要进一步互相学习，取长补短，共同进步。在宝安区各街道商会会长里面，我是年龄最大的，我也要不断跟年轻人增进沟通，要拓宽视野，多一些交流才能有更好的思路，共同提升慈善服务水平，推进慈善事业高质量发展。我还是全国政协委员，更要起到带动引领作用，要多调研走访，多与基层群众和企业交流，做好建言献策工作。我希望，宝安的慈善能够走在前列，为城市发展贡献力量和温度。

记者：对宝安慈善未来的发展，您有哪些建议？

吴换炎：感谢宝安区委、区政府的重视支持，社会各界的积极参与，宝安区慈善会应该来讲是做得很好的，很阳光、很透明。我们就是要让捐款人放心，让真正需要帮助的人得到帮助。尤其是，打造出具有宝安特色的慈善文化。近年来，宝安区慈善会举办"与爱同行"慈善微跑、开展公益慈善项目大赛等，我们也是希望慈善理念深入民心，慈善事业惠及民生。

我建议，加强"慈善文化进校园"工作，这是很有益处的举措。自2013年起，宝安就启动了"慈善文化进校园"工程，9年来，越来越多的学校加入其中，已在全区139所公办和民办小学实现了全覆盖。青年强，则国家强。我们要真正帮扶那些比较贫困的小学、初中、高中还有大学的学生，这是为祖国培养未来的人才。帮助这些孩子自信自强、健康成长，他们以后能够为国家作出更多贡献。我们也要把慈善的种子植入更多的学生心中，帮助广大青少年学生从小发现和理解慈善，了解他人的需要，体会社会的关爱，感恩并实践善行。与此同时，也希望我们能与新闻媒体更多合作，采取群众喜闻乐见的方式，大力普及慈善知识、宣传慈善典型、传播慈善文化，引导社会公众关心慈善、支持慈善、参与慈善。

新时代、新征程，更要凝心聚力、踔厉奋发。当前，宝安正加速迈向世界级先进制造城、国际化湾区滨海城、高品质民生幸福城，奋力打造深圳先行示范区标杆城区，担任"黄金内湾"支撑极。宝安慈善事业要敢为人先，努力做标兵、做榜样，传播正能量，为高质量发展贡献慈善力量。

慈善人物感言 ☆ ★★ ☆ ★

众志成城，共同参与，希望大家共同来参与慈善，让慈善成为一种发自内心的自觉，成为大家共同的认识，让慈善在宝安蔚然成风。

记者手记

对吴换炎的采访，是在沙井商会通过视频语音连线进行的。画面中的他，西装革履，腰板挺直，说起话来，沉稳有力，思路清晰。

他是全国政协委员，也是知名的爱国企业家，在不少社团担任领导，获得过很多荣誉。作为深圳发展变化的见证者、参与者，言谈话语间，吴换炎却很低调，较少谈起自己做过哪些善举，而把更多时间用来分享他对慈善的理解，对慈善的热爱。他说，慈善要靠大家，不是靠一个人就能做成的，爱心善举不分大小，人人皆可做慈善。谈到慈善的传承，他为宝安"慈善文化进校园"点赞，并表示还要继续坚持做下去，要做得更好，让慈善事业薪火相传。这位爱心企业家也会笑着给我布置作业——"你们这些笔杆子也要多关注慈善，多为慈善发声"。

吴换炎用几十年的慈善行为让越来越多人感受到爱和温暖，引导大家关心慈善、支持慈善、参与慈善。而对宝安慈善未来的发展，他也充满信心，表示将身体力行，不遗余力，继续坚守在慈善之路上。我们也相信，点滴付出汇成爱心的暖流，我们的家园会因慈善而越发温暖。

（记者：火星）

黄尔春：阳光慈善赢得信赖
快乐慈善凝聚大爱

人物简介

黄尔春，广东揭阳人，出生于 1957 年 8 月。中国共产党党员，深圳市金港实业有限公司董事长。2003 年至今担任福永、福海工商联（商会）会长，宝安区工商联（总商会）副会长，宝安区慈善总会副会长等职务。长期以来，积极投身农村公益慈善事业，支持农村文化教育事业，积极参与物资扶贫、教育扶贫等慈善活动，兴建希望小学，扶贫济困，迄今为止累计捐款 4000 多万元。2006 年 12 月，黄尔春发动会员在福永商会十周年之际募集善款近 200 万元，成立"福永商会慈善基金"，2015 年于深圳市民政局注册设立非公募基金会——深圳市宝安福永商会公益基金会，此举创全国基层商会之先。先后荣膺民政部"热心社会公益先进典型"、"广东省社会主义新农村建设作出突出贡献的民营企业家"、深圳市政府"首届鹏城慈善奖慈善个人"、深圳市宝安区人民政府"慈善企业家"等称号。

年少时担起家庭重担，深知雪中送炭的温暖

记者：黄会长您好，您是从什么时候开始有"慈善"的概念的？对"慈善"最初的理解和认知是怎样的？

黄尔春：1957年8月，我出生于揭阳县玉湖镇一户贫困的农家。我是长子，是三个妹妹的大哥，是父母和奶奶心中的"独苗"，但其实我并没有享受到过多的疼爱。当我还在上小学的时候，父亲因为一场重病丧失了劳动力，我不得不早早辍学回家，扛起家庭重担。农忙时节耕田种地，农闲时我就到集市上做点小买卖。小时候，我曾经一条裤子穿了5年，缝缝补补满是补丁都舍不得扔掉。那时候，乡邻乡亲都不富裕，但仍然有人看到我们家困难，有时会把他们剩下来的食物送给我们一些，或在遇到重活时搭把手。那个时候我不懂什么是慈善，整天只想着如何填饱自己和家人的肚子，在困难时得到别人的帮助，心里特别感激，就想着以后挣钱了一定要报答他们。后来年龄大点了，我也不做小买卖了，跟着同村人上山做木材生意。当时尽管生活非常艰苦，但我从未失去信心，我坚信，总有一天，老百姓的日子会变好。

1985年，深圳开始大发展，我怀着对未来的憧憬和一腔热血，只身来到宝安福永。当时，我一无资金二无门路三无学历，只能从工地小工干起，边干边学，每天都争取比别人多干一点，很快就越做越好，当上了包工头。随后，自己陆续开办锯木厂、洗车场、餐饮店等，凭着勤劳、诚信和热情，生活逐渐好起来，手头有了一点富余，就想要回报和帮助一下别人。当时也不懂什么是慈善，就单纯地觉得自己有能力了要多去帮助需要帮助的人，让他们能够在困难中看到希望、感到温暖。我真正了解慈善的概念是从加入宝安区慈善会开始的。

心怀感恩，自己有能力了就想着更多报恩

记者：您还记得早期开始参与慈善活动的情况吗？当时是什么氛围？您做了些什么？

黄尔春：20世纪90年代初，我时常回老家，看到老家那些道路都是坑坑洼洼的狭窄泥巴土路，晴天尘土飞扬弄得满身灰，下雨天道路泥泞弄得鞋和裤子上都是泥巴，乡亲们出行很困难。当时我就想着要帮助解决这一困难，与镇和村上有关负责人交谈后，我得知镇财政根本拿不出钱来修路，镇政府工作人员也是在破旧不堪的老楼房里办公。我是从玉湖镇走出去的，小时候家乡人帮助过我，现在长大有能力了，我就要回报家乡。于是在1994年，我向家乡玉湖镇捐赠70万元修建了一条马路和一座政府办公楼。希望通了大马路后的家乡能与外界联系更加紧密，乡亲们的生活能逐渐好起来。

记者：这些年，参与慈善活动让您感触特别深的是哪些？

黄尔春：这些年，让我感触特别深的是对教育的帮扶。我小学时因家庭困难辍学，读书也是我未完成的梦想。后来走向社会，我就坚信，要想发展一定要有文化。"致富"和"教育"也因此在我心里打下深深的烙印。

有一次回乡，我看到贫苦的孩子们仍在破旧的校舍中上课，看着他们趴在破烂不堪的桌椅上看书写字的情景，我的内心难以平静。当时我就萌发一个心愿，要尽自己所能为家乡的孩子们盖一所漂亮的学校。2004年，我捐资450万元，为家乡兴建一所学校，取了我和我夫人名字中的一个字命名为"春兰学校"。从选择校址、图纸设计到施工建设，我都逐一跟进落实。经过各方共同努力，一座占地面积达15亩的希望小学落成，学校教学楼主楼面积达3000平方米、教职工宿舍面积达1200平方米，可容纳1200名学生上学。现在，每每看到孩子们在宽敞明亮的教室里上课，我心里特别欣慰。

自从春兰学校建成后，我又陆续捐资235万元，为家乡玉湖中学捐建一座"尔春楼"。近些年，每年我都会捐款给福永的中小学和捐建过的外

地的希望学校，逐渐帮助他们改善学校的教学设施与条件，缓解部分贫困家庭的上学难题。我觉得每个孩子都有受教育的权利，福永的外来人口比较多，一些外来务工人员的子弟就学条件比较差，我就每年认捐十几个特困学生，并发起助学活动，呼吁大家共同关注这些孩子。这些年，我在教育事业上的捐款已经超过了 1000 万元，但我觉得这是非常值得的，我感到非常开心和欣慰。

一个人做慈善不如带动大家一起做慈善

记者：宝安区慈善会成立 15 周年，宝安区开展的慈善活动您参与了哪些？您对宝安区的慈善氛围有什么看法？

黄尔春：宝安区慈善会刚成立时我就有幸加入并担任副会长，15 年来感觉宝安区的慈善氛围越来越好、越来越浓厚。对宝安区慈善会提出的"合力慈善"我非常认同，做慈善就要大家一起来做，有钱出钱、有力出力、

在宝安区各级人大代表帮扶广西都安大化脱贫攻坚座谈会上，深圳市人大代表黄尔春捐赠 20 万元，深圳市人大代表胡萍捐赠 10 万元扶贫资金

在福海街道桥头学校 2021—2022 学年度第一学期开学典礼上，福永、福海商会黄尔春会长为该校 10 名优秀学子颁发"福商公益基金会——苏洪根博士教育基金"

2017 年 4 月 23 日，参加环立新湖公益跑——关爱员工·公益在身边活动

有点子出点子，只要参与，哪怕捐出的是 1 元钱，那也是一份真挚的爱。

自 2003 年当选为福永商会会长起，我就积极带动、影响和鼓励会员企业拧成一股绳，为社会奉献爱心。有一年，一名湖南籍的员工家里遭了水灾，房子被洪水冲垮了，这位员工终日以泪洗面，我知道后一次性捐了 3 万元给这位员工，并且放假让他回去重建家园。这位员工回家盖好房子后又回到了公司，从此兢兢业业工作，职位也不断提升，由最初的小工变成了一名中层管理人员，一直在公司干了 10 年，后来自己出去创业，也成了一个小老板。之后他也经常参与慈善活动，力所能及地去帮助有需要的人，这就是爱的传递，这种正能量可以感染人、带动人，爱的传递可以让社会变得和谐温暖。

近年来，福永商会会员在广东、贵州等地捐建多所希望小学，设立奖学金，为多所医院捐赠医疗器材。每逢重大节日就到当地学校、部队、敬老院等地进行慰问。每当全国各地发生重大自然灾难时均踊跃捐款，累计为社会捐款达 2 亿元，使福永商会赢得了"爱心商会"的美誉，我也被别人称为"爱心会长"。

春兰学校教学楼

春兰学校校门口

黄尔春会长向玉湖镇人民政府捐赠两辆环卫车

河源市龙川县龙母镇是福永街道的对口扶贫单位，2004年，福永商会随宝安区、福永街道两级部门前往龙川调研。在考察过程中，我们发现龙母镇洋田小学全校300多名学生每天挤在光线昏暗、面积狭窄的危房中学习。尽管身处如此简陋的教学环境中，但我们还是从孩子们的眼中看到他们对知识的渴望，这深深触动了我们。于是，我们当场以商会的名义认捐建设一座希望小学。2006年1月，以福永商会命名的"洋田希望小学"正式落成，我和商会部分会员出席了落成仪式，并对村民承诺："凡是家里有困难而又有强烈读书愿望的孩子，我们全都负责解决！"在学校开学之际，商会的会员企业为洋田希望小学捐赠价值近6万元的新校服。

　　深圳是一座敢为人先的城市，我扎根福永30多年，看着福永一步一步发展起来，也见证了深圳的成长。我历经数个行业，体验了民营企业成长的百般滋味。作为一名民营企业家，我深知打拼下的一份事业固然饱含艰辛和汗水，但如果没有改革开放的好政策提供机会，我也是不可能成功走出一条致富之路的。所以，我要通过做慈善的方式回报社会，担起一份

黄尔春会长为龙川洋田希望小学学生送上学习用品

社会责任。2006年，为了弘扬中华民族扶贫济困的传统美德，帮助社会上不幸的个人和困难群体，开展多种社会救助工作，我在福永商会成立"福永商会慈善基金"，创全国基层商会之先，这样就能帮助更多的困难群体。

阳光透明的慈善会，公信力强、让人信赖

记者： 在宝安参与慈善最大的感受是什么？

黄尔春： 大家都知道，深圳是慈善之城，深圳连续五届位列中国城市公益慈善指数前列，而宝安区慈善会作为深圳市"资金最雄厚、救助群体最多、覆盖面最广、影响力最大"的区级慈善会，绝对是一个标杆和特色。宝安区慈善会是最值得信赖和托付的慈善机构，现任会长张洪华带领的慈善会团队让我十分信赖，非常开心、非常愿意和他们一起做慈善。

宝安区慈善会自创立以来，始终坚持打造"阳光慈善、透明慈善"，用制度作保障，通过15年的不断探索和完善，形成了一套完整的制度体系，包括重大决策提交常务理事会或理事会讨论决定制度、会长办公会集体决策制度、监事会制度、慈善金收支信息公开制度、第三方审计制度等34项制度，做到了"一事一制度"。同时，制定"五年发展规划"，规范、指引慈善会的运作方向。一套完整的制度体系保证了慈善会规范化运作，不会因为换届或某个人而影响整体运作，有效保障和促进了宝安区慈善会的健康良性发展。

有了体系保障，宝安区慈善会的社会公信力不断提升。正因为有了信任的基础，自然就吸引和凝聚了宝安许许多多的爱心人士、爱心企业家、爱心团体积极参与，形成合力慈善，共同续写宝安慈善事业"春天的故事"，让充满爱的春风温暖每一寸土地。宝安区慈善会收到的捐赠数额、人次逐年上升，一批独具宝安特色的慈善品牌项目脱颖而出。比如设立慈善冠名基金、举办"与爱同行"慈善微跑活动、开展公益慈善项目大赛、开展慈善文化进校园工程等，慈善的覆盖面和影响力不断扩大。

现在，宝安区慈善会就是我参与慈善活动的主平台。通过宝安区慈善

会做慈善，他们会帮助规范捐赠流程、监督善款的使用、进行捐建项目的验收等，确保我们捐出去的每一分钱都有去向，能真正用在最需要的地方，帮助到需要帮助的人。

慈善人物感言 ☆ ★★ ☆ ★

阳光透明做慈善值得信赖，量力而行做慈善做得轻松自在，用心用情做慈善赢得快乐和尊重。

记者手记

黄尔春是一位外表威严、睿智的企业家，同时也是一位有魄力、有爱心、有活力的慈善家。小时候家中的贫苦和闯荡初期的艰辛让他尝到人间疾苦，这让他更加珍惜现在的生活，更能体会他人遇到困难时的痛苦，更坚定他努力创造更多财富的决心，从而更多更广更长久地去做慈善，去帮助有困难的人，去助力乡村振兴。

他从创办实业到担任商会会长，从企业家到慈善家，角色在变，但大公无私和充满善爱的心没变。他从担任商会会长至今，一直将心思投入社会公益事业，把商会搞得有声有色，使之成为宝安区各街道商会中最有活力的商会，福永商会模式得以在全国推广。同时，作为慈善家，宝安区的大型慈善活动现场都有他的身影，他一直尽心尽力为公益事业出钱出力。正如他所说："个人的财富来源于社会，那就需要反哺给社会，企业家聚集了社会财富，就要履行企业家的社会担当，用自己有限的力量去为社会作点贡献，通过做慈善为社会留下一点有意义的痕迹，实现自己的社会价值。"

（记者：黄芳）

人物简介

忻元甫，1954 年出生于宁波，1960 年随母亲定居香港。1982 年回内地投资，1984 年开始在深圳创业。现任永正文化玩具创意（深圳）有限公司董事长、浙江省政协委员、深圳市宝安区政协委员、深圳市宝安区慈善会副会长，是浙江省爱乡楷模、宁波市荣誉市民、香港甬港联谊会永远名誉会长、世界中华宁波总商会副会长、宁波深圳商会永远名誉会长、宁波歌舞团和鄞州小百花越剧团名誉团长、深圳市宝安区工商联（总商会）副主席（副会长）、深圳市松岗商会会长等。

热心公益纯属"无心插柳"

记者：您数十年如一日热心公益事业，请问您还记得您第一次接触慈善是什么时候吗？

忻元甫：第一次做慈善那得从 20 世纪 80 年代说起。我是宁波鄞州区云龙镇冠英村人，但从 6 岁开始便跟随母亲奔赴香港，与父亲团聚，从此全家人就定居在香港。我从打工起步，靠着打零工，积累了创业的第一桶金。1970 年，16 岁的我独立办起了一个家庭式的玩具作坊。"1979 年，那是一个春天，有一位老人在中国的南海边画了一个圈……"伴随着一曲《春天的故事》的传唱，改革开放的春风吹遍神州大地，我把目光落在了毗邻香港的深圳。1984 年，我在友人的介绍下来到深圳宝安区松岗东方第四工业区兴办东方永正玩具厂。当时年仅 26 岁的我事业发展上还算顺利，也算事业小成，宁波老家乡镇上的领导关注到了我。

这名乡村干部当时从宁波去香港，向我大吐苦水，因村上的卫生院基础设施薄弱，满足不了村民们基本的医疗卫生服务需要，村民头痛脑热生病都得跑远路，十分辛苦。同时，他希望我能够捐赠 5 万元改善卫生院的各项设施。当时普通工人一天的工资仅 4 块钱，但我二话不说便拿出钱来帮助迫切需要帮助的人。可以这么说，第一次做慈善的时候我并没有什么具体的概念，满心、满脑子里就是希望竭尽所能帮助乡里乡亲们。也可以这么说，我第一次做慈善似乎有那么一点点"被动"的成分吧！

记者：您说您第一次做慈善是"被动"的，那您又是在什么时候变"被动"为"主动"，从而成就公益事业"无心插柳柳成荫"的局面的？

忻元甫：第一次做慈善之后，宁波老家乡镇的情况便引起了我的关注，而且我不仅关注自己的家乡，也关注邻近的乡镇。让我永生难忘的还是1999 年寒冬的一天清晨，那是三门县中门乡小蓉小学教学楼落成的日子，附近 7 个村子 200 多个孩子一个不落地在校门口夹道欢迎我，我看着他们一个个被寒风吹得通红的脸，眼里满是对知识的渴望，心里真不是滋味，眼泪一下子就掉下来了。

这所小学的前身是一所破败的村小，我第一次去的时候是凌晨3点从宁波市出发，颠簸了6个小时，又走了2个小时村路，才到那里。抵达村小的时候，两个老师正蹲着吃饭，拿着的碗都是破的，条件的艰苦一下子就触动了我。老师告诉我，村里很穷，孩子们都希望通过读书走出大山，改变命运。村小附近7个村子230个孩子的家长出钱，一家一户100块，筹了2.3万元，用于重建学校，尽管如此，经费的缺口还是很大。

"一个都不能落下，我要让这些孩子们都上学。"我在心里暗暗下定决心，便把重建学校的20万元资金缺口补上。孩子们满心欢喜，村里的干部也很给力，在不到一年的时间里，学校便落成了，崭新的3层教学楼8间教室俨然成为当时村上的"地标"建筑。

慈善"种子"开出绚丽花

记者：您把目光聚焦在反哺家乡、回馈社会上，在这个过程中，您的心境有没有发生一些变化？

忻元甫：在我众多社会职务中，香港甬港联谊会永远名誉会长是我非常看重的一个，这是宁波帮乡里乡亲对我最大的认可。宁波帮同声同气的亲切和互相信任的情感，是老一辈宁波帮代代传承下来的低调、勤俭的品德和造福桑梓、回报社会的责任。我在生活中，无论是吃还是穿都不很讲究，但在资助社会公益事业方面却乐善好施，出手大方。

20世纪90年代，在永正玩具刚刚起步，资金还不算很充裕的情况下，得知家乡宁波市云龙镇要办一家合资玩具厂，我毫不犹豫地拿出50万美元给予支持。后来，又无偿提供设备及100万元免息贷款支持家乡办童车厂，还借了170万元支持家乡加油站的建设。童车厂和加油站效益很好，成为村集体经济的主要来源。

我的老家宁波鄞州云龙镇冠英村，是宁波远近闻名的穷山村，孩子们要走上两三个小时去外村上学，于是我出资70万元，建设了元甫小学。此外，我还在村里修建了永正公园，方便村民休闲娱乐。多年来，我跟家人均时刻关注家乡的各项建设，不断地慷慨解囊，用于家乡基础设施、教育及社会福利事业的建设，如修路筑桥、养护山林、建造自来水工程及老年公园等。

记者：在您看来，老一辈宁波帮代代传承下来的低调、勤俭的品德和造福桑梓、回报社会的责任给了您动力，宁波帮乡里乡亲同声同气的亲切和互相信任的情感给了您方向。那您是怎样把这种特殊的情感延续到宝安这片土地上的？

忻元甫：我从2006年开始担任松岗街道工商联（商会）的会长至今，多次被深圳市、区两级总商会授予"优秀会长"的称号，这些荣誉也鞭策着我把商会越做越好。商会成立至今20年，我比较骄傲的一点是，在松岗，无论是外商还是民企，没有一家跑路的企业是我们的会员。同时，我还兼任宝安区慈善会的副会长，我带着我们的企业开展了很多慈善活动，无论是在松岗本地还是代表松岗以及深圳走出去，我们都积极助学、扶贫、济困、赈灾以及资助体育文化事业等。

2016年3月24日，在宝安区慈善文化进校园活动启动仪式上，"慈善娃"爱心玩具吸引了众多目光，这个萌萌的"慈善娃"出自我们永正玩具工厂。早在2015年，区慈善会会长张洪华来松岗时，我观看了区慈善会的动漫宣传片《大家一起做慈善》，里面的卡通形象宝宝、安安深深吸引了我，我是开玩具厂的，当时就想把宝宝、安安设计成爱心玩具，让孩子们在玩耍的同时，也能受到慈善文化的熏陶。就这样，经过近一年的时间，有了现在大家看到的"慈善娃"。

当年，"慈善娃"玩具就在我的工厂里投产，同时我把5万个"慈善娃"爱心玩具免费捐赠给宝安区慈善会。"我要让这些玩具随着慈善文化进校园活动送到小学生的手中，成为他们参与慈善的'小伙伴'。"此外，我还与区慈善会签订协议，承诺将面向市场售卖的"慈善娃"爱心玩具销售利润的50%捐赠给区慈善会用于宝安慈善事业，通过"慈善娃"让更多人参与慈善。

慈善情暖"一老一幼"

记者：我留意到在您过往的慈善事业中，"一老一幼"是您最为关注的两类群体，您为什么会有这样的"倾斜"呢？

忻元甫：孟子云："穷则独善其身，达则兼济天下。"慈善的目的主要是帮助贫困家庭或有困难的人士解决生存和发展问题，可归纳为"安老、扶幼、助学、济困"，我想这便是我特别关注"一老一幼"的原因。

在我的办公室里，排列着"深圳市捐资办学楷模""慈善楷模""爱乡楷模"等奖牌，但我并不是很在意，我最为在意的是宁波大学青年给我画的漫画像，我很喜欢跟年轻人在一起，他们有活力、有思想、有激情。犹记得 2012 年我到宁波大学去交流，当时交流会安排的是 1 个小时，但我们这样的"忘年交"交流了 2 个多小时仍意犹未尽。

我在宁大青年中的地位之高并非偶然，我的善举始终影响着宁大青年们。2011 年，我捐资 500 万元人民币助建宁波大学"忻元甫楼"。忻元甫楼位于宁波大学科学技术学院北校区的东面，大楼内设 437 座会堂、室内篮球馆、乒乓球馆、体质测试房、健身房、办公用房等多功能用房，建筑面积 7424 平方米。与此同时，我还坚持每年为贫困学子设立的奖学金捐赠。值得一提的是，我都是从大一开始资助这些学生，一直到大学毕业，做好孩子走出社会前最坚强的后盾。

创办于 1986 年的宁波大学，由乡绅包玉刚捐资创立，乐善好施是该校的传统，让我最为感动的是随着毕业的孩子越来越多，他们始终把这种光荣的传统传承好，并发扬光大。据不完全统计，从宁波大学毕业的学子反哺学校捐赠给学校的资金多达 4 亿元。在宁波大学里，无论是捐赠者还是师生，都有"人人为我，我为人人"的善良厚道，心存美好、心存善良，成人之美、忠人之事，这不仅成为和谐校园的黏合剂，也成为和谐社会的黏合剂。

记者：每年的九九重阳节到敬老院看望老人家，这已经成为您的一种习惯了，您是如何坚持的？

忻元甫："老吾老以及人之老，幼吾幼以及人之幼。"伴随着老龄化社会的到来，我认为理应给予老年人更多的关注与爱护。我觉得如果一个人整天只想着自己，那么这个人就不可能成为真正的君子。我单纯地觉得"我想要做""我想关心"，从我做起，从身边做起，这样更能唤起整个社会的共鸣。从社会层面来说，通过强大的组织全面覆盖社会上所有需要帮助的人群还是存在困难的，这说明我们个人的力量还是非常必不可少的，也是官方背景的慈善组织无法替代的力量。

慈善"基因"让帮扶村脱贫致富

记者：全面吹响对口扶贫攻坚战号角，实施精准扶贫精准脱贫，是党中央、国务院制定并推动实施的重大方略，也是当前摆在各级党委和政府

忻元甫到松岗敬老院探望老人，向老人派利市

忻元甫数十年如一日热心公益事业

面前的一项重要政治任务。在这个过程中，您是怎么做的？

忻元甫：水乃生命之源，然而在广西都安、大化的一些村庄里，对于那里的村民来说，喝上一口干净的水仍然是个难题。这个问题牵动着宝安人的心……2017年，宝安结对帮扶广西壮族自治区河池市都安瑶族自治县、大化瑶族自治县（以下简称都安、大化），都安、大化都是深度贫困地区，在广西4个极度贫困县中，两县名列其中，占到一半。我跟随区相关部门前往都安、大化开展帮扶调研，实地察看相关扶贫工作项目。当时，村民们连一口干净的水都喝不上，我很受触动。回到松岗后，我便马上组织松岗街道工商联（商会）里90余名企业家再次深入大山。

莽莽群山，挡不住跨越千里的浓浓真情。在实地考察后，松岗街道工商联（商会）出资100万元用于建造2个水柜，让当地村民喝上一口干净水。村民喝上第一口从自家水柜里流出来的干净水时，热泪盈眶，他们几辈子未曾实现的梦想终于一朝成真。

都安、大化多为喀斯特地形，地表水容易流入地下。如今，走在田间地头，时常能见到一个个用水泥砌起来的水柜。这些水柜雨季可用来蓄水，旱季可调需使用，大大地解决了居民生活难题。

记者： 您说过做慈善不仅是扶智，也是扶志，您是怎么理解的？

忻元甫： 我经常在区有关部门及街道的组织下前往大化、都安开展帮扶调研，实地察看相关扶贫工作项目，并为当地的学生捐赠课桌椅、体育用品等。知识改变命运，只有抓好教育才能从根源上脱贫。多年来，我带领松岗街道工商联（商会）不断加强助学力度，完善教育基础设施，开展学校运动场地硬化及绿化和文化墙建设，让贫困儿童从小培养自强不息的意志，让百姓们充分认识到教育对于改变贫穷落后面貌的重要意义，也就是扶智更扶志。

多年来，我们在河源龙川梅东村，同样做着这么一件事情，积极开展助学、奖学、慰问，发动松岗慈善企业家捐资设立奖学金，奖励梅东村优秀初、高中毕业生，确保一个学生都不会因贫辍学。同时，有些孩子还来到我们松岗的企业实习，开阔他们的视野，增长他们的见识，以此带动梅东村经济发展、社会治理、人文素养提升以及环境改善齐头并进，助力脱贫攻坚。

忻元甫尤为珍惜宁波大学青年为他画的漫画像

慈善"接力棒"薪火相传

记者：近年来，在宝安区慈善会的引领下，全区慈善事业和社会工作健康有序发展，在这个过程中，您作出了哪些有益的探索？

忻元甫：为更好地支持家乡建设发展，助力乡村振兴，弘扬中华民族扶贫济困、乐善好施的传统美德，在2022年3月，我通过宝安区慈善会定向捐赠500万元，在宁波市鄞州区设立"忻元甫慈善扶贫基金"。每年基金的增值额，将用于扶助宁波市鄞州区云龙镇冠英村等地，主要用于冠英村的困难家庭及符合慈善法规定的其他公益项目。同时，为有效发挥基金的社会效益，让善款能落到实处，此次定向捐赠也得了到宝安区慈善会具体的指导和帮助。

我认为宝安区慈善会已经成为凝聚社会正能量的重要主体，慈善参与的方式更加便捷，参与渠道更加丰富，资源配置效率显著提高。在社会各界的共同努力下，激励了更多的单位和个人投身慈善，慈善作用更加突出，在打赢脱贫攻坚战、全面建成小康社会、支持民生兜底保障和社会福利事业、助力新冠疫情防控等方面，慈善力量都发挥了积极作用，以"党委领导、政府推动、民间运作、社会参与、各方协作"为特征的宝安特色慈善事业的大格局逐步形成。

记者：在您看来，宝安的慈善氛围之所以能如此浓厚，是得益于哪些方面的工作？

忻元甫：慈善事业的发展，离不开慈善文化的弘扬。慈善的本质是一种割舍不断的人间真情，慈善的原则乃是基于这种真情爱意的自觉自愿。我觉得行善留不留名是当事人的选择，但善行需要宣传、需要弘扬。这种正能量的宣传是让慈善文化更加深入人心，让更多人加入慈善队伍中来。

鲁迅先生曾说："无穷的远方，无数的人们，都和我有关。"慈善不是富人的专利，也不是做给别人看的，而是发自内心的道德自觉；慈善不仅在于大灾之时捐款捐物，更在于日常中的善心善举。慈善应当成为一种生活方式。人人献出一点爱，积小善为大善，社会就会变得越来越温暖，我们的生活也必定会充满明亮的色彩。

慈善人物感言 ☆ ★★ ☆ ★

　　慈善是在帮助别人的同时收获内心的丰盈。

记者手记

年近古稀仍抖擞　热心公益献余热

　　忻元甫今年68岁了，年近古稀的他把慈心善行落实到日常生活中，使之成为自己及其家人的一种爱心表达、一种社会责任、一种生活方式。

　　慈善的可贵之处，不仅在于大灾之时捐款捐物，更在于生活里一件件小事上的善心善举。老人家说，碰上老弱病残群体扶一扶，遇到邻里纠纷劝一劝，看见路边垃圾捡一捡，这些都是慈善。下雨天，为路人递上一把伞，为他遮住风雨；黑夜里，为陌生人点起一盏灯，为他照亮前路，这些也是慈善。只要用心付出，就能为爱注入一份力量，让人感到温暖。

　　慈善已经成为忻元甫生活中的一部分，他在行善时，没有道德上的优越感，更不会苛求受助者有所回报。他是这么跟我说的，行善不是单纯给予，而是在帮助别人的同时收获内心的丰盈。当慈善行为自然而然地发生时，我们的生活必定充满明亮的色彩。

　　（记者：罗裕昭　图：雷小舟　资料图片为受访者供图）

翁志明：「善长仁翁」，他当之无愧

人物简介

翁志明，出生于 20 世纪 60 年代末，深圳宝安人，湖南大学工商硕士。翁志明的身份非常多样化，现任裕亿纸品（深圳）有限公司董事长、政协深圳市宝安区第五届委员会委员、深圳市工商联（总商会）副会长、深圳市宝安区慈善会副会长、深圳市宝安区西乡工商联（商会）永远名誉会长、杰出华人文化促进会副会长、香港深圳社团总会副会长等职务，先后荣膺"杰出青年"、"学生创业就业先锋"、"首届鹏城慈善奖"、"全球杰出华人奖"、"深圳市总商会先进工作者"和"宝安区总商会先进工作者"等称号。

作为宝安区慈善会副会长，翁志明一直积极承担社会责任，用实际行动诠释慈善，被大家称为全力推动宝安慈善公益事业发展的"善长仁翁"。这也印证了他的个人信条：实现个人价值的最高境界是对社会的无私奉献。

"做慈善是我的家族传承，我会一直坚持"

记者：您是从什么时候开始接触"慈善"这个概念的？对"慈善"最初的理解和认知是怎样的？

翁志明：大概在 1978 年，当时我还不满 10 岁，我的二叔在香港经营一家不错的制造业公司，他了解到宝安医院（现在西乡中心医院）的医疗设施很差，附近的居民看病很不方便，就捐赠了救护车和医疗器械等价值 100 多万元人民币的医疗物资给当时的宝安医院，大大改善了宝安人民的医疗条件。这笔钱相较于当时的工资水平来说，是很大的一笔钱，我印象中当时宝安县的领导还参加了捐赠仪式。这是我亲身经历的第一个重大的"慈善"事件。

当年的我，对慈善的理解还很浅显，当时并不懂什么大道理，在我看来，参与慈善是一件很光荣的事情，想到这些救护车和医疗器械能帮助许多生病的人，我就觉得是一件很让人开心的事情。

记者：您还记得第一次参与慈善活动的情景吗？当时您做了些什么？感受如何？

翁志明：西乡铁仔山的天后圣母庙是我奶奶扩建的，如果我没记错的话，应该是 1978 年，当时花费了八九十万元人民币。小时候，我经常和奶奶一起到铁仔山上玩耍，我记忆最深刻的是在 1983 年冬天，那时候，深圳刚改革开放不久，不少人开始踏上这片热土，追逐自己的梦想。当然，也有一些来深建设者因为一时找不到工作，生活状态很窘迫。我奶奶看在眼里，急在心里，就在天后圣母庙的院子里搭建了临时灶台，架上一口大锅，煮粥给这些生活遇到困难的人吃。当时我负责帮奶奶打下手，每天砍柴，帮着奶奶一起煮粥、施粥。现在回忆起来，这应该就是我第一次亲身参与的慈善活动吧。当时我看到很多蓬头垢面的人在寒风中领粥吃，心里真的百感交集。那会儿，70 多岁高龄的奶奶带着我，每天亲力亲为地生火煮粥，帮助那些需要帮助的人，从不假手他人。年少的我，被奶奶这种无私奉献的精神深深感动了。这段经历让我看到了奶奶身上平凡、朴实的助人之心，也深切地感受到了吃粥人内心真挚的感激之情。

记者： 见证您二叔的慈善之举后，您觉得做慈善是一件很光荣的事情。那次和奶奶一起施粥之后，您对慈善的理解有没有什么变化呢？

翁志明： 二叔作为一名港商，在取得一定成绩后，回来建设家乡、回报家乡，受到了家乡政府的肯定和欢迎，这是我第一次见证家族人参与慈善，这一次我觉得很光荣、很自豪。和奶奶一起亲力亲为地煮粥、施粥，是年幼的我在奶奶的影响下，用自己弱小的力量去帮助有需要的人的一次尝试，是我第一次亲身参与慈善，这一次我感受到了慈善的美好和力量。

记者： 您小时候见证和参与的慈善事件对自己走上慈善这条道路的影响大吗？是否可以说在您心中从小就埋下了慈善的种子？

翁志明： 我经常说："赠人玫瑰，手留余香。帮助别人就是帮助自己。"早些年间，我们家族家境相对殷实，我奶奶经常接济乡里乡亲、左邻右舍。后来由于一些原因，家族曾一度陷入困境，那段时间，每到晚上，总有人悄悄地给我们家送东西，帮助我们度过了最困难的那段时光。所以，长辈们就经常教育我们要广施善缘，尽自己所能去帮助他人，可以说做慈善就是我们的家族传承。小时候这两次见证和参与慈善事件让我感受到了做慈善的快乐，并最终引领我走上慈善这条道路。

慈善家风世代相传，做慈善是我的家族传承，我会一直坚持。如今，我也经常带着孩子一起参加各种各样的慈善活动，希望孩子能接下我的接力棒。

记者： 刚刚提到做慈善是您的家族传承，请问您参与慈善这么多年，对您孩子们产生了什么影响？

翁志明： 我一直积极推动"宝安区慈善进校园"活动，提出开展慈善"一元捐"活动，动员孩子们每人捐出1元钱用于做慈善。我深刻明白慈善是一场没有终点的"马拉松"，慈善理念更是需要从小培养，这样才能一代又一代接力下去。

2008年汶川地震发生后，我第一时间给身边的企业家打电话，动员他们为灾区捐款。当时我儿子只有七八岁，得知我正在为帮助灾区群众挨个给身边的朋友打电话时，他向我竖起了大拇指，自豪地说道："爸爸，好样的！"

为了培养孩子参与慈善的意识，我会主动带我的小孩跟我一起去参加一些慈善活动，让他们深入感受慈善的美好和力量。据我了解，现在他们在大学都会主动参与一些慈善活动，不是以捐款的形式，而是身体力行地去做一些慈善，我觉得这样很好。

创新与传统相结合　走出自己的慈善之路

记者：这些年，您大概参与了多少次慈善活动，主要涵盖哪些方面？

翁志明：这些年，我一直积极参加深圳市以及宝安区举办的各类慈善活动。同时，还积极带领西乡商会举办各类慈善活动，参与的慈善活动累计达300多次。主要涵盖扶贫济困、抚孤助残、安老扶幼、助学兴教等方面的慈善救助和帮扶。

记者：宝安区举办的慈善活动您参与了哪些？

翁志明：宝安区组织的各类慈善活动我基本上都参与了。每年6月30日，是广东扶贫济困日，每到这个时候宝安区都会开展广东扶贫济困日捐赠活动，每年我都会积极参与，特别在对口帮扶和乡村振兴方面，早在2012年，我就捐款对龙川县龙母镇的路灯进行改造，捐款建设龙川县铁场镇茶油基地。自宝安区开展广东扶贫济困日捐赠活动以来，我累计捐款达800多万元。此外，宝安区慈善会组织开展的公益慈善项目大赛、与爱同行·慈善微跑、爱心慰问等各类扶贫、助困、慰问活动以及设立的冠名基金中都有我积极参与的身影。

记者：让您印象特别深刻的慈善活动有哪些？

翁志明：让我印象特别深刻的慈善活动有几次。一是2016年，我最早在宝安区慈善会设立了一个30万元的冠名关爱基金，专门用于宝安区自闭症儿童的康复治疗；二是 2018 年，我带领宝安区西乡商会最先在深圳市民政局注册成立西乡商会慈善基金会，让西乡商会有能力凝聚更多的辖区社会力量共同参与慈善；三是在"宝安区慈善文化进校园"活动中区慈善会张洪华会长和我提出开展"一元捐"活动，动员孩子们每人捐出 1 元钱用于做慈善，此举主要是为了培育孩子们的爱心意识，让爱的种子在孩子们心中生根发芽；四是 2020 年，我带领旗下的公司——裕亿纸品（深圳）有限公司对口帮扶大化县可考村，很荣幸，这个项目成为国务院督办的项目。后来，因为对口帮扶成绩显著，裕亿纸品（深圳）有限公司荣获广西壮族自治区工商联、广东省工商联、广西壮族自治区乡村振兴局和粤桂协作工作队的联合表彰。

记者：我了解到，2018 年 11 月经深圳市民政局批准，西乡商会慈善基金正式成立，这也是深圳市唯一获批的街道商会的基金会，可以给我们介绍下这个基金会的情况吗？

翁志明：我本着打造典范机构的初心，设立了这个慈善基金。2018 年，西乡街道工商联（商会）自愿募集 500 万元作为慈善基金，积极参与扶贫济困、抚孤助残、安老扶幼、助学兴教等慈善救助，致力于推动宝安区公益事业发展与和谐社会建设。2018 年 11 月经深圳市民政局批准，西乡商会慈善基金正式成立，随后我们基金会就向广西大化县捐赠 208 万元，用于建造居民统建房和当地的贫困户危房改造。

这么多年来，西乡商会在我的带领下，一直积极参与各项慈善公益活动，并在乡村振兴、扶贫济困、疫情防控中发挥积极作用，为了将西乡商会慈善基金打造成典范机构，我学习宝安区慈善会的先进经验，要求基金会办公场所、人员等支出都不得使用基金会的善款，所有费用由西乡商会支付，基金会的每一分善款都必须用于慈善事业，让这个基金会更纯粹。此举也开创了街道商会基金会慈善办会、爱心办会和公正办会的新模式。

记者：听说，2021 年年底，您捐资 100 万元，设立了裕亿集团关爱基金，请问这个基金主要做什么？

翁志明：除了带领商会服务社会，20 多年来，我自己的企业——裕亿集团也不忘承担企业社会责任，在龙川、西乡等地修桥铺路，救治白血病患者，捐建学校等，在各种慈善活动中累计捐款 800 多万元。我自己荣获了深圳市"鹏城慈善——慈善个人"，裕亿公司也荣获"2021 年粤桂扶贫协作先进民营企业"光荣称号。

2021 年 12 月，是裕亿集团成立 30 周年，在这个特别的日子，我捐资 100 万元设立裕亿集团关爱基金，这个基金 50% 用于关爱集团员工，50% 用于关爱社会。

集团成立 30 年了，其中很多人跟着我干了一辈子事业，现在他们老了，有的已经退休了，当他们遇到困难的时候，我不能不管，可是怎么管呢？于是我想到了成立裕亿集团关爱基金，用规范的基金会模式去关爱他们，当他们遇到困难需要帮扶时，可以直接向基金会提交资料申请补助，尽我老东家的一份心意，解他们的燃眉之急。

持续创新探索　汇聚"宝安温暖"

记者： 参与慈善这么多年，您最大的感触是什么？

翁志明： 参与慈善这么多年，我意识到一点，要扶贫就得先扶"智"，授人以鱼不如授人以渔。所以这些年，我在助学方面投入了更多的精力和金钱，例如广西大化县板升乡和七百弄乡的学校建设、龙川铁场镇中心小学改造工程、西乡共乐小学图书馆改造工程等。我希望通过改善贫困地区的教育条件进而改变贫困地区人们的命运。我相信，这比单纯捐钱捐物要更有意义。未来，当他们考上大学、成为社会栋梁的那一天，他们不用感谢我，我只希望他们能好好地回报社会，把这份爱心传承下去，力所能及地去帮助其他需要帮助的人。

记者： 据我所知，这些年您个人已为公益事业捐款 800 多万元，发动西乡商会会员企业累计捐款 8000 多万元，请问这些善款主要用于哪些方面？

翁志明： 这些善款主要用于救灾济困、助医助学、资助社会福利机构及龙川帮扶等方面。这么多年来，哪里需要帮扶，我就尽可能去哪里帮扶。

2012 年 3 月 15 日，翁志明先生带头为白血病患者捐款 12 万多元

在我看来，扶贫济困就是要帮助最需要帮助的那些人。作为西乡本地人，我最先要帮扶的就是我身边的困难群众。

居住在西乡街道的宋女士一家来自河南农村，她的女儿 2008 年被确诊为尿毒症，丈夫又突发脑出血中风，导致身体半边瘫痪。为给女儿治病宋女士已经花光所有积蓄，她丈夫患病后只能听天由命。我了解情况后，立即发动西乡商会的爱心企业家为宋女士一家捐款，并及时将"救命钱"送到宋女士手中。逢年过节，我还组织宝安区慈善会会员和商会会员到宋女士的家里慰问，给他们送去节日的温暖。

南山区桃花园社区居住着一对原籍西乡的孤寡老人，他们的儿子早年因车祸意外去世，他们就与孙子相依为命，唯一的收入来源就是养老金。孙子因患上地中海贫血症，让这个一贫如洗的家庭雪上加霜。了解情况后，我为孩子联系医院，并发动身边的爱心企业家，帮扶这个苦难的家庭。

我经常对身边的人说："饮水思源。自己日子过得好了，遇到有困难的人，我们要伸出援手，拉他们一把。"

西乡商会由于在慈善事业上的贡献，累计获得中央、省、市、区级和

2014 年 4 月 14 日，翁志明先生代表西乡商会向龙川县铁场镇"双到"帮扶捐助 65 万元

2016 年 1 月 16 日，翁志明先生组织了书画作品慈善拍卖会，筹集善款交由宝安区慈善会管理

翁志明："善长仁翁"，他当之无愧 |

街道表彰 100 多次，先后荣获中国绿化基金会，中共广东省委办公厅、广东省人民政府办公厅的嘉奖，获广东省扶贫开发领导小组颁发的 2014 年度、2015 年度、2016 年度"广东扶贫济困优秀团队奖"，以及广东省工商联、广西壮族自治区工商联"2020 年粤桂扶贫协作先进单位"等殊荣。其中，2014 年和 2015 年两年，西乡商会是全市唯一荣获"广东扶贫济困优秀团队奖"的街道级商会。

此外，西乡商会还获得深圳市"双强"基层组织示范点、广东省非公有制经济践行社会主义核心价值观示范点、"优秀商会示范点"、"四好商会"、"五好"基层组织奖等称号。可以说西乡商会是一个写满了慈善荣誉的街道商会。

记者： 在参加宝安区的慈善活动时，有没有什么不一样的感受？能否具体说一说？

翁志明： 宝安慈善氛围这么浓厚，我想是与历届区委区政府对慈善事业的重视和关心分不开的，是与宝安区慈善会务实、创新的工作作风密切相关的。作为宝安的本土企业家，在参加宝安区的慈善活动时，我充满了自豪与信任，我自豪于自己能在生我养我的故土，有能力力所能及地赠人玫瑰，手留余香；我信任，是因为宝安区慈善会公开透明的财务制度，它让我相信我捐赠的每一分善款都会用于真正需要帮助的人。

记者： 请谈谈您眼中宝安区的慈善氛围是什么样的？

翁志明： 宝安的慈善氛围非常浓厚，总结来说就是：凝心聚力、团结大爱。

我记得 2008 年汶川地震发生以后，宝安区不少企业家带头捐款，当时我也捐了 300 万元人民币，后来，我和几位企业家朋友了解到灾区非常缺帐篷，于是，我们又筹集了价值 500 万元的帐篷准备捐赠，但无法运送到灾区。宝安区委区政府了解到这一情况后，立刻想办法帮助我们把这一批帐篷顺利运送到了灾区。在宝安，做慈善不分国界，南亚国家发生水灾时，宝安区委区政府立刻组织我们爱心企业家积极捐款捐物，帮助他们渡过难关。

2020 年大年初二，我身在国外，从电视新闻上看到国内新冠疫情严重后，我心急如焚，当即拨通越洋电话联系西乡街道工商联（商会）常务副会长，向会员发起捐款倡议，得到近百名会员的积极响应。大家踊跃捐款，并利用各自的渠道资源，紧急采购了防护服、医用口罩、体温测量仪等价值 100 万元人民币的防疫物资，陆续送往防疫一线。

正是受到宝安"凝心聚力、团结大爱"慈善氛围的影响，不少爱心企业家和爱心人士积极投身宝安慈善事业，宝安区慈善会才能在关键时刻一呼百应，这也让宝安的慈善事业发展得越来越好。

记者：宝安区慈善会成立于 2007 年 1 月 18 日，2008 年，您荣获"鹏城慈善——慈善个人"荣誉称号，可以说您的慈善脚步和宝安区慈善会的发展是同步的，您见证了宝安区慈善会 15 年来的迅速发展，您如何看待宝安区慈善会十几年的工作和发展？请展开说一说。

翁志明：我一直认为，要想做好慈善，不是某一个机构或者某一个人就可以做到的事情，所以，我除了自己参与慈善，也一直积极带动身边的朋友，团结所有可以团结的力量一起做慈善。为了起到一个好的带头作用，

2019 年 7 月 20 日，翁志明先生到内蒙古呼伦贝尔草原牧区献爱心

每次遇到慈善捐款活动,我都带头捐款且捐得最多,希望能以此影响和带动身边更多的人一起做慈善。

15年前,宝安区慈善会成立之初,我是副会长,也参与了宝安区慈善会筹备组建的部分工作。在宝安区慈善会第一任会长何植洪的带领下,我们开展了不少慈善活动,为宝安区慈善事业的成长、发展、壮大打下了很好的基础。宝安区慈善会现任会长张洪华已经在宝安区慈善会连续义务工作了10年,这10年,是宝安慈善事业飞速发展的10年,而我有幸参与了不计其数的宝安区慈善会组织的慈善活动。如你所说,我陪伴和见证了宝安区慈善会15年的发展和成长。

宝安的爱心企业家很多,有些企业家想做善事却苦于没有合适的平台和渠道,随着宝安慈善会的成立,宝安的这些爱心企业家找到了可以信任的慈善机构。张洪华会长充分利用宝安区慈善会的平台优势,借力使力,带领宝安区慈善会走出了一条属于宝安自己的慈善之路,也取得了不少成绩,吸引了不少外地的慈善组织来宝安学习取经。

这15年宝安慈善事业的发展是宝安改革开放历史上极其浓重的一笔,我相信,这将成为宝安日后发展中的宝贵财富。

记者: 参与慈善这么多年,您最大的感想和收获是什么?

翁志明: 爱在,光明在。我一直认为,一个人活好不是真的好,大家一起活好才是真的好。参与慈善让我有一种很自豪的感觉,也让我觉得活得很有意义。每一次参与慈善活动的记忆都成为我生命中的宝贵财富。日常生活中,许多人都会做一些善事,做一天善事很简单,做一个月善事也不难,难的是拥有坚持做一辈子善事的决心和毅力。而我,早已下定决心,做慈善是我会坚持一辈子的事业,对我来说,做慈善一直在路上,没有终点。

记者: 您对宝安慈善未来的发展有什么意见建议?

翁志明: 希望区委区政府设立政府慈善奖,从政府层面对热心于慈善公益事业的个人和企业予以鼓励、宣传。

记者: 您怎么看待慈善事业在社会发展过程中发挥的作用?

翁志明: 慈善事业对促进社会和谐发展起着非常重要的作用,也是构建和谐社会的重要力量,有利于促进城乡之间、地区之间、民族之间的和谐发展，是健全社会保障体系一个不可缺少的方面。慈善有一种博大的力量，这种力量传递着大真、大善与大美，能让人民的生活变得更加幸福。

记者：请您用一句话评价宝安慈善。

翁志明：慈善宝安，与爱同行，同心同德。

记者：请您用一句话表达您参与慈善的感受。

翁志明：慈善是一场没有终点的马拉松，需要一代又一代接力下去！

记者：请您用一句话感召更多的人来参与慈善。

翁志明：伸出您的手，让爱相拥！

慈善人物感言 ☆ ★ ☆ ★

慈善有起点，爱心没终点。

记者手记

　　初见翁志明会长，感觉他是一位儒雅的商人，说话时面带微笑，慢条斯理，让人如坐春风。采访当天，在办公室门外，我见到好几拨客人等着见翁总。作为一家集团公司的掌舵人，每天的工作都满满当当，但他仍然在工作日抽出宝贵的一个下午接受了我的专访，其间他没有谈公司取得的成绩，只谈那些他曾经参与过的慈善活动。经过3个小时的深入采访，我深感这是一位有大爱、大善和社会责任感的宝安企业家，"善长仁翁"，他当之无愧。当然这并非因为他的年纪，而是契合了他的姓氏，这么多年做慈善的经历，不仅让他保持了年轻的心态，更是让他看起来比同龄人年轻了不少。

（记者：范晓霞）

林填发：做最温暖的宝安慈善『践行者』

人物简介

林填发，1974 年出生，广东普宁人。 民建深圳市委常委、民建宝安总支副主委，宝安区新安街道工商联（商会）主席、会长，法学硕士。现任深圳市汇聚创新园运营有限公司董事长。曾任深圳市第四届、第五届人大代表，宝安区第五届人大常委会委员、第五届区政协常委。2017 年被民建广东省委授予民建广东省委社会服务优秀个人，2018 年被深圳市政府授予第四届鹏城慈善捐赠个人银奖，2019 年被民建中央授予民建脱贫攻坚先进个人，2017 年被宝安区慈善会授予宝安区慈善推动奖、宝安区慈善捐赠个人奖。

记者：最早您从什么时候开始接触"慈善"？对"慈善"最初的理解和认知是怎样的？您从创业草根成长为一名企业家，其间的经历是否也对您后来热衷慈善事业有一定影响？

林填发：我最早有慈善的概念，是从小时候父母帮助他人开始的。我的老家在农村，家里条件并不好，父母文化程度不高，都非常朴素，非常善良。有一件事让我印象很深，那还是在我几岁的时候，村里来了一个流浪汉，我母亲看他可怜，每天吃晚饭前，就从锅里盛一碗饭菜端给他吃。他用的是一个破碗，母亲怕他划伤，就特意到集市上给他买了一个新碗。后来，他离开村子，去别的地方乞讨了，母亲还时不时地念叨他，担心他过得怎么样，有没有饭吃。我父亲也是一个热心肠。亲戚朋友、周围邻居有了难处，他总是第一个冲上前去，看看自己能帮上什么忙。他常跟我们说："谁家都有个难处，能帮一把是一把。"久而久之，我也耳濡目染，树立起了助人为乐的价值观，可以说，父母点点滴滴的言行就是我最好的慈善榜样。

后来，在创业的过程中也有人不图任何报酬地帮助我，这让我很感动。从十几岁起，我就开始"闯天下"，先是给人打工，后来自己开厂、办企业。但创业哪有那么容易？1996年我遇到了一次大危机，差一点就血本无归。就在我最无助的时候，一位远亲不计任何回报地替我向别人借了20万元。正是因为有了这笔钱，我才顺利地渡过了难关。所以，到现在我还记着他的这份恩情。除了他，这些年的创业成长过程中，我还得到了很多人的无私帮助。这些帮助让我从内心里坚定：做人要怀有一颗感恩的心，帮助人，不求回报。

记者：还记着第一次或最开始参与慈善活动的情况吗？当时是什么氛围？您做了些什么？

林填发：具体时间记不清楚了。但2012年1月，宝安区召开"两会"期间，我牵头成立了"新商乐善会"，这事我记得很清楚。当时，我是宝安区政协常委，常到企事业单位走访调研，参与社区居民接访日活动等，不时会接触到一些生活很困难、需要帮助的困难群体，心里就萌生了帮助他们的意愿。后来，我就提出倡议，成立一个专门的组织，集聚企业家资源和力量，帮助这些困难群体，让慈善的阳光温暖更多人，也进一步推动宝安慈善事业的发展。

没想到，提议一出，新安商会的人大代表、政协委员热烈响应，一夜之间"新商乐善会"就被组建起来了，这让我很感动。这是宝安区第一个街道商会组建的慈善组织，之所以叫"乐善会"，大家的想法和初衷也很简单：乐于行善、快乐慈善。随后，我们在区民政局注册成立"新商乐善会"，迅速募集到200多万元的启动资金。成立当年，我们马不停蹄地推出了以"乐善社区行"为主题的慈善活动，主要帮扶辖区的贫困家庭，关爱辖区的困难群体。

现在想起来，当时的热烈场景好像就在眼前，非常清晰。时间过得真快，一转眼，"新商乐善会"已成立11年了，也做了很多事。算起来，截至目前，由"新商乐善会"牵头的"乐善社区行"活动共开展了23次，共慰问贫困家庭300多户，慰问金额达到300多万元，除了这些，"新商乐善会"还在广东扶贫济困日、救灾、抗击新冠疫情和专项慈善基金方面，组织会员企业捐赠款物达到2亿元。

2019年，"乐善社区行"项目获得了第五届鹏城慈善奖"鹏城慈善典范项目（慈善信托）"，成为当时全市基层工商联（商会）唯一入选的慈善项目，也成为新安商会慈善事业的一张亮丽名片。

记者：这些年，您在参与慈善活动过程中，有哪几次特别感动？

林填发：投身慈善活动这十来年，扶贫、助学、慰问、家乡建设、水灾捐款等慈善活动现场都会有我的身影，我参与的慈善活动更是数不清了。这些活动，每一次都让我深受感动。这并不是夸大其词，而是真心的流露。每个人，经历的苦难或许不一样，但对于真善美的追求却是相通的。在慈善活动现场，你能够深刻地感受到，那些无私伸出援手的爱心人士发自内心的愉悦，那些接受帮助的人们发自内心的感谢。尤其在互相握手道谢的那一刹那，在场的每一个人，都会被一种巨大的暖流所感染，心中充满温暖和力量，感觉即使面对再大的苦难，也不再感到孤单和害怕。我想，这就是每一位慈善人的追求，也是慈善的真正魅力所在。

当然，在做慈善的过程中，面对不幸，我心里也会很难过。记得2015

2017 年新春慰问贫困家庭活动（每年，新安商会都会组织会员企业家分多路慰问辖区内的困难家庭、残疾人和孤寡老人）

年 7 月 18 日，我收到一条信息，说的是发生在龙华的一件令人痛心的事：住在龙华大浪的一位 63 岁的老人想煮鸡蛋给 4 岁的孙女吃，因几次打不着火最终导致煤气罐爆炸，小女孩全身烧伤面积达 60%，老人为了救小孙女全身烧伤面积达 80%。得知这件事后，我的心里有说不出的难受，我立即核实事情的真实性。在了解到老人及小女孩住院治疗急缺资金后，我第一时间发动商会成员去帮助他们。会员企业收到信息后踊跃回应，极短时间内就筹集善款 12 万余元，并亲自将善款送到了小女孩家人手中，以缓解这个不幸家庭的燃眉之急。虽然这看上去只是一次捐款行动，但我们的会员企业、爱心人士对受伤小女孩一家的感同身受、争先恐后的捐款行为让我很受触动，大家就像心疼自己的家人一样，不停地在会员群询问小女孩的情况，有些起初没来得及关注信息的会员，后来专门给我打电话要求补捐款。不仅如此，很长一段时间内，会员们还在群里不停地询问了解小女孩及老人的情况。灾难面前，不幸让我们难过，但同时，大家的无私关爱，又让我深受感动。

　　还有就是 2020 年，我参加兴东社区"五员"进社区活动时，得知 95 岁老党员、东江纵队老战士郑森租住在创业二村，却因为退休工资少，交不起房租，不得不搬回龙川老家生活的事。我心里也很难过，我们能够过上现在的生活，不都是因为这些革命老前辈当年不怕牺牲地付出吗？得知这一情况后，我马上在商会启动慈善基金绿色通道，对郑老进行"一对一"慰问帮扶，解决了他的后顾之忧。我觉得这件事非常有意义，虽然 20 世纪 70 年代出生的我没有经历过战争，但通过这样一种方式给革命老前辈以帮助，是我们的一种荣幸，也是我们的一种责任担当。

　　记得在一次"乐善社区行"慰问困难居民活动中，一位我们多年帮扶的残障人士也让我深受感动且至今难忘。这位居民不幸高位截瘫，但每次去慰问时他都不顾一切地想让家里人扶他站起来，一定要用这种方式向我们道谢。每次回忆起这个画面，我都备受鼓舞，同时更加坚定了我要永远走在慈善道路上的决心。

　　记者：为什么专注于宝安慈善事业？您觉得在宝安做慈善和在其他地方有什么不同之处？

　　林填发：宝安就是我的家。在宝安做慈善，是我回馈家乡的方式，也是我应该做的。这十几年在宝安做慈善，我与宝安共同成长。对宝安慈善事业的热爱也与日俱增。这种热爱，源于几个方面，我想这几个方面也正是在宝安做慈善与在其他地方的不同之处。

　　第一，宝安是文化之城、美德之城。作为深港文化的源头，宝安是深圳最有岭南文化底蕴的地方，有着近 1700 年的历史，许多关于中华民族传统美德的故事流传了千百年。比如在上合古村，"南粤孝子"黄舒的孝行故事广为传诵。宝安人擅长的舞醒狮、扒龙舟这些传统文化活动，也充分展示出宝安人团结协作的力量。可以说，宝安丰厚的历史文化底蕴涵养了宝安人孝亲敬老和团结互助的美德。

　　第二，宝安是外来之城、互助之城。改革开放 40 多年，宝安从一个"关外老区"成长为先进制造业高地，靠的就是这一代又一代外来者，他们扎根宝安，奋斗创业。几十年前，像我一样来深圳打工、创业的外地人很多都集中在宝安。那个年代，要想在这里扎根生存、大浪淘沙，靠的就是互

新安商会全力开展龙川对口扶贫工作。2016 年 12 月 20 日，林填发会长陪同姚任区长前往龙川开展"龙川儿童爱心书包"扶贫活动

新安商会全力开展龙川对口扶贫工作。图为林填发会长企业捐建的翰星古石小学揭牌仪式

林填发：做最温暖的宝安慈善"践行者" | 135

相鼓励、互相扶持。我跟很多宝安的企业家朋友感情都很好，这种感情，是一起在宝安打拼积累下来的深厚友情，非常真诚、牢固。因此，在宝安人当中，人与人要互助互爱的观念是深入人心的。这也为宝安慈善理念在新时代践行打下了坚实的基础。

第三，宝安是机遇之城、奋斗之城。如今的宝安再一次腾飞，发展机遇之大可谓空前。宝安区第七次党代会提出，要把宝安打造成"世界级先进制造城、国际化湾区滨海城、高品质民生幸福城"。未来的宝安，是"身居湾区之心、挺立湾区之巅、引领湾区之先"的宝安，这让所有宝安人都感到鼓舞、振奋。选择在宝安干事业，就是选择了时代、选择了未来。

慈善事业也是如此。在这样的宝地发展现代慈善事业，也一定会更有干劲，更具活力。事实上，宝安的经济社会快速发展与宝安慈善事业的发展本身也是分不开的。我常常说："慈善就像一束光，温暖了社会与人心。"无论是过去、现在还是未来，经济再发达、社会再进步，人们都需要温暖和关爱。宝安慈善事业做得越好，宝安的城市形象越会大力提升，宝安也就成为一个"近者悦远者来"的"风水宝地"。他们在这里放飞青春、梦想、人生——这也是宝安慈善事业发展15年的重要意义。

记者：如今，您已经从参与慈善的一名志愿者，变为一名慈善事业的管理者、领导者，为什么选择从慈善志愿者角色走向管理岗位？您希望自己为慈善事业发挥什么作用、带来什么变化？

林填发：赠人玫瑰，手有余香。做慈善这些年，看到有人因为我的帮助走出困境，生活越过越好，我是打心眼儿里高兴。这种愉悦的感受，积攒下来，就促使我从最早的一名志愿者、参与者，成长为一个慈善工作的管理者、领导者。

如果非要说我在做慈善方面有什么优势、特长，可能最主要的，还是我有一颗发自本能的热心、爱心。从小到大，我就希望像我的父母一样，做一个善良的人。如今，经过几十年打拼，有了一定的积累，我就希望能够借助这些资源优势，汇聚更多的"善能量"，传递给更多需要的人。

当然，作为一名创业者、企业家，我也希望能把我这几十年开工厂、办企业的管理经验运用到慈善管理工作中，为宝安慈善事业的规范化、专业化出一份力。为此，这些年，我通过担任市、区人大代表和政协委员等，获得了更多深入了解社会、直接服务社会的机会，进一步拓宽了做慈善事业的视野。这样的经历，也有利于我把慈善工作做得更有广度、深度和温度。

具体来说，主要有：2016 年，由本人公司牵头成立"深圳市尖岗山汇聚慈善基金会"，捐款 500 万元作为启动资金，主要用于大学生扶持，精准扶贫济困。担任民建宝安总支副主委，分管社会服务方面工作，发起成立宝安首只由民主党派冠名的"宝安民建慈善关爱基金"，首期筹款 100 万元作为启动基金，对 6 名宝安区福利院残障孤儿及河源、汕尾对口扶贫援助地区的肢体畸形患者，实施矫形手术和健康护理以及对抗战老兵进行慰问；担任新安街道工商联（商会）主席、会长后，创立了"乐善社区行"品牌，引导企业家积极参与"首善新安"建设，效果显著。"乐善社区行"也成为新安街道慈善事业的亮丽名片。多次组织企业家到龙川，广西都安、大化等地开展对口扶贫助教活动，设立了"乐善会龙川困难家庭儿童爱心书包基金"，捐建了新安商会赤贝小学、翰星古石小学，连续 10 年前往学校开展慰问活动，对龙川困难家庭儿童提供助学救济、心理辅导、就业

2017 年 3 月 31 日，新商"乐善社区行"，真情帮扶暖民心，居民感恩送锦旗

2018 年 2 月 2 日，"乐善社区行"春节慰问活动（张洪华，林填发会长）

"乐善社区行"项目获评"鹏城慈善典范项目"

指导等方面帮扶。时任宝安区委书记姚任多次在相关场合，对我们的慈善工作表示赞赏并提出表扬。

我们还积极参与广东龙川县，广西都安、大化县整体脱贫攻坚结对帮扶工作，对口扶贫区域的建设捐资超过 200 万元、修建水柜捐资 30 多万元，捐建都安"贷牛还牛"项目。引导企业成立冠名基金，向广东普宁爱群中学捐助 100 万元，先后向大化瑶族自治县七百弄乡弄雄村小学、广西支教基金等累计捐资 276 万余元，认捐冠名"困难大学生助学基金"等。同时，引导部分会员企业陆续设立"德明发宝安艺术城扶贫助学基金""石安幸福扶贫敬老基金""美生创谷关爱员工基金"等多个基金，每个基金都会开展有针对性的扶持活动。

此外，我们每年都会组织企业参与"广东扶贫济困日""慈善微跑""全国助残日""绿色大运林种植"等公益慈善活动。据不完全统计，多年来，我们通过"新商乐善会"、会员企业慈善基金及会员直接捐赠等方式向社会各界捐款达 2 亿元。

记者： 您认为怎样算是一名合格的慈善志愿者、怎样算是一名合格的慈善工作管理者？

林填发： 在我看来，慈善的含义广泛，它不分大小，比如一句温暖的话语、一个鼓励的微笑，这都是在做慈善。一个人只要愿意付出真诚的善意和爱心，就是一名合格的慈善志愿者。而要成为合格的慈善工作管理者，除了愿意付出真诚的善意和爱心外，还应该拥有强烈的责任心、使命感以及适当的组织协调、队伍建设等能力；还要身体力行、行为示范，做好慈善的榜样。只有这样，才能更好地感染、带领、号召更多人真心实意加入慈善事业当中，为世界奉献出更多的爱心。

另外，我要强调的一点是慈善事业与别的事业不同。它不是做生意，也不是为了某一个人或某一群体来谋取利益。它永远都是朴素的、纯净的，有益于社会与人群的社会公益事业。要成为一名合格的慈善工作管理者，就要做好"牺牲自己，奉献社会"的心理准备。如果你缺乏无私奉献的心胸，就算其他方面能力再强，都不能成为一名合格的慈善工作管理者。

2013 年，我当选为新安商会第四届会长时说过，商会会长这一职务，

新安街道工商联（商会）的"乐善社区行"自 2012 年推出以来，已连续开展慰问活动 23 次，慰问帮扶辖区困难居民 2000 多人，送出慰问金及慰问品合计金额 300 多万元，成为慈善公益品牌

既是一种荣誉，又是一种挑战，更是一种社会担当。我会用"心"打好会长这份"工"，努力做好慈善事业的"践行者"。如今虽然过去了 9 年多，但宝安区新安商会会长这一职务赋予我的责任使命没有被我遗忘；我将牢记使命，在未来做慈善的过程中继续秉持慈善"践行者"的心态，在做好企业的同时承担更大的社会责任，继续为我们宝安慈善事业添砖加瓦。

记者：您参与慈善最大的收获是什么？

林填发：我在慈善活动中收获了很多，如果说最大的收获，那就是收获了快乐。前面我也说了，这么多年做慈善，我真的是越做心情越愉悦，越做感觉越快乐。这份快乐是纯粹的，它没有掺杂世俗的利益在里面，与自己创业成功、做生意赚钱的快乐不一样。大家都知道无论是工作还是创业，它都不可能一帆风顺，总是充满了坎坷，其中的快乐往往是一时的。可是做慈善就不同了，只要你愿意真心付出，就会因为别人生活过得好了、世界变得更加美丽了，在自己心里产生一种满足感、获得感，心情也会变得更加舒畅、快乐。这种快乐，只要你愿意做，就能一直获得。

除了"快乐"，我还收获了"教育、传承"。我热衷于做慈善，是从小受到了父母的影响；现在我做慈善，也会对自己的子女产生非常积极、正面的影响。就拿我女儿来讲吧，她从小就懂得关心人、帮助人。记得她还在上幼儿园时，有一次看到一位老爷爷上楼梯有点吃力，在没有任何人叫她上前帮忙的情况下，她就主动地走过去，拉老爷爷的手想搀扶他上楼梯。随着年龄增长，她的爱心也越来越多。在她上初中时，有一天，她哭着回家了，我们赶紧问怎么了，这才知道她的一名同学的爸爸前两天出了一场交通事故，身体受了重伤。可是肇事司机逃逸了，同学爸爸所在的企业也不愿意承担责任，所以同学家里人很伤心难过。女儿问我："爸爸，我们可不可以帮帮他们？"看到女儿这样善良、有同情心，我非常受触动，立即联系相关部门处理了这起交通事故，还帮助她同学的父亲进行了维权。最后，肇事司机和所在企业都承担了相应责任，并进行了相应赔偿。

慈善是最好的心灵教育。我通过自己做慈善，让孩子在潜移默化中传承了慈善的理念，也传承了一份千金难买的宝贵的精神财富。

记者： 对宝安慈善的未来发展您有什么期许？在进一步发展慈善事业方面，您未来有什么新的打算和计划？

林填发： 慈善是一项需要长期坚持的事业。我希望宝安慈善事业未来

新安商会慈善基金会揭牌

能够继续探索出一条特色慈善创新之路，让我们宝安慈善文化深入每个人的心中，在全社会形成更加浓厚的慈善氛围，使越来越多的人感受到"宝安温暖"。

其实这么多年来，"新安乐善会"的工作机制在不断完善，服务水平也在逐步提升。2021年"新安商会慈善基金会"的诞生，就标志着我们新安慈善事业走上了更加专业化、规范化的道路。它既是"新商人"公益慈善事业发展的里程碑，也是向更大目标迈进的全新起点。如今，我们新安商会正站在"新安商会慈善基金会"这一全新平台上，进一步推动新安慈善工作提质增效，把慈善工作做得更加精准精细，不断将公益慈善事业推向纵深发展。同时，我也希望"新安商会慈善基金会"能够成为体现我们新商社会责任感、担当与情怀的重要平台，为新安街道、宝安区乃至深圳市的公益慈善事业再添光彩。与此同时，我们也高兴地看到"新安商会慈善基金会"成立后，许多企业纷纷成立了自己的专项慈善基金会，有的重点关注退伍军人群体，有的重点帮扶生活贫困群体等，这些专项慈善基金会根据自己企业的优势特点，把慈善帮扶内容和对象进行了细化。

众人拾柴火焰高。我现在还记得，在2013年6月"新安乐善会"举行的慈善拍卖活动中，有许多会员企业家纷纷拿出自己收藏的字画、瓷器等，无偿进行慈善拍卖并捐款，活动现场募集了善款260多万元。当时我也把自己参加深圳大运会火炬接力时使用的火炬作为拍品进行慈善拍卖，最终以37万元成交，成为当晚成交金额最高的拍品。我希望各位企业家"勇于社会担当、乐于慈善公益"的精神像大运会火炬一般，在社会、在新安商会中一代代传承下去，发扬光大。

展望未来，我们新安商会将会继续坚持"把准方向、实事求是、特事特办、群策群力、高度透明、及时有效"的工作原则，不断提升自己的专业水平，积极动员全社会参与慈善事业，进一步探索实践精准帮扶之路，严格加强慈善资金管理，持续擦亮慈善品牌，维护慈善公信力，不忘初心，与爱同行，为我们新安、宝安慈善事业贡献出更多的智慧和力量。

善是困苦中的光与暖，力有余则勤行好事，力不足则常存好心。淳朴初心，善行永恒！

记者手记

　　广东普宁，北回归线在此经过，这座小城四季如春。青年时期的林填发带着一名潮汕青年的激情与梦想，从普宁来到宝安创业追梦，也带来了由父母言传身教涵养出的淳朴爱心。投身宝安慈善事业十余载，林填发既乐善好施，让无力者有力、悲观者前行，又不忘初心，在慈善的道路上，无论走得多远，始终秉持一颗谦虚敬畏之心，甘做一辈子实在、纯粹的慈善事业践行者。正如老家的气候一样，林填发的厚德大爱，温暖了更多有需要的人。

（记者：许卓）

林启中：文化为基，合力汇聚慈善群响

人物简介

林启中，男，1967 年 10 月生，广东汕头人，1999 年 10 月加入中国共产党，工商管理硕士。1999 年创办深圳市雍啟实业有限公司，现任公司董事长。

林启中历任宝安区政协常委、宝安区慈善会理事、常务理事。现任深圳市宝安区工商联副主席，深圳市宝安区西乡街道工商联（商会）党支部书记、主席（会长），宝安区慈善会副会长。

多年来，林启中始终秉持共产党员的初心，坚持以文化弘扬为引领，自觉履行社会责任，积极投身各类社会公益事业，充分彰显个人的慈善情怀。林启中身体力行，坚决响应党中央政策号召，全力做好国务院挂牌督战的贫困村帮扶项目；在疫情防控期间带头捐款捐物，积极投身各类慈善事业。林启中个人与深圳市雍啟实业有限公司先后获得第五届中国慈善项目交流展示会荣誉证书、中国社会福利基金会"365 爱心大使"、粤桂扶贫协作先进民营企业、宝安区委区政府颁发的救灾捐赠活动突出贡献个人、宝安区慈善推动奖、宝安区慈善百强企业、社会公益事业"突出贡献奖""先进个人""暖蜂爱心企业"等荣誉。

善相劝，德皆建

记者： 在宝安、在西乡您都是企业圈里有名的慈善家，请问您怎么看待"慈善"这个概念呢？您对"慈善"最初的理解和认知是怎样的？

林启中： 宝安是深圳的首善之区，在全市最早成立区慈善会，有着众多的慈善大家和慈善先驱，为宝安的慈善事业夯实了基础、作出了贡献。作为宝安慈善大家庭中的一员，我有幸参与了很多有意义的活动和项目，能够用自己的行动为社会作出贡献。

对于做慈善，我的理解是八个字——"文化引领，由己及人"，一方面就是遵从传统"慷慨解囊"；另一方面就是发扬文化的引领作用，"相约为善"。

"慷慨解囊"，是施善者发自内心的一种扶持救助行为，它的本质是好的，所以帮别人的时候一定要怀着一颗不求回报的心。同时要知道，做慈善不是一种施舍，所以在做慈善的过程中也要顾及受善者的感受，要让对方感受到你的善意，而非单纯的同情。

"相约为善"，则是我生活和工作中的一种习惯。我认为，一个人去做一件事情，其实是非常具有局限性的，希望大家共同向善，汇聚涓流终成江海。

记者： 您刚才说到宝安区茶文化研究会慈善基金，这是一个什么样的基金？您是不是还成立了其他的慈善基金，能具体说一说吗？

林启中： 我觉得中国的文化都是融汇相通的，慈善文化与茶文化、敬老文化等传统文化一样，都是润物无声、引人向善的。我经常会跟朋友说："到我这里一起喝茶。"因为我十分推崇传统的饮茶文化，"闲夜客来茶当酒"，饮茶讲究包容、礼让、求同、向善。也正基于此，我倡议成立了宝安区茶文化研究会，并担任了首任会长，在弘扬茶文化的同时，成立了茶文化研究会慈善基金。在长期的实践中，我觉得不管是慈善文化还是饮茶文化都有着推广、宣传、引领的作用，能带动志向相同的人一起做一些力所能及的"帮到人家"的事情，又依托慈善基金在救灾、济困、助学、助老、助医、助残、慈善救助等各个方面开展更多的慈善活动，是十分有意义和必要的。

如我刚才所说，我认为做慈善就如同饮茶。1999年我开始深入云南收集古树茶，在爱茶的路上认识了很多好友，这些人也成为我慈善事业的伙伴。宝安区茶文化研究会成立于2010年，是由全区热爱茶文化、关心茶业发展的各界人士、茶文化爱好者自愿组成的社会团体，集茶文化研究、茶文化经济、茶文化发展于一体。研究会秉持"清、敬、和、美"的当代茶文化核心理念。

由此而来的宝安区茶文化研究会慈善基金是宝安区慈善冠名基金，自成立以来在支持防疫、抗灾救灾、精准扶贫和关爱老人方面做出了一些成绩。华山论剑、国饮、白沙溪等受到触动，有3个冠名基金相继成立。

愿得此身长报国

记者： 在参与这些冠名慈善基金的慈善活动时，有什么事情让你感触特别深？

林启中： 除了茶文化研究会慈善基金外，我还成立了奋成慈善基金，主要致力于弘扬传统文化与家国情怀，专心开展对"五老"和退役军人的关怀。

2022年"八一"建军节，为弘扬拥军优属的优良传统，我对辖区"五老"、烈士遗属、抗美援朝参战老兵开展了"八一"慰问，为他们送去节日祝福，并送上"八一"关爱慰问金和慰问品，表达对英雄的崇敬和关怀。令我感触最深的是两位老英雄。

一位是新桥街道的抗美援朝参战老兵曾锡华，1929年出生，1951年1月入伍，服役期间参加过抗美援朝战争，跨过鸭绿江保卫祖国。见到我们的时候曾老衣服洗得干干净净，熨得整整齐齐，胸前佩戴的勋章满满地挂在衣服上，他中气十足、满面笑容。我代表奋成慈善基金为老战士送上慰问金，希望老战士保重身体、健康幸福、安享晚年。

还有一位是 1937 年出生的抗美援朝参战老兵黄少文。他 1953 年 6 月入伍参加抗美援朝战争（补充兵源），后来在汕尾、惠阳地区，深圳以东沿海地区一带的边防检查站负责航海战舰驾驶、海防等工作。1957 年 4 月退伍后回到原籍宝安。黄少文身体状况良好，85 岁高龄还坚持每天早上跑步。这些参加过革命、上过战场的老兵都是真英雄。

在这里我特别介绍一下我倡导设立的奋成慈善基金，其坚持弘扬中华民族尊敬老人的传统，尤其对这些为国家无私奉献的老战士，每年的"八一"建军节我都会送上祝福。慈善基金会可以让老兵们感受到来自政府、社会的温暖和关爱，让他们知道大家没有忘记他们当年作出的贡献，也能教育生长在和平年代的晚辈们要铭记和感恩老英雄们用血汗和生命打下的基础。

2021 年 5 月 11 日，西乡工商联（商会）、慈善基金会前往西乡街道疫苗接种点进行慰问活动

2021 年 7 月 1 日，西乡街道工商联（商会）、西乡商会慈善基金会向宝安区中心医院捐赠移动多功能医疗车

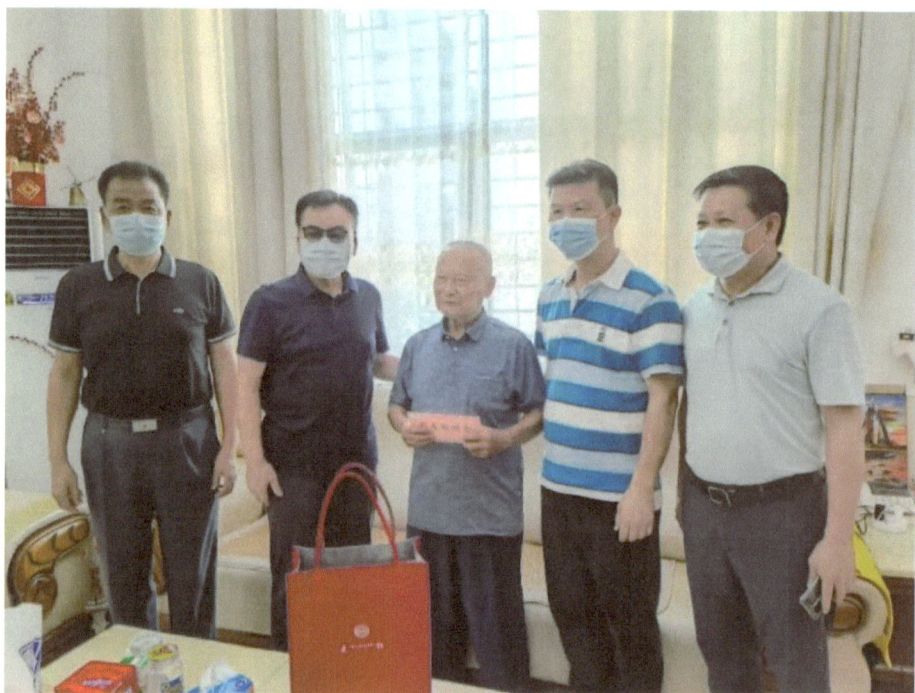

2022 年 7 月 22 日下午，奋成慈善基金慰问抗美援朝参战老兵

我想通过这样的敬老活动，将老英雄们的故事传播出去，把他们的精神传承下去。在日常工作中，我们也要以先辈们为榜样，坚定信念，对党忠诚，开拓创新，扎实工作，继续传承先辈们的优良传统和为革命无私奉献的精神，积极传递社会正能量，传递更多善与爱。

记者：在宝安区开展的慈善活动中，西乡街道工商联（商会）全力支持疫情防控工作，助力宝安区基本卫生医疗水平及应对突发性公共卫生事件能力的提升。您能具体介绍一下吗？

林启中：这两年，我和我们西乡街道工商联（商会）主要关注两个方面：一个是宝安抗疫一线工作者，另一个就是结对帮扶、乡村振兴。慈善基金也是在这两方面发力较多。

作为西乡街道商会的会长，我以西乡街道工商联（商会）、西乡商会慈善基金会的名义向宝安区中心医院捐赠移动多功能医疗车一辆。该车具有上门医疗服务、组成医疗队下乡、遇到突发事件短时间建立应急预案等功能，用微薄的力量完善医院医疗设备，为打赢疫情防控阻击战助一臂之力。医疗车捐赠完成后，宝安区中心医院院长邓颖、副书记王大庆、副院长朱燕辉等一行人特地前往西乡街道工商联（商会）向西乡商会慈善基金会赠送锦旗，表示感谢。

在疫情防控工作期间，西乡街道工商联（商会）为全力支持抗疫工作的开展，表达对宝安、西乡街道一线疫情防控人员的支持、关心和关爱，积极对宝安区慈善会、宝安区教育局、宝安区中心医院、西乡辖区各派出所、交警队、执法队、边检、学校、网格、社区、股份公司、隔离酒店安置点、疫苗接种点、核酸检测点等70个疫情防控一线单位开展疫情防控慰问工作，累计慰问物资达350万元，得到了宝安区工商联和西乡街道的高度赞扬和肯定，获"广东省抗击新冠肺炎疫情突出贡献商会"荣誉称号。

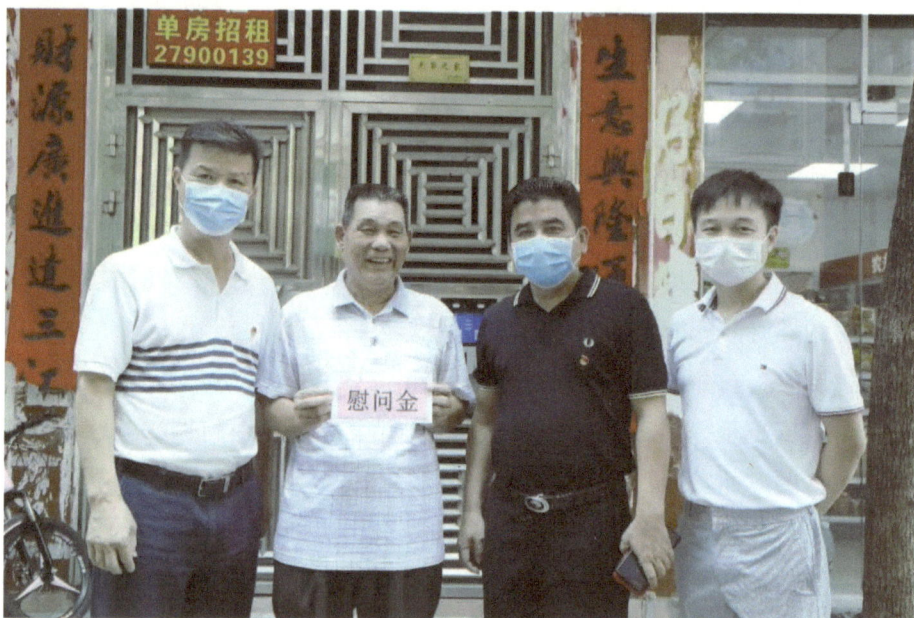

2022 年 7 月 27 日，西乡街道工商联（商会）、西乡商会慈善基金会联合开展拥军优属走访慰问活动

西乡街道工商联（商会）积极参加"与爱同行"慈善微跑活动

深思远虑诺宣言

记者： 听说您曾经多次前往宝安对口帮扶的广西都安、大化等地，在结对帮扶和乡村振兴这方面也贡献了不少慈善力量，可以介绍一下吗？

林启中： 中央发布了全面脱贫攻坚的政治任务，描绘了共建小康社会的宏伟蓝图，作为街道商会党支部书记、工商联主席，我积极带头发挥党员示范带动作用，率领西乡街道工商联（商会）荣获中共都安瑶族自治县委员会、都安瑶族自治县人民政府颁发的"助力脱贫攻坚爱心集体"奖，我个人也深度参与粤桂东西部协作和乡村振兴等工作。

2018年12月，西乡街道工商联（商会）捐助广西都安、大化结对帮扶资金208万元，拉开了结对帮扶的序幕。2019年以来，在市、区工商联的正确指导下，在西乡街道党工委、办事处的坚强领导下，在全体会员的共同努力下，西乡商会对口帮扶成绩显著，2019年1月至2021年9月累计帮扶资金达300多万元。2019年8月，商会组织8家会员企业到广西大化县开展结对帮扶活动，和大化县七百农乡、板升乡签署结对帮扶框架协议书，其中深圳市雍啟实业有限公司等11家会员企业分别与广西大化11个贫困村签署结对帮扶协议。2019年9月，为广东扶贫济困日募集善款107万元用于扶贫帮扶。2019年10月，获宝安区对口扶持工作小组颁发的"脱贫攻坚爱心组织"奖。

2020年5月、6月，我又组织商会两次前往广西大化、都安进行扶贫帮扶活动，累计捐助102万元；2020年，为了积极支持宝安区工商联对口扶贫协作都安、大化县的14个贫困村结对帮扶工作，会员企业深圳市宝安晖信实业有限公司、裕亿纸品（深圳）有限公司、深圳市雍啟实业有限公司、深圳市晋荣投资有限公司和金明海集团各捐款15万元。

扶贫济困，奉献社会，是企业义不容辞的责任，捐款不计多寡，善举不分先后。赠人玫瑰，手有余香，行善积德，福有攸归。我们西乡街道工商联（商会）一直在会员中倡导爱心、责任与担当精神，会员也一直积极响应社会慈善公益事业，2020 年被省工商联和广西壮族自治区工商联授予"2020 年粤桂扶贫协作先进单位"称号。

大善不孤德有邻

记者：这些年，您还参与了哪些宝安辖区内的慈善活动，有没有让您印象特别深刻的？

林启中：我始终认为，慈善作为一种文化，应身体力行、广为传播。

2021 年河南出现罕见持续强降水天气，普降大暴雨、特大暴雨并引发洪灾。宝安区慈善会紧急行动，开启募捐绿色通道，关注受灾群众最基本需求，倡议爱心企业和社会各界展现"大爱宝安"的慈善力量。为了积极响应区慈善会的爱心倡议，西乡街道工商联（商会）于 7 月 23 日向全体会员发出《助力河南省抗洪救灾倡议书》，得到广大会员的积极响应，我也第一时间捐助善款 10 万元，为慈善事业奉献一片爱心。

作为西乡街道工商联（商会）的一员，我还带领商会积极参加"与爱同行"慈善微跑活动，将绿道徒步与健康、慈善相结合。历届慈善微跑活动中我们西乡商会都是最积极的，每年都组派出最强的阵容，受到了区慈善会和区工商联的好评。通过积极参加慈善微跑活动，向社会传递西乡商会的正能量，展现了西乡商会的慈善力量，彰显了西乡商会的慈善形象。

慈善微跑在宝安区慈善会的倡导下，自 2016 年起用行动践行慈善，以文化带动爱心。从走到跑，越跑越远，摔倒后再爬起，象征了宝安的慈善事业从无到有、从有到优、从优到广，影响带动了很多人，这是慈善文化的熏陶，也是慈善爱心的感召。

记者：您有什么正在做的慈善项目可以和大家分享吗？

林启中：目前，宝安区慈善会倡导的"一街道一地标"理念正在推进，西乡街道工商联（商会）负责落地实施。我认为，慈善地标是一个地区慈善精神凝聚的实体象征，同时蕴含着地区的文化内涵与人文思想内涵。宝安慈善文化深植于宝安厚重的人文历史，地标能巧妙地把慈善和人文历史结合起来。西乡慈善地标计划建在西湾红树林公园，届时不仅能展现西乡人民的慈善风采，还可以彰显本土文化的魅力。

这里风景优美、人流量大，能够更好地传播与传承慈善文化，地标结合西乡渔业重镇的本土特色，希望带动更多的人一起存善心、行善举、播善念。

记者： 在宝安做了这么多年的慈善活动，您有什么收获？对宝安慈善事业未来的发展有什么意见建议？

林启中： 文化是我们中华民族的根与魂，浸润在我们工作和生活的时时处处。更深刻地展开善心，点面结合开展各类慈善工作，在做好各项工作的同时，有选择地推动更多有传承意义和可持续的项目，将"输血"与"造血"相结合，感染和带动更多的人共同挖掘发现有意义的慈善项目。

宝安区的慈善氛围是最好的，在宝安生活的每一天都能接触到慈善，在这种慈善文化氛围的感染带动下，主动参与慈善的理念深入人心，带动众多爱心人士相继做出感人善举。

未来，希望更多的宝安人民在慈善文化的根基上汇聚更多的爱心，让做慈善变成所有人触手可及的行为。

慈善人物感言 ☆★★ ☆★

中华文化源远流长，明德笃行、乐善好施是我们传统文化的重要组成部分，连绵传承、影响深远。以文化为引领，我们能够更好地感悟内心、感恩社会、自觉行善。坚持传承和弘扬传统文化内涵，通过善行表达善意，希望未来可以用自身行动影响带动更多的人一起做慈善。

若有余力　不如出份力做慈善

在采访林启中会长的过程中，他一边泡茶一边讲述着自己做人、做事、做企业的慈心、善心。在两个多小时的采访过程中，记者与其相处就如喝茶一样，身体温暖、回味甘甜。在他的身边仿佛萦绕着一股"慈善力"，向身边之人感召：若有余力，不如出份力做慈善！

林启中认为，每个人都可以出一份这样的"慈善力"，慈善人应当是一种群像：碰上老弱病残过马路时的"随手一扶"、看见路边垃圾时的"躬身一拾"、遇到不平之事时的"勇敢一劝"……

在他的故事里，文化犹如一丝红绸，贯穿始终，亦如一杯香茶，沁人心脾。林启中深耕传统文化，致力于慈善事业，践行理念传承感召，真正做到慈善是阳光下的一种爱心表达、一种社会责任、一种生活方式，如茶香怡人，如他本人每天的平凡生活一般，在平凡中彰显不凡。

（记者：何柳）

黄耀文：大爱无言但行好事
慈善之行一路花开

人物简介

黄耀文，1966 年生。深圳市广兴源投资发展有限公司董事长，深圳市慈善事业联合会名誉会长、深圳市宝安区慈善会副会长、深圳市商业联合会常务副会长、深圳市汕尾商会常务副会长，深圳市宝安区总商会荣誉会长，深圳市宝安区航城商会会长，深圳市宝安区五类百强企业联合会常务副会长，深圳市宝安中医药发展基金会名誉理事长，深圳市宝安区互联网协会会长。

从汕尾一个小渔村来到宝安打拼，离乡 37 载，黄耀文早已把这里当作自己的第二个故乡。在宝安，黄耀文凭着努力成就了今天的广兴源公司。同时，在这里，黄耀文也留下了自己的慈善印记——大运会时认捐的樟树、盆架子树苗如今已枝繁叶茂；出资捐赠的宝安首个慈善地标——"与爱同行"慈善微跑地标记录着新时代的宝安慈善印记；资助地中海贫血双胞胎购买爱心荔枝的温暖故事依然有人在讲述……在黄耀文的办公室里，摆放着许多荣誉证书和奖牌，有企业的，也有他个人的，但是摆在最显眼位置的，是十几个关于慈善表彰的奖牌。

善美家风种下"慈善种子"

记者：您把关于慈善表彰的奖牌摆放得最显眼，说明您很看重这些荣誉。那您是从什么时候接触"慈善"的呢？您对"慈善"最初的理解和认知是怎样的？

黄耀文：我对"慈善"的理解与学习，是从父母身上学到的。我出生在陆丰市的一个小渔村，小时候，家里很穷，就靠着父亲外出打渔生活，母亲带着我们6个孩子。那时候，真的是靠天吃饭，能吃饱很不容易，家里也没有什么积蓄。让我印象很深的一件事是有一次村里来了一个外地人，他是来我们这里打工的，结果没了工作也没钱回老家，只好到村里来讨口饭吃。当时，我父亲碰到了这个外地人，见他可怜，就资助了一点钱给他当路费。那时候，那一点钱对我们家来说是很珍贵的，自己家已经够穷的了，连自己的孩子都吃不饱还去帮助别人。但父亲还是教我们做人要善良，好人有好报。现在想想，父亲当时的举动真的让我很震撼，也许这就是"慈善"的力量——不仅帮助了有需要的人，也教育着孩子如何做人行事。

母亲也常常对我说，为人处世要多做好事，不欺负人，要多帮人。"给人欺负是好事，吃亏是福"是被她挂在嘴边的一句话。母亲还说，如果说一个人生下来有十分德，要是欺负别人，那么这个人就会失德，等于把他的德转送给别人了，所以做人行事要有度量、胸怀，在别人那里口碑就会好，别人就会帮你，你的路才会越来越宽。

在父母的言传身教和润物无声的影响下，我懂得了什么是"慈善"——"做人要善良，好人有好报"。这就是我对"慈善"最初的理解，并且这颗"慈善"的种子一经在我的内心生根发芽，便一直影响着我。

记者：您19岁就来到深圳了，那么第一次做慈善活动是在宝安吗？当时做了什么呢？

黄耀文：我来深圳很早，1985 年就来了，最早是在南头种荔枝、卖龟苓膏，做点零散的小生意。起步不易，非常辛苦。20 世纪 90 年代，我挣了点钱来到宝安西乡开办了公司，也就和这里结下了不解之缘。一路打拼，慢慢地成长为企业家，也通过电视、报纸的报道了解到慈善活动、筹款活动并接触到社会慈善，让我心底这颗慈善种子开始发芽生长。

我第一次做慈善就是在西乡，应该是 2008 年、2009 年吧，具体时间记不很清楚了。当时我去街道办办事，在电梯里遇到一个人觉得很眼熟，好像在报纸上见过她的报道，就跟对方闲聊起来，问她在哪里工作。对方说是在福利院工作，我就跟她聊起福利院的情况。聊着聊着，我觉得福利院的孤儿和老人很需要帮助，就向她要了一个福利院的账号，回去就捐了 5 万元给福利院。就这样过去了大概有一年，后来我在参加街道组织的到福利院慰问的活动时，才知道当时碰到的那个工作人员是大家熟悉的费英英。

一路前行慈善花开

记者：有了第一次公益慈善之举，这一路的慈善之行，您就再也没有停下。这些年，您还参与了哪些慈善活动？有没有让您印象特别深刻、对您触动特别大的事情呢？

黄耀文：做公益慈善是一条很长的路，每走一步，都能收获很多温暖与感动。最初，我是一个人默默做公益——默默关注社会各个福利机构，默默捐助社会困难家庭……到后来我们企业加入了宝安慈善大家庭，参加了慈善会、商协会、慈善基金等机构组织的慈善活动，我的慈善之路也越走越宽了。细数下来，这些年我们参加了扶贫帮困、金秋助学、关爱老人、捐助学校等活动，还有各类慈善赈灾捐款等。

其实这当中，有不少捐款数额挺大的慈善之举，但是对我触动最大的是一件"小事"。事情说小，是因为捐款数额不多，但对我触动很深，让我真切感受到了慈善的力量。

2022 年，黄耀文（右）代表深圳市广兴源投资发展有限公司为航城街道捐助防疫专项基金 30 万元

2012 年，深圳市广兴源投资发展有限公司为西乡街道扶持龙川县铁场镇捐助帮扶款20 万元

2018年的荔枝季，我在微信朋友圈看到一条求助信息："深圳宝安果农为地中海贫血双胞胎女儿筹手术费，3万斤'救命荔枝'滞销，求帮卖荔枝。"很快，报纸等媒体也发布了相关的新闻：果农李振源6岁的双胞胎女儿患有重度地中海贫血，虽然找到了配型，但是手术费用一直没有凑齐，他承包的荔枝一直滞销。求助信息、新闻报道播出后，很多爱心人士都伸出了援助之手。我非常有感触，一是为患病的双胞胎着急，二是被爱心人士的举动所感动。

因为这个事情就发生在西乡航城，离我很近，所以我一直都在想通过什么样的形式帮助他们最好。这时，宝安区慈善会张洪华会长找到了我，说一起去现场看看怎么帮助这家人比较好。地中海贫血双胞胎爸爸李振源承包的荔枝林在凤凰山深处，山路狭窄难走，我们一路上山，走进果园，眼前的一幕让我感动。很多爱心人士从深圳的四面八方赶来，买荔枝，还帮忙打包荔枝、帮忙快递送货。

当时在现场，我就拍板将滞销的荔枝进行"包底"，购买了1万多斤荔枝，还包括采摘荔枝的人工费、打包费等，让李先生没了后顾之忧。但是1万多斤荔枝也不能放着，还是张洪华会长点醒了我，可以把荔枝送给福利院、救助站和环卫工人，把爱心传递下去。

让我没想到的是，这件事被媒体报道后，引起了很大的社会反响，还吸引了更多热心市民为这对地中海贫血双胞胎姊妹提供其他方式的关心和帮助。而且从帮助双胞胎爸爸卖荔枝，再到把爱心荔枝送到福利院、送给环卫工人我都亲力亲为参与其中，所以感受更加深刻——宝安是一个大爱之城，慈善温暖是可以不断传递、不断放大的。

记者：从这件"小事"里，我看到了一个人的慈善力量是可以不断发酵的，一群人的爱心就会让一座城市更加温暖，这是不是也让您更加坚定了坚持做慈善的信念呢？

黄耀文：是的，一个人的力量是有限的，无论是做生意还是做慈善，都是团队的力量更强大。2020年新冠疫情暴发初期，医疗系统、政府系统第一时间全力组织防控力量，医生、护士、民警、机关工作人员全员赴一线抗疫，不惧危险，成为"最美的逆行者"。在防疫初期，防疫物

慰问防疫酒店

资缺乏，我就想尽一切办法采购口罩、消毒液、酒精、体温枪等，送给宝安区一线防疫人员，为他们做好物资保障。那时候一天打几十个电话，真的是通过各种途径购买防疫物资，我还发动了航城商会的企业家们。后来，防疫物资到位了，我们就继续采购方便面、饮料等食品送给坚守在防疫一线的工作人员，一直到现在（2022 年），我还在坚持给隔离酒店等送物资，让他们在坚守岗位的同时感受到我们的力量、我们的温暖。在疫情之下，政府、社会的各方力量快速汇聚起来，我们的慈善力量，凝聚在一起就是强大的防护网，保障着老百姓的安康，让我感觉特别震撼、特别自豪。

他乡是故乡　慈善结硕果

记者：在深圳、宝安工作生活这么多年，您是否早已把这里当作自己的第二故乡了？

黄耀文：算算时间，我在宝安工作生活快 40 年了，你说这里是不是我的"家乡"？当年，我从陆丰老家来到深圳打拼，在宝安做起了房地产生意，可以说，我赶上了深圳改革开放的快车，也尝到了发展的红利。所以，我的内心是非常感恩这座城市的，同样也用自己的方式回馈宝安。

你知道宝安纯中医治疗医院吧？在这个医院建设初期，宝安区召开了成立中医药发展基金会会议，在会上倡议宝安企业捐款支持中医药发展。我特别振奋，当时就举手捐款 1000 万元。事后有人说，我是为了出风头，其实真的不是，我只是想更好地保护和振兴我们的中医药文化。中医药是一门古老的医学，具有几千年的发展历史，但在西方现代化浪潮中，我们大量中医药方的知识产权在国际上遭到了围猎，非常可惜。

恰逢宝安提出了要振兴中医药产业，建设一座纯中医治疗的医院。我还记得很清楚，宝安区相关领导说，建设这样一座医院的初心是为老百姓多提供一种医疗供给、医疗服务，同时在现代医学环境中，让中医、中医院、中医师回溯本源、回归本位。这就是现在应该做的保护、振兴传统文化的工作，我们又有什么理由不去支持呢？作为一名宝安企业家，我觉得责无旁贷，一定要保护好我们的中医国粹，在宝安走出一条新路子。

记者：数十年如一日坚持做"慈善"并不容易，您的"慈善足迹"更多落地在了宝安，在您看来，宝安的慈善氛围如何？您有什么不一样的感受吗？

黄耀文：做慈善，我是从宝安起步的，也是在宝安慈善氛围中浸润成长起来的。宝安是传统的慈善大区，这里的慈善氛围特别浓厚。为什么这么说呢，首先，宝安无论从政府组织、企业响应还是从市民参与等各方面对慈善事业都有很好的共识和支持，全社会众志成城，共同营造了和谐、有活力、正能量的宝安慈善氛围。

其次，宝安有大量优质的企业，有大量优秀的企业家，在社会需要的时候我们宝安的企业家都能站出来，主动承担起企业的社会责任，体现出我们宝安的企业家精神，他们对慈善有担当、有情怀。说到这儿，我想起了在 2011 年大运会开幕前，西乡街道发出为西乡添新绿的苗木认捐倡议书，我捐资了 300 万元在西乡大道等沿线种植樟树、盆架子等树苗。现在，有时经过西乡大道时我会特意放慢车速，透过车窗看看当年种下的树苗，如今已经枝繁叶茂、郁郁葱葱了，这就是宝安慈善留给城市的美丽印记吧。

当然，随着时代的发展进步，宝安的慈善活动也更加多样化，要说起宝安的慈善活动不一样的地方，我觉得是它更能体现传承和创新的精神融合，使宝安的慈善活动有一份独特的厚重感和新鲜感。宝安是传统的慈善大区，在慈善会的带领下，宝安在慈善事业方面做出了许多成绩，很多慈善项目、活动都得到社会各界的高度赞赏和认同。在此基础上，宝安区慈善会很用心地结合宝安的历史、文化、地理、环境等方面进行更深的融合和挖掘，结合时下流行的元素进行创新，让慈善活动贴近生活、走向群众，既有温度，又有活力，体现了新时代的慈善内涵。像2020年，"与爱同行"慈善微跑地标在宝安航城落地，这是深圳首个慈善地标。我觉得这就是创新，在慈善微跑活动举办点建立一个永久性的标志物，让这个标志物来见证和记载这场慈善活动，把人人慈善的理念传播出去，让更多的人了解慈善、追求慈善、参与慈善。这个慈善地标是我出资建设的，不到一年时间就顺利落地了。

慰问福利院

慰问老党员

但行好事　莫问前程

记者：做慈善，对您来说是责任吗？您怎样看待慈善在社会发展过程中发挥的作用？

黄耀文：在2017年，宝安区五类百强企业联合会成立了5个专业委员会，我当选为慈善公益委员会的主席。这是一个契机，让我觉得有责任去多做好事，多行善事。

公益慈善在中国具有悠久的历史和深厚的社会基础，乐善好施，守望相助，为善不甘人后的中华文化传承千年，"达则兼济天下""老吾老以及人之老，幼吾幼以及人之幼"的先哲古语尽人皆知。首先，慈善事业能够促进社会和谐发展。我们看到各地区之间的经济发展不平衡，一些偏远地区、欠发达地区经济社会发展相对落后，通过慈善捐建、公益捐助、产业扶贫等改善偏远地区、欠发达地区的基本教育、基础设施条件和促进其经济发展。

其次，慈善事业有助于社会各阶层的交流、沟通和团结。慈善就像一根纽带，将相对较有资源的一方与资源贫乏的一方连接起来，实现资源的合理转移，并在此过程中，参与慈善的各方、各阶层通过良性互动，增加相互沟通合作，增进彼此团结。

最后，慈善是中华民族精神文明的重要传承。慈善不但对于提高国民道德水平和人们的素质有重要作用，而且是社会主义精神文明的重要组成部分。

记者： 在参与慈善活动中，您最大的收获是什么？

黄耀文： 做慈善，一定要用纯粹的心，学会抛弃杂念，真心实意做慈善。从开始做慈善一直坚持到现在，我就是抱着一个纯粹的想法，"善由心生"。有了善心，就要践行，身体力行，将我们的善心付诸行动，不管行的是"大善"还是"小善"，我们都会从中得到快乐。我在创业的时候吃过许多没

新春慰问社区老党员

文化的亏，2012 年，我从报纸上看到西乡中学有两名学子分别考上了北大和清华，特别振奋，真是由衷地为孩子们高兴。所以，我当即决定奖励他们每人 10 万元。现在，这个奖励一直在延续，几年下来，已经有五六个学生拿到了奖金，我真心替他们感到高兴。

当然，我的慈善之行一路走来也收获了很多，我切切实实体会到生活的"真善美"。做慈善过程中会接触各种各样的人和事，我们感慨世事无常的同时，更学会了用心体会人性的光辉与美好。

记者： 宝安慈善发展到今天已经走过了 15 年，对宝安慈善 15 年的发展您有什么看法？对未来有什么建议吗？

黄耀文： "慈善大区，大爱宝安。"这是我对宝安慈善事业 15 年发展感触最深的 8 个字。一直都说宝安是慈善大区，我们的慈善事业一直在全市、全省甚至全国都名列前茅，15 年的成绩是值得肯定、值得好好表扬的。而且，经过自身不断努力和探索，宝安慈善紧跟时代的步伐，呈现出专业化、规范化、精细化、多元化、体系化的发展态势。

未来，慈善事业发展一定要与时俱进，勇于创新，时代需要怎样的慈善，我们就去做、去实践。用时下人们喜闻乐见的形式和内容，与宝安慈善做深度的融合创新，打造具有宝安特色的慈善事业。我们的慈善项目、活动要有公益价值和品牌输出，吸引更多的社会力量关注并愿意投身慈善事业。我相信，在宝安区慈善会的带领下，宝安慈善会越做越好、越做越强。

记者： 请您用一句话评价宝安慈善。

黄耀文： 大爱传承，融合创新；造福一方，功德无量。

慈善人物感言

"但行好事，莫问前程"，用纯粹的心，行纯粹的善。

用纯粹的心　行纯粹的善

　　敢闯敢干，黄耀文的身上有一股特区人的拼劲，努力拼搏成就了今天的事业。但行好事，他还有一颗宝安人的慈善之心——扶贫济困、爱心慰问、捐建学校、中医药基金捐款……可谓事无巨细，4000多万元的慈善捐助是他回报社会的拳拳之心。

　　黄耀文很喜欢《增广贤文》中的一句话："但行好事，莫问前程。"于是，他的慈善之路走得很纯粹，本着行善积德的"本心"，行善事、做好事。在黄耀文眼里，慈善捐赠和爱心付出已经成为一种自觉，无论哪里需要帮助，他都会力所能及地慷慨解囊，从来不求回报。

　　一路走来，慈善也成了黄耀文生命的一部分：对世界抱有善意，与人为善，力所能及地参与公益慈善活动，不断传播着慈善之念。

（记者：金晶　供图：宋璐）

陈允权：沙井是滋养慈善
事业的良田沃土

人物简介

陈允权，现任宝安区第七届人民代表大会代表，宝安区工商联（总商会）副主席（副会长），宝安区慈善会副会长，沙井街道工商联（商会）常务副主席（执行会长），蚝一股份合作公司党总支书记、董事长；获评宝安区2018—2020年度精神文明建设文明市民、道德模范。陈允权用自己的行动诠释了"公益"的力量。他致力于乡村振兴，曾参与河源市龙川县黄石镇五星村扶贫活动，组织公司集体和公司职员捐助五星村宝恒源希望小学；参与江西省赣州市信丰县新田镇助学活动，个人还资助多名贫困地区中小学生；多次参与广西都安、大化及河源龙川等地的扶贫工作；积极投身沙井民俗文化保护事业，号召乡亲们捐款重建洪圣古庙、天后庙、义德堂、陈氏宗祠等文化遗址。

8月初，记者在沙井商会办公室对宝安慈善人物陈允权进行访谈。访谈时间本来是约了上午10点，陈允权9点就早早来到办公室等候。他说，约了人家就别迟到，迟到是一件很没礼貌的事。"不尊重别人，也就是不尊重自己。"从他严于律己的时间观念就可以想到，他参与慈善事业，通过慈善事业传递正能量是必然的选择。

动员企业参与防疫　担负起社会责任

记者：听说您参加过很多慈善活动，为慈善作出了自己的贡献，请问有哪些慈善点滴是让您印象比较深刻的？

陈允权：2020年新冠疫情暴发初期，防疫物资比较紧张，我们有很多一线医护人员和社区防疫工作者缺乏防疫物资，大家看在眼里，急在心里。如果连一线防疫人员都不能保护好，那怎么能保护好广大的社区居民群众呢？当时，我作为沙井商会执行会长，深感自己有责任有义务为防疫工作做点事情。于是我们通过沙井商会加强沟通协调，广泛动员企业家想尽办法采购防护用品和应急设施驰援沙井的防疫工作。

2020年2月2日，沙井商会为宝安第二人民医院（集团）总医院（原沙井人民医院）送去了1420斤二氧化氯消毒液；2月7日，沙井商会又为该院送去一台全自动医用PCR分析系统，300副护目镜及350套防护服、500顶医用帽子、1000只医用口罩、4000双医用手套等防疫物资；2月10日，沙井商会为新安大桥联合交通检疫站的一线工作人员送去一批生活慰问品……在疫情突发的最早期，我们以最快的速度响应和参与防疫工作。疫情之下，沙井涌现了大批支持防疫、勇担社会责任的企业家，他们不仅捐资捐物，更亲自来到防疫一线当义工，让我深受感动。

参与防疫工作，肩负起众志成城、守望相助的社会责任，是对社会、对人民群众的大爱，是大善。我认为，无论任何时候，作为国家的一分子，都应该保有这样一份爱国爱家爱人民的热情。沙井发展到今天，不仅发展了经济产业，更培养了大批有仁爱之心的企业家，他们是慈善事业的排头兵。

点滴善举汇聚大爱　扩大慈善"朋友圈"

记者：提到疫情防控工作，听说您在疫情初期不仅自己通过各种关系为防疫一线购买口罩和消毒水，还发动社区股份公司股东、居民捐赠防疫资金，请问当时是怎样的情况？

陈允权：2020 年年初疫情初期，口罩、消毒水都很难买到，我通过深圳和香港的朋友采购了一些，当时也没考虑多少钱，就想着先买回来，保障一线工作人员的健康安全。每一份爱心都是信心，每一份爱心都是力量。防疫是全社会的重大事件，不能只靠政府部门，也不能只靠部分热心企业和热心人士，要迅速动员全社会力量参与进来。在上千年的海洋文化熏陶下，沙井人拥有乐善好施、仁爱友善的基因和文化传统。我就想，应该动员广大社区居民一起参与防疫，为防疫出力。于是我在沙井商会率先提出要动员沙井各个股份公司的每一位股东为防疫做慈善募捐。没想到这一想法一经提出就得到了各个股份公司的积极响应。股份公司在内部下发倡议书，很快也得到了广大股东的热烈支持。

沙井各个社区股份合作公司股东在防疫慈善募捐的号召下纷纷加入爱心行列，每人捐 100 元，集小善成就大爱，短短一个星期便筹集了防疫善款 165 万元。虽然每人捐赠的 100 元看似不多，对个人而言只是一笔小钱，但体现出我们沙井人的一份大爱精神，这份大爱精神激励着我们团结一心、共同防疫。同时，我们还积极倡导减免租金，为各类生产主体和租户减轻负担，共同凝聚起万众一心、众志成城的磅礴力量。

通过这次防疫募捐活动，很多沙井居民与慈善事业结下了深厚的缘分。沙井人民过去都是蚝民、渔民、农民，都是从艰苦年代走过来的，如今大部分人生活富足了，对慈善事业的了解却很少。甚至有些人还有误解，认为慈善事业专属于部分富裕人群，慈善行为也只是某些富人的特殊"专利"。其实不是这样的，只要常怀一颗仁心，人人都是慈善参与者。这次募捐让大家知道：每一个人都可以是慈善人物，每一个人都拥有做慈善的力量。捐出小钱展现大爱，让我们的慈善"朋友圈"从部分人扩大到全部人。

心中仁爱化作行动　关爱留守儿童留住职工

记者：十多年来，沙井街道始终坚持在暑假期间举办大量关爱留守儿童的活动，得到了雪华铃公司等大企业的鼎力支持。听说您也一直致力于关爱留守儿童的工作，您个人还资助了多名中小学生。

陈允权：关爱留守儿童的工作我其实很早就有思考和关注。恰逢沙井街道启动关爱留守儿童月活动，我便顺理成章地加入进来。

沙井街道是工业重镇，有着众多企业，更有千千万万来深务工人员。他们为了工作，不得不把子女留在老家生活学习，孩子成为留守儿童，与父母聚少离多。身为人父，我同样能感受到分离的不舍和艰难。我希望用自己的努力去帮助他们，让他们的团聚时光变得更有意义。这也是我参与关爱留守儿童项目的初衷。

沙井街道在全市率先设立留守儿童关爱日活动，每年的 7 月 12 日是沙井街道留守儿童关爱日，至今已经 13 年；同时，每年 7 月至 8 月还是沙井街道留守儿童关爱月，这是无数"小候鸟"最为期待的日子。沙井留守儿童关爱月品牌活动"瓦蓝童梦计划"每年都邀请辖区企业携手举办，其中有一家企业——雪华铃公司是常年参与其中的爱心企业，这家企业租用的正是蚝一股份合作公司的厂房，我们为企业开展留守儿童公益课堂提供了场地，还发动大家捐资捐物，给留守儿童送爱心送温暖。通过这些行动，我们希望大家共同关心留守儿童、为留守儿童营造健康成长的良好氛围，从而推动企业（机关单位）关爱员工、员工感恩进取、父母关心爱护孩子等各方面都实现良性循环。

关于我资助中小学生的事，我不知道你是在哪里听说的。我确实经常有资助贫困地区的学生，具体资助了多少人，我自己也不太清楚。在我的观念里，有能力帮助别人是自己的福气，帮了别人是不需要记在心里的。

我都不记得自己帮助了多少困难学生。每一次听说哪里有困难学生需要帮助，我都会第一时间伸出援手，帮助了几百人吧。

一生热爱沙井蚝　蚝民精神塑造慈善观念

记者：听说您不仅爱护家人，是一个特别有家庭责任感的人；我们还听说您很会做饭，尤其会煮蚝。请问您身上的这些优秀品质和您热心慈善事业这两者之间有关联吗？

陈允权：我是土生土长的沙井蚝民，蚝就是我一生中的最爱。曾经我们村里一眼望不到头的都是蚝塘，那是我童年最深刻的记忆。从养蚝、收蚝到加工蚝，再到投身进出口贸易，我的"生意"也是从生蚝开始的，这么多年来，我的事业始终扎根于沙井，扎根在这座千年蚝乡里。蚝民是很艰苦的，风里来雨里去，在海边滩涂日晒雨淋，尤其是冬天，很多蚝民手脚裂开还要下水筑排、护蚝，蚝民吃苦耐劳和坚韧的精神，是我安身立命、成家立业的精神基石。

身为蚝民，煮蚝的手艺就像天生的一样，生来就会。我们蚝民最喜欢白灼生蚝，从而保留了生蚝的鲜甜口感。因为小时候跟着父辈养蚝，吃过苦，我才更懂得珍惜今天幸福生活的来之不易。你说我爱护家人，有家庭责任感，这也是蚝民精神的传承吧。蚝民的家庭观念是很重的，蚝民世代在海浪滩涂上讨生活，为的就是一家人齐齐整整。

也许正是这种坚韧不拔、吃苦耐劳、爱家护家的蚝民精神，塑造了我关心关爱社会困难群体的人生观和慈善观。看到别人有难处，我会将心比心去思考，我能为他们做点什么，能为他们的家人做点什么。

一个人，愿意去做善事，一定不是因为这个人在物质和金钱上有多富裕，而是因为这个人在精神上很富有。我们去帮助别人，很多时候是用金钱和物质去缓解别人的一时之困，但有些困难是思想和精神上的，这样的困难金钱和物质解决不了，需要我们用正确的人生观和价值观去扶持。另外，我们做慈善和公益，不仅是简单地给别人捐钱捐物，本质上其实是出

2020 年 10 月 16 日，沙井商会在深圳市中西医结合医院举行"深圳市中西医结合医院感染性疾病科项目"揭牌兼交接仪式

于我们自身的精神需要，我们去做慈善，最根本的不是为了别人，而是为了我们自己追求的精神进步和价值提升。

为宝安慈善出力 助宝安慈善事业发展

记者：宝安慈善事业发展 15 年，取得了很大成绩，可以说走在了全国前列。您被推选为宝安慈善人物，对宝安慈善事业的发展有什么看法？

陈允权：宝安慈善事业是一项伟大的事业，是宝安人的骄傲。宝安慈善走过 15 年不算长的路，今后还将走更长远的路。15 年来，宝安区慈善会始终坚持以服务宝安民生为己任，通过增设冠名基金和专项资金精准覆盖更多困难群体，让更多需要帮助的人得到救助，体现了党委政府的关心，体现了社会的关爱。2021 年河南水灾，宝安区慈善会第一时间响应，启动应急预案，开启募捐绿色通道，开通 24 小时捐赠热线，在宝安湾 App 发

2020 年 10 月 16 日，沙井街道工商联在深圳市中西医结合医院举行"深圳市中西医结合医院感染性疾病科项目"揭牌兼交接仪式，陈允权执行会长上台讲话

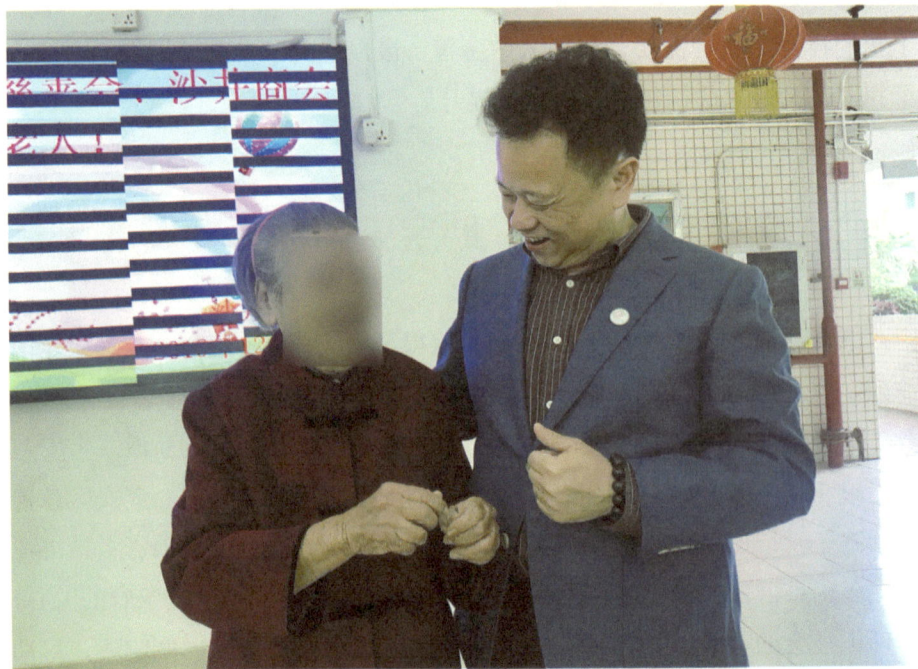

2019 年 12 月 26 日，沙井商会开展"尊老情义珍·敬老爱意浓"关怀慰问敬老院活动

布了《宝安区慈善会助力河南抗洪救灾倡议书》，并公布了捐赠方式和区慈善会捐款账号信息，仅仅7分钟便有爱心市民陆续向区慈善会账号捐款，很多爱心企业家也纷纷打电话咨询捐款事项。区慈善会共收到社会各界爱心企业和爱心人士捐赠款950多万元。所有募集到的善款都以项目的方式进行资助，用在河南抗洪救灾和灾后重建上。这里面，我也出了一点点力吧。

我对宝安区慈善会的工作感到特别满意，宝安区慈善会挖掘了很多慈善人物，以树立榜样的形式带动大家关心慈善、参与慈善，这是很好的做法。我为自己能给宝安慈善事业出力而感到自豪。

宝安地处粤港澳大湾区的核心区域，是"经济大区""产业大区""人口大区"，在粤港澳大湾区和深圳先行示范区的"双区建设"中，宝安提出要争当排头兵，打造样板区。而宝安慈善事业的发展也得到了越来越多的人的关心和支持，"宝安慈善"已经成为具有宝安特色的、影响广泛的

2021年1月27日上午，沙井街道工商联举办"春暖沙井·圳能量"慰问活动，陈允权（右）向企业留深职工慰问送关爱

陈允权：沙井是滋养慈善事业的良田沃土 |

公益慈善品牌。这充分体现了宝安区在全国发展大局中担当起先富带动后富的先锋模范作用。

沙井是宝安传统的工业重镇，也是一片滋养慈善事业的沃土。沙井人历来热情好客，有着浓厚的扶贫济困的优良传统和社会氛围。我们沙井街道著名的爱心人物曾柳英就是一位值得我们学习的慈善好榜样。作为宝安区"爱心一族"协会会长的曾柳英，在社会公益事业中创造了多项奇迹：自1995年以来，她参与社会义务服务时长达到3万小时，是全市义工队伍中义务服务时间最长的"五星级义工"；她组建的义工组织沙井"爱心一族"从最初的13人发展到现在的5000多人，是全市基层义工组织中发展速度最快、人数最多的一个；她领导的"爱心一族"协会代表出动义工近10万人次，帮助过成千上万的困难人士，被市、区授予"义工标兵""文明使者"称号。

曾柳英只是沙井人民热心公益的一个代表。这些年来，沙井街道涌现了无数有名的和无名的慈善人物，他们用实际行动为宝安慈善事业贡献力量，助力宝安慈善事业取得更大的发展，并在其中实现人生更大的价值。

传承保护乡土文化　积极参与乡村振兴

记者：沙井过去是一个海边渔村、农村，乘改革开放的东风发展成为如今繁华的城市街区。如今国家正在大力推进乡村振兴工作，作为沙井乡村巨变的见证者、亲历者、推动者，您对乡村振兴工作有什么想法？是否会参与其中？

陈允权：改革开放前，沙井街道还是海边小村庄，人民耕田种地、出海打鱼、滩涂养蚝，过的是十足十的乡村农民、海边渔民的生活。沙井的名字源于这里有很多深井，井水是村民、渔民生活用水的主要来源。我还记得小时候，和村里孩童一起在井边打水洗澡的情景。这样的情景如今在高度城市化的沙井街道再也见不到了，所以每当我去偏远乡村，看到孩童在塘边钓鱼、在田基奔跑、在井边嬉戏时，就仿佛看到了昔日的自己，回

2019 年 1 月 15 日，沙井商会执行会长陈允权率队前往沙井社区开展"暖冬社区行·爱心传万家" 2019 年春节前夕走访慰问活动

到了当年的沙井。

我对国家大力推进乡村振兴工作充满信心，也很有干劲，希望自己能参与乡村振兴工作，为国家广大农村、乡村的发展振兴出力。沙井得益于改革开放的东风，得到较早的发展，比别的乡村提前走上了致富路。我们有责任也有义务全心全意去帮助广大乡村、乡民，先富带动后富，让所有人实现共同富裕。

乡村振兴工作要结合当地特点，因地制宜制订可持续的振兴方案，不仅要源源不断为当地巩固脱贫攻坚成果输血，更应该努力创新工作方式方法，为当地人民实现"自主造血"寻找优势、创造条件。

我曾参与河源市龙川县黄石镇五星村扶贫活动，还组织股份公司集体和公司职员捐助五星村宝恒源希望小学；2017—2018 年，我又组织企业前往江西省赣州市信丰县新田镇开展助学活动，多次参与广西都安、大化及河源龙川等地的帮扶振兴工作。这些年来，我几乎每年都多次往返偏远地区开展帮扶工作，在这个过程中，我也形成了一些关于乡村振兴工作的心得体会。乡村振兴是由国家主导的帮扶政策项目，与慈善事业是一脉相传

2019年1月14日，慰问壆岗派出所患病警员，送上慰问金3万元

的，都是推动有能力的地区和人员对相对贫弱的地区和人民伸一手、拉一把、扶一下，最终实现共同富裕，共同过上幸福美好的生活。

我去过很多地方，走过很多路，在路上我也不断思考：对于乡村振兴工作，我们普通人可以做点什么？乡村振兴，发展产业是关键。我们在广西大化、都安开展"贷羊还羊""贷牛还牛"项目的时候，我就思考，我们沙井有成熟的养蚝卖蚝的文化和经验，广西大化、都安的牛羊饲养业以及其他农副业，是不是也可以借鉴沙井蚝的经验，形成产业品牌，开拓更高端、更广阔的市场空间。我希望能在乡村振兴工作中打造一个叫得响的乡村产业品牌。

沙井街道从农村、渔村发展起来，走到今天，我们的一些经验和方法，可以为乡村振兴提供借鉴和参考，包括集体经济发展体制机制建设、乡村社区的基层治理、公益事业及志愿服务等工作，都可以用于乡村振兴和发展中。沙井街道有丰富的工业产业发展经验，沙井商会有丰厚的资源和企业人脉关系，可以帮助乡村发展富有特色的农产品牌，开展产业建设等，这些都是我们可充分利用起来的优势。

记者： 听说您过去为了保护传承沙井蚝民的集体祠堂，花了很大力气，也得到了乡亲同胞的大力支持。您认为这些善举与慈善事业有什么区别吗？

陈允权： 知来处，明去处。传承保护传统文化，是我们每个人的历史使命和时代责任。沙井有数千年养蚝历史，有深厚的文化底蕴，沙井的天后古庙是护佑海边蚝民的神圣庙宇，洪圣古庙则是渔民、蚝民出海作业的"定海神针"，这两座古庙代表的是蚝民的家园情结，有凝聚人心的集体认同象征意义和地方特色，应该得到保护，使文化得以传承。这两座古庙年久失修，如果失去这两座古庙，沙井蚝民的精神家园就不完整了。我们自己的事情应该由我们自己做。经费不够，我就发动股东居民捐资筹款修建古庙。没想到倡议一出就得到股东居民的积极响应，一下子筹集了1200多万元，比我们预期的数额多很多。两座古庙得到了修缮和持续有效的日常管理，成为文物保护单位，也是沙井蚝民精神代代相传的重要载体。

修建古庙发动大家捐资筹款，本质上也是一种慈善行为。每个人心中都有善良的种子，缺的可能只是激发种子发芽的机会和条件。我相信，沙井是一片适合慈善种子生根发芽的良田沃土，这里将来还会涌现出更多热心公益、参与慈善事业的慈善人物。

慈善人物感言 ☆★★ ☆★

慈善不是某些人的特殊"专利"，只要常怀一颗仁心，人人都是慈善人物，人人都拥有做慈善的力量。

记者手记

陈允权是一位典型"做事高调、言语低调"的慈善人物。接受采访时，他对自己做过的很多善事都一笔带过地说："做过的好事我都不会记的，做好事不是为了要记住以后讲给别人知道。"正是因为这样的内敛，第一次访谈结束后，记者得到的信息不算多，只能通过采访一些对他有所了解的沙井本地人，才从侧面"印证"了他的一些品质——亲和、友善、爱家。旁人还透露说："他对沙井蚝民传统很关注，正在致力于梳理蚝民宗亲历史的工作。"得到了这些信息，记者又对陈允权做了第二次访谈，才完成了这篇访谈录。第二次访谈结束时，陈允权无意中透露，他马上又要带队前往江西参与乡村振兴工作。

这是一位坐言起行、行动胜于言语的慈善人物，他用自己的点滴慈善行为，带动身边人参与慈善事业，扩大了宝安慈善的"朋友圈"，共同为宝安慈善事业添砖加瓦，擦亮宝安人的慈善品牌。

（记者：张小葵）

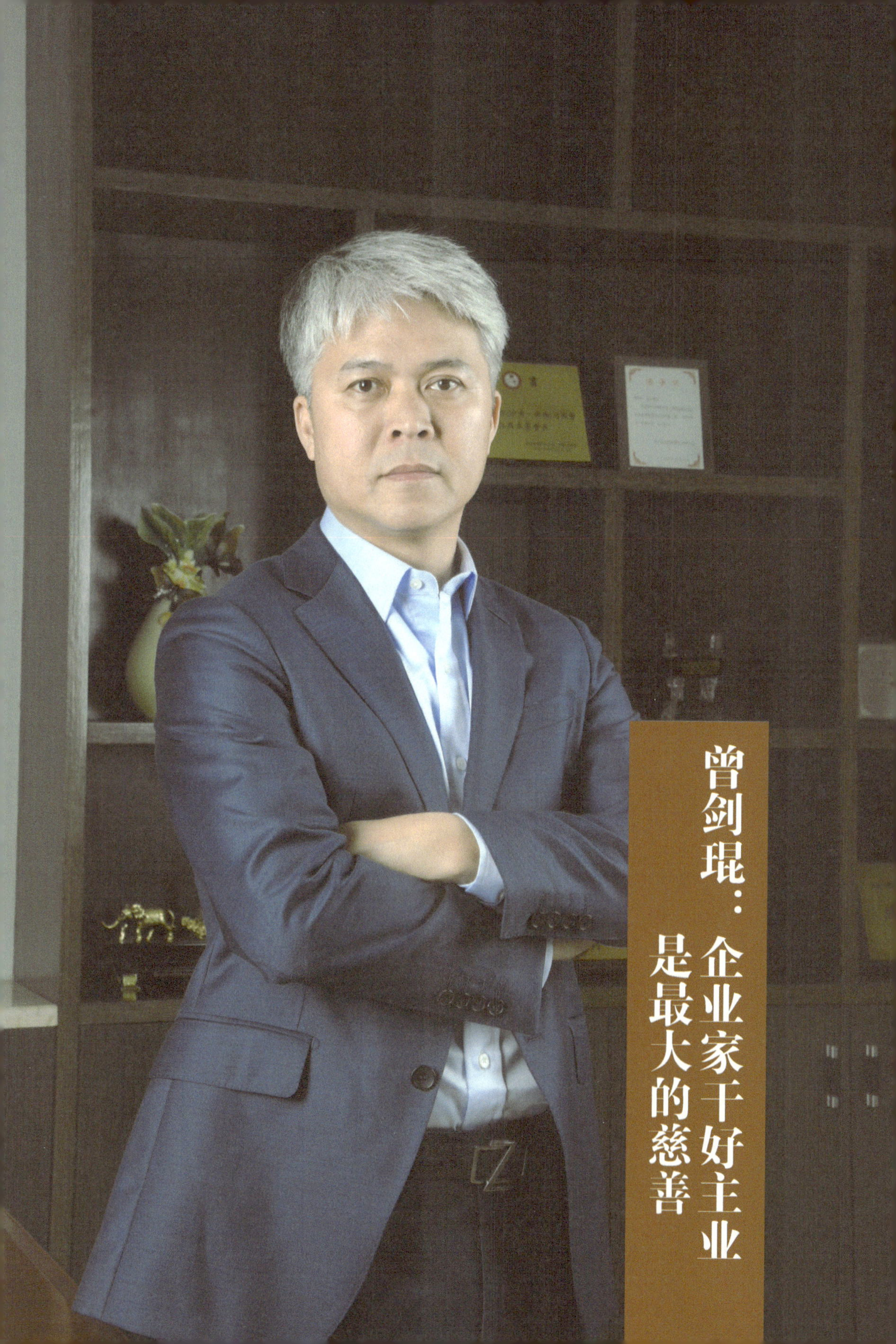

曾剑琨：企业家干好主业是最大的慈善

人物简介

曾剑琨，1969 年生，新桥本地人。任新桥街道工商联（商会）第一、第二届执委会（理事会）主席（会长）、宝安区第五、第六届政协常委，宝安区工商联（总商会）副主席，宝安区慈善会副会长、深圳市深锦基实业有限公司董事长。荣获宝安区政协 2018、2019、2020 年度"优秀政协委员"，五届区政协履职优秀委员，2022、2023 年度"优秀履职奖"，2013—2023 宝安区总商会"优秀会长"。

经济学之父亚当·斯密说，商业是最大的慈善。而对新桥商会会长曾剑琨来说，企业家经营好企业是最大的慈善。君子务本，本立而道生。在曾剑琨看来，企业家立足本业，依法经营好企业，这本身就是在为社会作贡献。在干好主业的基础上行有余力，企业家要有理想去帮助更多的人。先从做人开始，经营好企业和家庭，一人、一家、一企可以成为美好社会的基石。

曾剑琨履历的每一步都与服务企业有关，十余年来，他积极将街道商会打造为综合性服务平台，引领着企业家参与公益慈善承担社会责任，对企业家做慈善形成了自己的独到见解。他身兼多重社会角色，用行动敬业履职，他的日常实行"四六制"，即40%的时间分配给自己，60%的时间留给社会事务。"并不是因为我很有时间，而是因为我是一名宝安新桥人！"作为一名土生土长的新桥人，他的理想是引领越来越多的宝安人和企业家知善、行善，将爱与善传播到社会的每一个角落，最终使整个社会更加和谐！

我与商会：服务企业是自始至终的主线

记者：在您的众多头衔中，商会会长是您最广为人知的头衔。从被"伯乐"吴换炎相中，协助开展沙井商会工作，到当选为新桥商会首任会长，您专注服务商会已第十个年头。能分享一下您与商会的故事吗？

曾剑琨：我与企业家打交道已有30多年，履历的每一步都与服务企业离不开。1988年从学校毕业后来到沙井镇政府，1994年调入镇属企业，2012年辞职来到商会并开启创业，这是我职业生涯的几个重要节点。这份履历表中，变化的是工作岗位，不变的是自始至终服务企业，不过是从一个身份换成另一个身份服务企业。

从人生的第一份工作开始，我就注定与企业结缘。那时，正逢沙井规范整治来料加工，我在沙井镇政府外经办驻罗湖办事处负责招商引资。随后我在镇属企业工业公司任总经理，负责镇政府的工业区开发。经过多年的耕耘，沙井镇引进了很多大企业，拓展了几十万平方米的工业厂房。这时我向街道请辞，很多人对此不理解，可我去意坚决，当时的想法是总不能打一辈子工吧，我想用自己多年的工作经验，去实现社会价值。

虽然当时还不清楚自己要走一条怎样的创业道路，只是朦胧意识到要去追求人生价值。很多年后，我对价值的认知越发坚定有力——一个人的价值体现不是看积累的财富多少，而是看帮助的人多少。

向我伸出"橄榄枝"的是沙井商会会长吴换炎，我从此走上商会平台，希望带动企业家发挥所长，承担更多的社会责任。吴会长多年来热心慈善活动和忙于社会事务，正需要人协助发展商会。这是我真正意义上进入商会工作，进入为企业服务的角色当中去。我立下目标和方向，用半年时间让商会走上规范化发展路子。当时我每周至少有 4 天在商会工作，去规范商会管理、提升商会服务意识，在服务过程中，不断努力搭建政府和企业之间的桥梁。正是这段经历，让我对商会工作的兴趣越来越浓厚，也真正想清楚了适合自己的创业道路和人生方向。

商会与慈善：帮助企业家更好地做慈善

记者： 2018 年，您当选为新桥商会首任会长，服务对象是 300 多名会员企业。您怎么看待企业家做慈善？您认为慈善与商会工作二者的关系如何？您是如何发挥引领作用，引领更多的人去帮更多的人？

曾剑琨： 企业家经营好自己的企业，就是最大的慈善。因为企业家群体有着天然的慈善基因，务实干好主业，为社会创造岗位，为员工创造价值，就是最大的本分。

我认为慈善与商会工作二者是相通的。会长的头衔赋予我的不是光环，而是责任。行业协会会长需要行业领军人物，而商会会长不一定，相比才干，社会威望与个人诚信更加重要。会长不是领导一个商会，而是组织一个商会。商会是一个平台，会长提出一个想法，供企业去讨论，如果你说我是商会的领导，那肯定是错误的，我不可能领导这么多企业家，他们都是社会精英，但我能够提供一个开放共赢的平台让企业家来展示他们的风采和

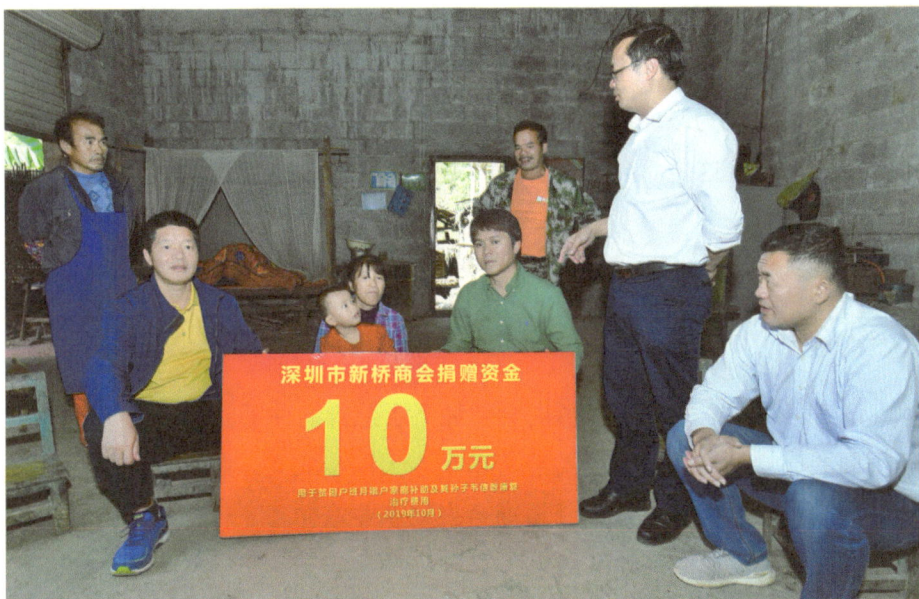

新桥商会积极参加新桥街道赴广西河池市都安瑶族自治县和大化瑶族自治县开展扶贫协作帮扶活动

经验。我希望通过商会能够为大家搭建一个平台，展示每个企业家的风范，并引领企业家履行社会责任。

对于企业家做慈善，我认为"君子务本，本立而道生"。立足本业，经营好企业，这本身就是在为社会作贡献。每个人的一生，工作的最初目标是养家糊口，等到能耐再大一点，要有能力保护家人、帮助朋友。能耐更大一些时，从打工到当小老板，能够为社会提供岗位和创造税收，这是企业家用自己的方式为社会作贡献。

先要经营好企业，这是本。光忙着捐款捐物，去当代表、委员，岂不成了博虚名？如果自己公司里20多个员工工资都发不出，那你应该先救救你的员工吧。对企业家来说，最大的责任是保障员工工资准时发放；其次是依法纳税，这是财富再分配的工具。等有余力，就去付出。企业家先要做好本业，有时间就来当义工，没时间可以出钱当慈善家。而最重要的是，企业家要有理想去帮助更多的人，要有志向去引领身边的人帮助更多的人。

如何让商会这个社团组织充满活力和生命力？靠什么来凝聚会员企业？新桥商会成立后，这些都是摆在我面前的课题。而将商会打造成引领会员企业知善、行善，创造社会价值的平台，则是我的初心。我一直在研究怎样精准服务会员企业，怎样为社会创造更多平台。我们不单为会员企业提供平台，也为政府提供平台，为各行各业提供一个展示自己、带领行业改变的平台，这是商会未来要走的方向。

首创冠名基金会：一池"活水"浇灌慈善事业

记者：从成立伊始，新桥商会就种下了慈善的种子。2018 年 6 月 6 日新桥商会成立，新桥商会公益慈善基金当天同步成立。您是如何带领商会用好冠名基金会，使之成为新桥商会发动企业家向善、行善的平台，浇灌商会开展慈善事业的一池"活水"的？

曾剑琨：新桥商会冠名基金会属 10 个街道商会中的首创，接下来基金会该怎么管理？宝安区有一个非常好的慈善会基金，我就想，何不借这个模式，把钱交给专业的人管理？这就像有钱存到银行，让专人去管。如此一来，筹集的善款致力于扶贫济困、救孤助残等慈善事业，每一笔钱都将在严格监管和把关下才能使用。

摆在眼前的下一个问题是慈善基金规模有多大？我本身是企业家，深知流动资金对企业家的重要性，对企业来说 1000 万元资金就可能创造 100 万元的利润。我就想，不如简单点，需要办多少事，就筹集多少资金。于是定下基金筹款的规矩，量"事"而筹，用完后再筹集，而不追求巨大的资金池。

虽不追求"大"，但资金池"活"了起来。新桥商会积极搭建平台寻求慈善项目，将慈善基金用于安老扶幼、助学兴教、扶孤助残、扶贫济困等慈善救助项目。

基金重点关注在新桥，针对有特殊需要的个体或家庭，对超出个人承受范围，而国家或社会保障尚未覆盖的部分，比如，沙企社区原镇属企业退休后的特困职工退休金很低，平时生活还可以保障，可一旦遇到重大疾病，就掉到贫困线以下了。对此，聚焦沙企退休困难职工群体的新桥商会公益慈善基金"筑爱新桥·情暖沙企"关爱活动，已连续开展到第三届，

新桥商会慰问 7 个社区工作站和象山服务中心

新桥商会第二届"情暖新桥 健康同行"关爱劳务工公益慈善活动

资助、慰问了 30 多名本地居民和 60 名外来困难劳动务工人员。

不关心筹款额，只关心筹款人，这是新桥商会公益慈善基金筹钱的独到之处。筹款总额设了上限，我们关心的是会员企业参与人数有多少。"100个人捐 1 块钱，好过 1 人捐 100 块钱"，这是我的慈善观，也是商人头脑里的简单数学。不是看钱多钱少，而是看这 100 块钱是怎么拿出来的。每一次募捐，就算会员企业只捐 100 块钱，也说明它走出了这一步，说明它开始关注慈善，这是很重要的一步。它还会持续关注和了解慈善基金做了什么事，因为这里面有它一份。

在我看来，商会开展慈善工作可以与政府或者其他慈善组织作一个错位和补充。此外，最大的意义在于不断引导中小企业家奉献社会，这种引导比企业家捐款 10 万元或 100 万元来得更重要。慈善更多的是从理性上传播一种互助的心态，更多的是希望引导大家去参与互助。

慈善事业需要众人拾柴火焰高，宝安区慈善会就做到了这一点，通过弘扬、推广慈善，让慈善看得见、摸得着，每一笔善款用途都清清楚楚、明明白白，真正做到了有项目、有空间、有平台、有推广。宝安区慈善会不断推广爱和善，弘扬宝安人和宝安企业家的爱心，传播到整个社会，营造出良好的社会风气。爱能让社会更和谐，让每个人生活更快乐，而这正是慈善的力量。

积小善成大善　众人拾柴火焰高

记者：矗立在新桥街道市民广场核心位置的"心桥"，是区域新晋慈善地标。从筹建起，新桥商会就志在"搭心桥"。您认为慈善地标建筑的意义是什么？您是怎么践行"心桥"所弘扬的"人人慈善"文化的呢？

曾剑琨：不能仅凭一人之力，也不能用慈善基金的钱，而是由会员企业共同打造，这才是慈善地标的真正意义所在。区慈善会提出打造"一街道一慈善地标"，这不是一座雕塑那么简单，我们宣扬的是城市温度。

新桥街道慈善地标以街道历史建筑——永兴桥为设计元素，四个拱形"桥"元素从四面汇聚，托起红心，建立心与心的桥梁，寓意慈善事业广

新桥街道"新桥·心桥"慈善地标落成仪式暨第三届"筑爱新桥·情暖沙企"关爱活动

聚四方力量，积小善成大善，倡导"人人慈善"的理念，弘扬慈善文化，"心桥"成为见证新桥慈善事业发展的重要标志。

公益慈善事业需要的正是汇聚力量。所以作为商会会长，言为士则，行为世范，我更要带头用行动去引领身边的人。

创办企业时，我就常想：要怎样做生意，才能做到可以帮助人？我认为，经营企业是为了帮助人，而不是仅仅为了逐利。对企业家来说，如果每天想着怎么赚钱，那会是一件很痛苦的事。但如果每天想着怎么帮助人，那就成了一件很快乐的事。当每天都在快乐中，你用好心情善待员工，有好情绪自然会有健康，到时你的企业怎么会发展不好呢？当有了一点成就、积累了一点财富后，每个人都能想到为社会作点贡献，那这个社会多和谐！

一个人可以影响身边的人，一群人可以影响一城人。起初对我影响最大的人就是吴换炎会长，吴会长是一位值得尊重的、伟大的老人家。他有"不为利只为义"的胸怀，这种精神深深感染着我。他为国，我希望为家，为新桥，为我生活的地方做点事。从小事做起，从身边的人做起！

传递的力量无限大，影响的链条还在继续。本地青年企业家曾建君入会后，企业主动设立关爱自闭症儿童专项基金，对商会发动的慈善活动，积极出钱出力从无二话。会员企业家表达意向愿意积极履职参政议政，我

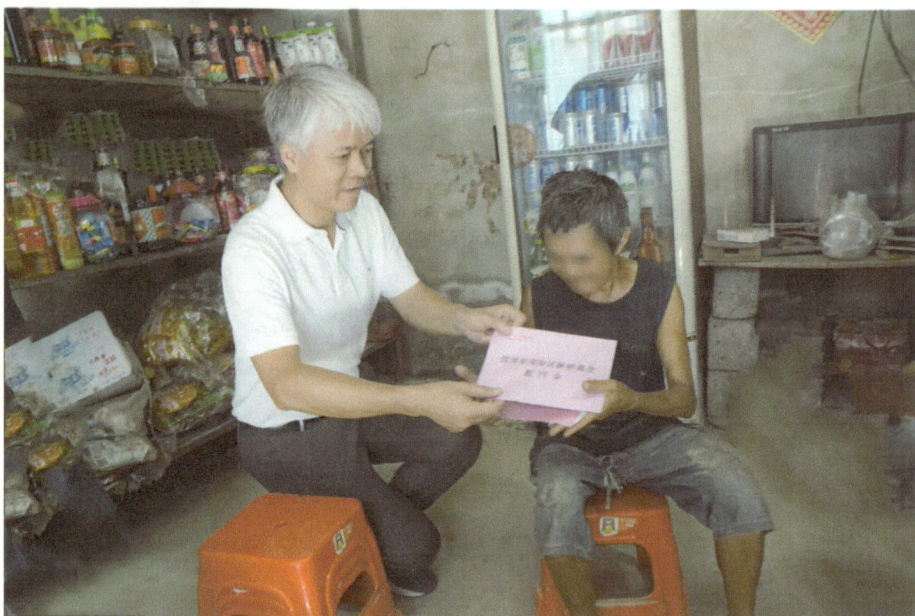

代表新桥商会实地走访开展扶贫帮扶

都提前打"预防针"：第一要有时间；第二要有公信力；第三要做好心理准备，做人大代表或者政协委员没有特权只有约束，行为要更加自律。任何社会给予你的荣誉和职务都是责任，而不是特权。给予的越多，需要付出的就越多，你就需要更加努力，才能实至名归。

这是自己多年积极履职的深切体悟，我深知每年的议案提案是检验代表委员是否履职尽责的成绩单，而每一份好议案提案背后是代表委员成倍的努力。2021年10月召开的区政协六届一次会议上，我作为区政协委员提交的针对107国道限速的提案，是由专人测算统计车流量、违章情况等，由300多人电话调研交通改造可行性后，最终形成的用数字说话的提案，这样的提案才有说服力。

扶贫济困：阳光不遗忘每一个角落

记者：从2011年第一次踏上河源龙川，到奔赴广西都安、大化，您的扶贫之旅已有 10 年。您是如何带领商会筹集资金参与扶贫协作的？有什么让您印象深刻的案例和故事？

曾剑琨：自新桥商会成立以来，扶贫帮扶步伐从未停歇，走访参与河源龙川、广西环江毛南族自治县和都安、大化县乡村等地的扶贫协作和乡村振兴结对帮扶活动 16 次，捐赠资金超 200 万元。

每年现场调研后主动认领帮扶项目，新桥商会用最务实的方式开展扶贫协作帮扶活动。石山多、水土少，就是我对广西都安、大化县的印象。走进都安县仁勇村、大化县乃良村，沿途时常能见到一座座水柜上标识着"宝安新桥捐赠"字样。这一批水柜帮助村民蓄水，使他们告别了旱季水荒。2017 年到广西扶贫，商会支援的第一个项目是建水柜，解决老乡们喝水问题，我记得十分清楚。

我记得在贫困户蓝爱金家里，有一块新桥商会的捐赠牌匾醒目地悬挂在进门处。对这个家庭来说，这是一块充满了希望和力量的牌匾。此前，新桥商会从街道得知该贫困户的孩子身患重病，我带队实地了解情况后，迅速筹集资金捐赠 10 万元。2020 年再次到访时，这个家庭感激涕零。了解到孩子的家人专程带孩子去南宁的医院开展一期治疗，我感到十分欣慰，孩子的病治好了，慢慢也能开口说话了，这孩子的一生可能因此出现转机。

筹集资金参与扶贫协作，是我经营企业以来不曾间断的事。有一次实地走访广东龙川一个贫困村——瑞厚村，村里的学校隔河而建，连通村子和外界仅有一座年久失修的小桥，后因遭遇特大洪水侵袭，该桥被冲断，截成两半。村民为了连通外界，涉险搭设木桥。而每次大雨来临，河水漫桥，出行只能望而却步。为了生计，村民自备水壶、盒饭绕行 15 千米路前往离家百米外的稻田耕作。该村小学就被阻拦在断桥百米外，30 多名学生不得不绕行 3 千米路到邻村小学念书。此情此景让我很受触动，我响应宝安区慈善会的号召，发动 11 家企业，捐款 45 万元补齐资金，援建了该村的大桥。

脱贫攻坚，众人拾柴火焰高。我始终坚信，集众力扶贫的道路是正确的。在我看来，国家引导性的扶贫工作是企业家最应该参与的慈善活动之一。国家把最好的人才都输送到一线城市，帮助企业发展壮大，那反过来说，我们这不是扶贫，而是工作先后的需要，他们先帮我们发展起来，我们反过来再带动他们发展。

慈善人物感言 ☆ ★★ ☆ ★

企业家经营好自己的企业，就是最大的慈善。企业家群体有着天然的慈善基因，务实干好主业，为社会创造岗位，为员工创造价值，就是最大的本分。在干好主业的基础上行有余力，企业家要有理想去帮更多的人。

记者手记

温而不厉，谦逊有礼，是曾剑琨给人的印象。配上他的一头标志性的银发，颇有恂恂儒者风。诚于心而形于外，他以信立业，多年耕耘将商会打造成凝聚企业家力量的平台，带动企业家群体对社会尽责。不搞"激情慈善"，他深谙细水方能长流之道，用好新桥商会公益慈善基金，小池慢流，源源不断。

他有多重头衔：商会会长、政协委员、慈善会副会长……而首先，他是新桥人，是新桥企业家。他说他所做的都是"为了家"，却不拘于小家，而是以新桥为家。所以他志在引领崇德向善的社会风气，带动身边的人温暖一座城。

两个多小时的访谈中，他刷新了我对企业家慈善的认知。他对企业家似乎很有宽容度，只需干好本业就是尽本分。正如儒家所说，"行有余力，则以学文"，这是抓住"德"之本。他对企业家期望阈值又很高，"价值不在财富，而在于助人多少"，提出企业家以助人为己任，不为逐利而是为全社会谋福利。大处着眼，小处着手，立足企业家群体，办好一桩桩实事，在一人、一家、一企的逻辑链条下，寄寓了他"修身齐家治国平天下"的宏愿。

（记者：胡小娟）

邱伟能：慈善是播种爱心，传递感动，收获和谐

人物简介

邱伟能，广东梅州人，现任深圳市宝安区燕罗商会会长。沐浴改革春风，1995 年邱伟能来深创业，创办深圳石油化工贸易公司，为港资企业、印染厂提供供电服务。2004 年，创办深圳市汇威科技有限公司（以下简称汇威），不断开发创新，完善公司产品结构，于2005 年逐步转型生产 AV 产品。2007 年，汇威 AV 产品正式打入国际市场，并且成为飞利浦战略合作伙伴，堪称电子行业内的一匹"黑马"，最高峰时一个月销售量达 50 多万台。

2014 年，随着研发队伍的不断扩大，公司专门成立了独立研发中心，从事消费电子及移动方案的研发。同年，汇威和美国上市公司英伟达合作，推出 T4 处理器平板电脑。2017 年，汇威科技召开智能手机发布会，推出"五键合一"技术，成为当时引领行业的一门"黑科技"。

慈善不是施舍恩赐，而是平等互助

记者： 您好，您是从什么时候开始接触"慈善"概念的？对"慈善"最初的理解和认知是怎样的？

邱伟能： 乐善好施是中华民族的传统美德。我在少年读书时，就知道了杜甫的"安得广厦千万间，大庇天下寒士俱欢颜"，也知道了墨子的"兼相爱，交相利"。年幼时，我也曾看到父母常常帮助一些比自己困难的乡邻，哪怕是一件衣物和一顿饭菜。

时光回溯至20世纪70年代，也就是改革开放之前，我们家乡都是穷孩子，那时候，乡村邻居互助互爱，和谐共处，十分熟络。我从小受父母言传身教，便知道邻里间是要相互帮助的。记得小时候读书时，虽然学费很低，但每家每户家里有很多小孩，很多父母为了交学费东奔西走，借学费成了那时的"必考题"，当然也很常见。每当有人遇到困难，总会有人伸出援手，奉献爱心。帮助需要帮助的人，做力所能及的事，也许这就是我在懵懂之中对慈善最初的理解。

今天看来，慈善是可以体现人生价值的。随着岁月的流逝，我越来越觉得，人生不应该是获得了什么，而应该是贡献了什么。如果没有时代机遇、没有团结协作，就一定不会有成功。因此，我认为财富既是个人的，又是社会的，既然是社会创造的财富，那自然也就要回归社会。

作为企业家，当我们正享受改革开放所带来的成果时，怎么能忘记在我们这块土地上还有很多特殊困难的人需要帮助？在我看来，慈善是衡量成功与否的标尺，慈善是一个真正企业家的必然情怀。当然，慈善不是施舍恩赐，而是平等互助；慈善不是有钱人的专利，而是人人都有的选择；慈善不仅是物质上的付出，通过它播种的是爱心，传递的是感动，收获的是和谐。

我个人认为，每个人都可以有很多追求，通过数十年的打拼，积累一定的财富后，就要懂得分享，享受回馈的快乐。尤其是要和有缘分的人分享，帮助有缘分的人。

我想，慈善是企业家的一种情怀，是对有缘人的平等互助。直到现在，我每年回老家，看到年老的长者，都会给他发红包，要是曾经帮助过自己家的人，那红包得包双份。多年来，在我的带领下，家乡还专门创立了尊老爱幼关爱慈善基金，用于家乡相关建设。在传承中华民族优良传统的同时，也为村里的有为青年树立榜样，尊老、敬老。

暖心捐助，让孩子们重返课堂

记者：您还记得第一次或最开始参与的慈善活动的情况吗？当时的情形怎么样？您做了些什么？

邱伟能：我依稀记得，就在我 1995 年来深圳那年，我老家有个邻居的小孩考上一所大学，但是因家中贫困没钱读书。我知道情况后，觉得特别可惜，看着孩子那双明亮的眼眸，我就想，不能让这么优秀的孩子前程因此止步，于是我立即决定资助这个孩子。此后每年，我都会资助他 3000元，直到帮助他完成学业。

2012 年我来到宝安，那时，宝安区政府推动建设慈善基金，我当时加入了燕川慈善基金会，便觉得自己找到了"组织"。我曾出资 10 万元捐赠给燕川社区定点基金，资助学生。那时候，我对慈善的理解，就是尽己所能奉献爱心、做善事，那个年代曾掀起学雷锋、助人为乐的热潮，就是这样点点滴滴的小事汇聚成慈善耀眼的光芒。

凝心聚力，创建燕罗商会

记者：这些年，您还参与了哪些慈善活动？让你印象特别深或感触特别深的是哪几次？

邱伟能在燕罗街道开展慈善基金会奖学活动

邱伟能：这些年，我参加的慈善活动不胜枚举。比如，为松岗街道燕川扶贫救助站、街道办慈善捐款，以及为环卫工人献爱心捐款，参与深圳市宝安区慈善会扶贫济困款捐助，为新疆鄯善学校捐赠电脑，带头给燕罗商会捐款，赞助龙舟赛事，为宝安中医药发展贡献一份力量。我还前往广西扶贫，为宝安区化雨中英文小学赞助，为丰顺县埔寨人民政府捐赠建桥，还有近年来为防控新冠疫情捐赠专项资金，打造街道、社区"四点半"课堂等，据统计捐赠总金额达 2250 多万元。

印象最深刻的是 2018 年，燕罗商会创建初期，缺乏资金，作为商会会长，我必须以身作则，那年我个人为商会捐赠了 100 万元，用于商会创办。随后，不少公司企业家都纷纷加入商会"大家庭"，我们的商会也由最初的 110 多家会员单位发展壮大到 330 多家。其实，商会的发展思路很简单，就是如何把商会会员凝聚起来，搞活经济，让踏踏实实发展实业的企业家们赚到钱，更好地回馈社会。

还记得有一次，深圳正值冬天。商会门外站着一个孩子和一位老师，一直等着我回来。原来，小女孩是一名宝安外来务工人员的孩子，因为家里条件困难，小女孩面临辍学在家的窘况。我记得很清晰，小女孩很瘦小，也很腼腆，脸蛋冻得红通通的，一直低着头躲在老师身后，她就穿了一件又脏又旧的校服。此后，小女孩期盼的眼神一直在我脑海里挥之不去。我觉得，小孩的教育最重要，我也最见不得小孩子不读书了。于是，了解小女孩家中具体情况后，我个人捐赠她 2 万元，希望她能顺利上完小学。

财富能体现个人能力价值，慈善则能体现个人高尚品格和情怀。作为一名企业家，不能满身铜臭，而是要感恩回馈社会。一次偶然的机会，我看到燕罗社区有很多小孩回家比较晚，学习到晚上还没有吃晚饭，我后来了解到，这原来是街道、社区打造的"四点半"课堂。学习不能饿肚子呀！于是，我就和商会的理事成员开会商量，捐赠资金，为"四点半"课堂的孩子们每天购置一些面包、水等食物垫垫肚子。这样持续近 3 年时间，我们发现"四点半"课堂的孩子越来越多，学习氛围也越来越浓厚了。

广泛发动，宝安慈善光芒四射

记者：近年来，您参与了哪些宝安区开展的慈善活动？

邱伟能：宝安是我的第二故乡，也是我创业兴业的福地，回报这块土地，帮助更多需要帮助的人，一直是我内心的愿望。近年来，我一直积极参加宝安区各类慈善活动，如扶贫和乡村振兴、医院建设、助学等，还开展了各类关爱儿童、环卫工人、老人、消防战士等的活动，只要有需要我的地方，我都会尽绵薄之力。在担任燕罗商会会长以后，我还充分利用商会平台，引导和发动商会广大企业家一起参与宝安慈善事业，奉献爱心，回报社会。

阳光透明，宝安慈善深入人心

记者：您对宝安区的慈善氛围有什么看法？

邱伟能：宝安的慈善氛围很清纯、朴实，犹如一股清流，透明、廉政。尤其是政府工作人员坚决不花慈善一分钱，我认为这也创造了全国的典范，值得各地借鉴、学习。

大家都知道，宝安是产业大区，会聚了非常多的优质企业家。我个人十分敬佩区慈善会张洪华会长，他曾是一名退役军人，他以军人的情怀、民族大爱的气魄和为人民服务的意识，带领宝安区慈善会不断发展壮大。

虽然宝安企业家很多，但作为企业家要融入慈善的氛围，就不得不依靠慈善会的凝聚力。在这一方面，宝安区广泛宣传慈善的理念，让本土企业家感受到慈善的温度、广度，十分难得。比如，慈善会对当地贫困的员工特别关注，我就经常听说如果有哪里的员工遇到困难，慈善会总会第一时间伸出援手。我可以毫不夸张地说，在宝安，哪里有困难，哪里就有慈善会。这说明，宝安区的慈善事业和慈善文化已深入人心。这些年来，宝安区慈善会连续举办"慈善微跑""慈善文化进校园""慈善项目大赛"活动，发动成立各项冠名基金，建立慈善地标等，都让宝安慈善这块"金字招牌"的影响力不断增强、覆盖面持续扩大，宝安慈善已经成为深圳乃至全国一张亮丽的名片，加之其阳光透明，让宝安的广大企业家和市民更加安心、放心、热心参与。

细致严谨，宝安慈善走出一条光辉、温暖之路

记者：您对宝安慈善15年的发展有什么看法？

邱伟能：不知不觉中，宝安区慈善会已经成立15年了。发展到今天，我认为宝安慈善事业的发展，已经达到了一个高峰。15年来，在慈善会的推动下，宝安区慈善会做到了既有高度又有深度，可以说是给全国慈善事业发展树立了一个优秀的榜样和标杆。

宝安慈善事业的蓬勃发展，得益于细致、严谨的工作流程和管理机制。慈善会的工作非常接地气，比如新冠疫情防控期间，不论哪里有困难，洪华会长只要有时间就会亲力亲为。宝安的慈善，不是光用钱、用任务来完

邱伟能为家乡老人送上慰问金

邱伟能为消防战士送去慰问品

成的，而是真的落地见效。

宝安慈善15年，走出了一条光辉之路、温暖之路。扶危济困、助医助残、救急赈灾，号召力强，参与面广，反应速度快，帮扶力度强，管理机制优，是透明慈善、阳光慈善的典范。15年来，宝安慈善对宝安区的建设和发展发挥了不可替代的作用。此外，慈善会还积极参与全国范围内其他地区的慈善事业，为全国慈善事业发光发热，作出了重大贡献。

怀仁爱之意，做力所能及的小事

记者： 您参与慈善最大的收获是什么？

邱伟能： 慈善让我重新思考生命的价值和意义。在我帮助别人的同时，也让自己的生活更加充实，让自己的内心得到升华，我会重新思考生命的意义，重新定义企业的使命。

邱伟能在燕罗商会与关爱对象进行交流

作为一名企业家，我会自觉自发地参与慈善事业，践行以人为本、义利并重的经营之道。近年来，我越来越觉得，参与慈善也是一场自我修行，是一种信仰，也能让自己不忘初心，常怀仁爱之意，多行济困之举。与此同时，我也会不断鞭策自己，带领企业做大做强，为宝安实体经济的发展担起一份责任。

另外，我认为，慈善不分界限，也不受时间和空间的约束，这是一项自由、包容与开放的事业。只有自己懂得了如何去相互帮助，才能更加懂得珍惜、运用社会团队的力量。说到底，在我看来，慈善是一种力量，可以给予我精神上的慰藉和享受。每次帮助别人后，我心里都会感觉非常开心、踏实。不论大事小事，只要做力所能及的事情，就很快乐。对我而言，慈善是一辈子的事情。只要有心，力所能及皆为慈善。

"点对点"帮扶，打造更广阔的慈善"朋友圈"

记者：请问您对宝安慈善未来的发展有什么意见建议？

邱伟能：我希望宝安慈善事业能够蒸蒸日上，更上一层楼。一是一如既往总结、学习好这15年以来的宝贵经验。二是思考如何能够让更多的人积极参与慈善事业，通过已经加入的会员践行慈善行动去感染、影响身边更多的人积极参与进来，打造宝安本地更为广阔的慈善"朋友圈"。三是进一步细化、简化捐赠流程，让捐赠物资真正落地到需要帮助的人。同时，也希望通过和政府、基层相关部门多沟通、联动，推动"点对点"帮扶，这样更能感染做慈善的人，从而建立更好的互动氛围。我个人认为，慈善要号召走出去，实现每个人"点对点"的帮扶。四是慈善确实是善意的举动，但是要量力而行，不能攀比。

缓和矛盾，促进社会和谐美好发展

记者：您是怎么看待慈善在社会发展过程中发挥的作用的？

邱伟能：慈善事业是社会保障体系的重要组成部分。它不仅积极促进社会和谐美好发展，而且也彰显新时代广大参与者的责任与担当。慈善事业和慈善文化会促进全社会的精神文明建设，引导社会力量开展慈善帮扶，弥补社会建设短板，是调节贫富差距，缓和社会矛盾，促进社会和谐发展的重要举措。

我个人认为，有能力的人在创造更多财富之后做慈善，既是实现财富再分配的一种爱心行动，又是一门重塑心灵的学问，这有利于真正实现共同安居乐业，构建和谐社会，促进全社会的和谐发展。

清纯朴实透明廉正，宝安慈善值得信赖

记者：请您用一句话来评价宝安慈善。

邱伟能：宝安慈善清纯、朴实、透明、廉正，是新时代下大湾区慈善的一座里程碑；宝安慈善有高度、有温度、有深度、有热度、有广度，也有亮度，让人放心、踏实，值得信赖。

让慈善越走越远，让社会充满阳光

记者：您如何用一句话来表达您参与慈善的感受或感召更多人来参与宝安慈善？

邱伟能：宝安慈善值得信赖，做慈善是人生的另一个境界，让我们一起来奉献爱心，让社会有更多光和温暖。

慈善人物感言 ☆ ★ ★ ☆ ★

　　财富能体现个人的能力价值，慈善则体现了个人的高尚品格和情怀。作为一名企业家，不能满身铜臭，而是要感恩回馈社会。我将秉持初心、回馈社会，继续将慈善作为自己人生的重要事业，帮助更多有需要的人。

记者手记

　　"慈善不分大事小事，力所能及帮助别人，内心就会快乐、富足。"作为一名在宝安脱颖而出的企业家，邱伟能回忆起自己的创业经历，依旧充满干劲，一次次爬坡过坎、一桩桩铸就的辉煌至今历历在目；作为一名慈善企业家，邱伟能的话语朴实无华，一句"慈善使我快乐"却传递着慈善最为高尚的真谛，也令慈善这一词汇熠熠生辉。采访中，邱伟能或许早已不记得自己曾帮助过多少人，奉献过多少爱心，但他对慈善始终保持着一份属于自己的独特见解，令人钦佩。

　　在邱伟能看来，财富能体现个人的能力价值，慈善则能体现个人的高尚品格和情怀。"作为一名优秀的企业家，不能满身铜臭，而是要感恩回馈社会。"我对这句话记忆尤其深刻，这个道理或许人人都知道，但不是人人都能做到的，也许这正是作为一名慈善企业家的难能可贵之处。

（记者：韩翀）

白建文：用善心点亮人间光明 用责任铸造社会温暖

人物简介

白建文，男，籍贯河南省南阳市邓州市，出生于贵州省黄平县。深圳市领亚电子有限公司总裁，宝安区产业类高层次人才。广东省工商联执委、深圳市工商联副主席、宝安区人大常委会委员、宝安区工商联（总商会）副主席（副会长）、宝安区慈善会副会长、宝安区石岩街道商会会长、东莞市高新技术产业协会会长、东莞市第九届科协常委、虎门信息传输线缆行业协会创会会长、广东省贵州商会（联盟）常务副会长。

遵循善良本心　延续慈善大爱精神

记者：白总您好！这些年来，您一直不间断地开展各种慈善工作，回想这一路的点点滴滴，您觉得是什么影响了您对慈善事业的关注？

白建文：很多事情都是自然而然发生的，做慈善也是。对我来说，慈善并不是一种刻意而为之的行为，而是发自内心的。如果一个人的内心是善良的，那么去做好事就是必然的，只是做多做少、做早做晚、做大做小的区别而已。所以，我对慈善事业的关注并不是刻意的，而是出于人性向善的本能。这也跟我个人的成长经历有关。小时候，老师经常教育我们要学雷锋做好事，在这种价值观和时代背景的影响下，我很容易会被那种社会氛围所感染，乐于奉献和助人为乐。

有句老话说，赠人玫瑰，手有余香。从做好事，慢慢到现在开始做慈善，我觉得也是一种对慈善精神的延续。

在我的慈善事业启蒙期，我的父亲对我影响很大。他今年93岁了，身边老一辈的人每次提到他，都会提起他善良、助人为乐的品质。甚至以前工作单位的同事都叫他"白菩萨"。父亲是新中国成立前参加的革命队伍，1949年新中国成立以后，父亲所在的部队全部转成公安队，父亲担任公安队队长。我的母亲告诉我，当时队里有名队员生重病住院，需要营养，单位没有经费，当年国家实行的是干部生活供给制，作为公安队队长的父亲并没有工资，只有津贴，父亲自掏腰包弄来一些鸡蛋送给了那名队员。类似的事情还有很多，父亲这些助人为乐的故事也为我树立了扶贫济困的榜样，让我的慈善之心逐渐萌芽。

除了学校教育、家庭教育，年轻时我受到过一些善良的人的帮助，这也在一定程度上影响了我。刚参加工作的时候，有一次我坐火车去省城出差，身上只带着几十块钱，就揣在外套的内兜里。当时天气热，火车上又挤，找到位置坐下来后，我就把外套脱下来挂在绿皮车座位的挂钩上。那时候火车上小偷多，一不注意，钱就被偷了。我当时就想，我身无分文，到省城可怎么办啊。这时候周围素不相识的乘客们知道我的情况后纷纷伸出援助之手，自发为我捐款，有的捐5毛，有的捐3毛。虽然钱不多，但让我的心里十分感动。我记得有个女教师，借给我5块钱。20世纪80年代的5块钱是很多的，我一个月工资也才几十块钱。正是因为这5块钱，帮我解决了当时很大的困难，这件事情让我一直记忆犹新。

常怀感恩之心　为受苦受难同胞慷慨解囊

记者： 讲了这么多对您有帮助的人，那在这些年的慈善事业中，有没有让您感触特别深的故事？

白建文： 这些年来我做了很多慈善工作，涵盖了扶贫帮困、疫情防控、助学支教、助老助残等，慈善已经贯穿了我日常工作和生活，如果谈感触比较深的，应该是汶川地震那一次。

2008年5月12日，汶川发生8.0级特大地震，无数人流离失所，家破人亡。这次地震对汶川、四川乃至全国人民来说，都是巨大的灾难和永世难忘的创伤。也是那个时候，中国人的团结性彰显了出来，大家纷纷伸出援手，支援灾区，将万难不屈的民族精神体现得淋漓尽致。当时我在虎门刚刚创业，还只是个小企业，但当看到新闻报道中四川同胞们痛苦的脸和已化为废墟的家时，我很心痛。作为一个中国人、一名企业家我不忍同胞受苦，我想我应该为我的同胞做点什么。在这种背景下，我通过东莞虎门的政府机关向汶川捐赠了30万元人民币。没有动员令、没有倡议书，也没有任何人强制，就是出于一种对时代、对国家的感恩与回报。

可能和一些慈善家或者明星相比，30万元不多，但是对于当时的我来说，30万元并不是一笔小数目，这笔钱甚至在深圳都可以买一套房。但沐浴在改革开放的大好时代背景下，我觉得作为一名企业家我要感恩国家的各种政策、感恩社会，回报社会。突如其来的灾害，令曾经生活在那里的人们家园被毁，失去无数生命，对灾区同胞遭受的苦难我感同身受。这让我不由自主地想到了我小时候的经历。

　　我出身于贵州的一个革命干部家庭，家中兄弟姐妹多，算上我一共6个，那时候我们一家老小十来口人，全凭父母亲的一点工资生活，生活条件可想而知。因为子女多，父母亲负担不起我的学费，读完初中我就辍学了。我清晰地记得我考到了重点高中的重点班，但因为家里几个哥哥姐姐都同时在校读书，已经供不起了，我便没有继续读下去。后来我以全校第一名的成绩选择了上省里的技校，因为学校由国家包吃包住包分配工作；三年技校学习出来，进入分配的工作单位后，我去读了单位的夜校高中，后来又去读大专、读本科继续教育……我这辈子最大的遗憾就是没读过全日制高中和全日制大学。人都有恻隐之心，小时候经历过穷的苦，长大了就看不了别人遭受同样的苦。直到现在，每当在一些贫苦的地方看到一些贫困的学生，我都会联想到自己。

风雨同舟保驾护航　彰显企业家责任与担当

　　记者：这些年，您参与了很多慈善或者公益活动，特别是在新冠疫情期间，您作为"领头羊"积极带领辖区会员企业支援疫情防控，请您讲讲您印象比较深刻的几件事。

　　白建文：疫情就是命令，防控就是责任。新冠疫情发生以来，我积极参与辖区各类疫情防控工作，响应号召为园区企业减免租金，共克时艰。希望用自己的微薄之力，全力以赴帮助打赢疫情防控阻击战，践行作为一名人大代表和企业家的责任与担当。

　　春节，本应是举家团圆的欢聚时刻。而2020年的春节，却因为突如其来的新冠疫情而被蒙上一层阴影。一时间，疫情牵动着全国人民的心。大年初二，我们石岩商会秘书处自发自愿回来上班，配合宝安区慈善会及石岩街道募集抗疫物资，这是非常令我感动的一件事。新冠疫情暴发突然，又正赶上过春节，物资十分紧缺，且不好购买。当时，石岩医院防疫物资严重告急，全院只剩下3套防护服。1000多名医护人员，服务石岩60多万人口，只剩下 3 套防护服了，这咋弄？我们石岩商会秘书处立马组织发动，充分利用网络、微信等现代通信工具，广泛动员会员企业找渠道找资源，从各地高价购买防疫物资。一时间，企业家们纷纷响应，出于对疫情防控的不了解，募集上来的甚至有工业口罩和没有分装的大桶酒精。但在这件事情上，我看到疫情虽急，但人心向齐，企业家们众志成城、齐心向前，共同参与疫情防控阻击战。

那段时间，在街道党工委和上级工商联的领导下，我还先后组织发起了石岩商会《关于减免租金 共克时艰的倡议书》《关于病毒无情 银行有情 请求银行减息倡议书》等。作为一名企业家，我深知疫情下中小企业发展的难处，希望通过减租倡议为中小企业减轻一定的经营压力，大家一起共克时艰。据不完全统计，仅 2020 年疫情，石岩商会会员爱心企业及人士累计捐款、捐物、减租约 7264.58 万元，其中捐款 1579.4 万元，捐物 1417.94 万元，减租 4267.24 万元。

2022 年春节期间，石岩街道辖区再次出现新冠病例，石岩全域被划定为疫情防范区。作为辖区商会，我们更加义不容辞，哪里有需要哪里就有

2022 年 5 月 12 日护士节，白建文同石岩商会赴石岩人民医院慰问

白建文代表商会给石岩派出所受伤民警送去 2 万元慰问金

我们石岩商会企业家的身影。为遏制疫情蔓延势头，保障辖区人民群众的健康安全，石岩公共交通全部暂停运营，居民们进行居家监测。在这种情况下，为了便于更高效地完成核酸采样、医疗保障、物资供应、志愿服务等工作，石岩街道急需几十辆巡查及人员转移电瓶车。知道这一消息后，我马上动员部署，紧急面向商会发出《石岩商会抗疫捐赠倡议书》。令我非常感动的是，倡议得到了广大会员企业的积极响应，大家纷纷在群里接龙，有的捐 100 万元、50 万元，也有的捐 1000 元、2000 元，爱心不分大小，大家都力所能及地响应号召，为解决辖区困难慷慨解囊。短短几个小时就有 140 余名企业家响应号召，累计捐款捐物 534.3136 万元，其中捐款 337.08 万元，捐物 197.2336 万元，电瓶车 37 辆。我能感受到宝安的企业家们真的是很有善心，也很热爱这方热土，对石岩这方热土有很深的感情。

引领他人参与　激发慈善责任意识

记者：您是如何动员、引领、组织、带动大家一块儿来做慈善的？

白建文：慈善并非一时善举，而是要将慈善的理念内化于心，外化于行，在平常的工作和生活中强化慈善意识，增强奉献社会、扶贫帮困的责任感，不断向家人、员工、会员企业分享慈善的意义，向他们讲述如何更好地服务困难群体，以实际行动营造长久稳定的慈善互助氛围。

我经常在一些特定的时间和场合中作慈善的宣讲，安排相应的议题让大家一起学习讨论，在这中间分享自己做慈善的心得，学习国家的有关政策。这样大家才能对慈善工作理解得更透彻，动员起来也比较顺畅。像疫情防控以及对口帮扶乡村振兴，还有2022年河南水灾等事件，只要我们发出倡议，石岩商会的会员企业家都会第一时间响应，说自己捐多少，这就是一个爱心聚集的过程。大家是从内心深处觉得要为困难群众、特殊群体献出自己的一点爱心。

慈善并不仅是物质上的给予，更应该有精神上和行动上的支持。我印象特别深的还有一次，那是2022年2月9日深夜，我在石岩商会的工作群中发布了一条"紧急求援"信息，内容是"街道明天上午急需几百名义工参与疫情排查登记，从上午8点半到下午1点半左右，穿红马甲工作，必须24小时核酸检测阴性，哪家公司有员工？"信息一发出，我们的会员企业立即响应，很快便行动起来，当晚就组织了260余人。由于当时整个石岩公共交通停摆，我们第二天便通过企业以及企业职工私家车一趟趟往返，将义工按规定时间全部送达指定区域，并按照街道指引顺利完成了各项防疫工作。这件事，充分体现了石岩商会的凝聚力和号召力，令我非常感动。在疫情防控这场行动中，我们广大爱心企业提供人力和捐钱、捐物从来不含糊，以实际行动践行了当代企业家的责任与担当。

我希望能把慈心善行落实到日常生活当中，使之成为自己的一种爱心表达、一种社会责任、一种生活方式。慈善的可贵之处，不仅在于大灾之时捐款捐物，更在于生活里一件件小事中的善心善举。碰上老弱病残群体扶一扶，遇到邻里纠纷劝一劝，看见路边垃圾捡一捡，这些都是慈善。

在深圳我有一帮很要好的同学，我们发起了一个非正式的运动微慈善组织，我们叫它健行会。健行就是指健康徒步运动，大家约定每年都要去一个省（区、市），找一个贫困的地方，徒步的同时对贫困山区的师生们进行捐助，现在这个事情已经持续了8年。我们去了贵州、湖南、湖北、宁夏等地，专门去找一些贫困的地方，了解他们的情况后，几个人再捐赠一些善款，每次都有十几万元，我们把它称为"微慈善"。我很愿意去发动组织慈善活动，团队的力量是强大的，我希望通过团队的力量去帮助一些贫困家庭、贫困学生。这些年，我们为贫困家庭捐款，给贫困家庭修房子，给贫困学校捐助学习用品，慰问敬老院的老人、孤儿院的孩子等，做了非常多这方面的工作。

记者：据我了解您还成立了石岩商会公益慈善基金，这个基金成立的作用是什么？目前这个慈善基金如何管理？

白建文：聚合慈善力量，共建和谐社会。无论是作为商会会长，还是非公有制经济人士，我本人多年来一直不间断地开展各项慈善活动。在慈

白建文捐赠 10 万元给环江毛南族自治县粤桂协作办，用于巩固拓展脱贫攻坚与乡村振兴建设

白建文慰问一线防疫人员

善工作中，我更深切体会到，个人的力量，或者说仅靠一家企业的力量来做慈善，还有很多使不上劲的地方，所以在2021年10月，我全力推动成立了石岩商会公益慈善基金，充分动员石岩商会广大爱心会员企业加入慈善公益组织，让爱的暖流浇灌出温馨的花朵。

石岩商会公益慈善基金是设立在宝安区慈善会冠名基金下的，接受各界捐赠，在宝安区慈善会指导下开展各项慈善工作，同时成立了专门的慈善基金管理委员会，我任执行主任。该基金由石岩街道工商联（商会）爱心会员企业共同捐赠，募集到的善款重点用于助学、助医、助老、助孤、助残、扶贫济困以及资助家庭中发生的不可抗拒灾难、光彩事业（敬老院）以及其他福利事业和"新时期精准对口扶贫工作""广东扶贫济困日"等项目。

宝安厚植慈善沃土 令慈善深入人心

记者：您如何评价宝安的慈善氛围和慈善工作？

白建文：我们宝安的慈善工作在区委区政府的指导下，在慈善会领导以及宝安慈善人的共同努力下，已经成为全国叫得响的品牌。特别是宝安区慈善会会长张洪华，他作为一名经验丰富的慈善人，专业性和管理能力都非常强。在与宝安区慈善会的接触中，我发现，大家是真的热爱慈善事业，都会积极主动地去创新形式，想方设法让慈善之花开满宝安大地。

我们经常在一些报道中看到关于慈善组织的负面新闻，都是关于管理不规范、善款不透明等问题，但宝安区慈善会真的是将公开透明贯穿在整体工作当中。无论是疫情防控还是抗洪救灾，宝安区慈善会都会第一时间组织力量，规范完成慈善捐助，账目流向非常清晰，不但给我们捐款的企业家一个明朗的账目，也定时面向社会公开账目。我认为宝安区的慈善会是最干净、最专业、最规范的慈善组织之一。

"小树苗"成长为"参天大树"离不开土壤的营养、雨水的滋润，慈善事业的发展也是如此。为了凝聚向善力量，宝安区慈善会持续探索，厚植慈善沃土，让慈善文化深入人心，开启了建设全民慈善的大慈善新格局。而在此过程中，最直观的体现就是宝安慈善事业的浓厚氛围。就像我前面所说的，发布一个募捐倡议，这些企业家、慈善工作者真的是非常踊跃。就慈善氛围来讲，我觉得在全国范围内，深圳敢讲第二没人敢讲第一，这是肯定的。

我希望在以后的慈善工作中，我们也要多渠道开展慈善募捐活动，开发形式多样的慈善救助项目，举行多样化的慈善捐赠活动，不断扩大慈善事业覆盖面，让更多群体享受发展成果。

慈善人物感言 ☆ ★ ★ ☆ ★

人之初，性本善。孟子讲道，人有四端，发之而为善。做善人，做善事，就是从内心深处那份善良出发的。善之端，是人的本性。善之行，是本性的外发，是把善之本性凝聚于处世的过程中。

赠人玫瑰，手留余香，尚善积德福无疆。慈善是一种发自内心的自觉自愿的行为，不在于你捐了多少钱，贵在有一颗奉献的心。也许你小小的付出，就会使一些人得到很大的帮助，这就是慈善。它就像是一盏灯，一经点燃就会照亮周围所有的人。我始终相信，只要人人都献出一点爱，世界将会变成美好的人间。

记者手记

　　采访白建文是在一个工作日的下午，当天两个小时的交流中，时不时有下属员工来请示他一些事情。看得出来，白建文的日常工作非常繁忙，甚至接受完采访他又要驱车赶往东莞处理下一项工作。可就是这样一名工作繁忙的企业家，打开石岩商会的官方公众号，你会发现，几乎所有与慈善有关的活动里都有他的身影。可在与他的交谈中，他又不愿意多讲自己参与的慈善工作。他把慈善工作看得比什么都重，又把慈善中所给予他人的大爱看得比什么都轻。或许慈善对于他来说，早已如喝水吃饭一般，融入了生活的方方面面。

（记者：杨文静）

林文斌：愿慈善的阳光
温暖每一个角落

人物简介

林文斌，男，1968 年出生于广东省揭阳市揭西县。深圳市金环宇电线电缆有限公司董事长，2005 年加入中国共产党。

现任松岗商会常务副会长、宝安区工商联（总商会）副主席、深圳市工商联（总商会）副会长，曾任宝安区政协第四、五届委员会委员，2013 年被评为深圳市宝安区"高层次产业发展人才"。

2007 年起助养揭西县 60 多名孤儿，直到他们成年；2009 年起向惠州市横沥镇 50 多名贫困儿童捐助生活费和爱心礼物；2014 年至 2019 年，通过宝安区慈善会定向捐赠用于揭西县凤江镇东光村乡道修建和小学操场、校道建设的善款就达 354 万元……

十几年来，林文斌和他的公司一直坚持做慈善，特别是关注贫困家庭的孩子，助力他们接受优质、公平的教育，一同为社会创造价值。

慈善源于母亲的言传身教

记者：您是从什么时候开始认识慈善的？对慈善又有着怎样的理解？

林文斌：我对慈善的认识还要从母亲手中的 10 斤猪肉和几十斤大米说起。

我出生在揭西的一个普通农村家庭，是穷人出身。从记事开始，家里人就教育我要勤劳节俭、与人为善。当时村里屋前屋后的邻居都很熟悉，正所谓远亲不如近邻，谁家有点麻烦事儿大家都会伸出援手互帮互助。比如，今天这家农活比较忙，孩子就暂寄在邻居家里吃顿饭，又比如谁家建房子或者搭个棚子，邻居也都会支支着儿、出出力。正是从那时开始，良好的家庭教育让我下定决心勤奋学习，希望将来有一日能事业有成，既为家里改善生活，也能尽己所能去帮助邻居，这也是我来到宝安艰苦创业的动力源泉。现在回想起来，其实这种淳朴的民风也是一种公益。

到了 20 世纪 90 年代初，我们兄弟几个都出来创业。我正好赶上了深圳蓬勃发展的黄金时期，留在家乡的母亲生活也逐渐改善。

母亲的一个举动感染了我。她坚持过着勤俭节约的日子，但每个月会买上 10 斤猪肉和几十斤大米在家里摆"摊"，村里的独居老人、单亲家庭等只要生活有困难的，随时可以去免费领取，甚至有隔壁村的人去领她都不会拒绝。30 年了，老人家从没有间断过。所以说，母亲送出的 10 斤猪肉和几十斤大米，就是我与"慈善"的初识。

宝安区慈善会制度完善让我放心

记者：您是在什么机缘巧合下认识宝安区慈善会的？"她"又拥有怎样独特的"魅力"吸引您加入其中呢？

　　林文斌：大约15年前，我加入了松岗商会。在一次商会活动中，我认识了现在的宝安区慈善会会长张洪华先生，他把军人气质展现得淋漓尽致，让我一接触就能感受到一股正气的存在。

　　当时"老大哥"已经50多岁了，身姿挺拔显得精神抖擞，面部表情看不到一点疲态。说起话来中气十足、快言快语，没有任何拐弯抹角。走起路来昂首挺胸、大步前行，就连吃饭的速度也比还是年轻人的我们要快。正是这位"老大哥"向我介绍了宝安区慈善会，当时我也有意愿去了解这个公益社会团体。

　　在这之前，我已经开始做慈善了，主要是关注家乡发展，哪条路需要新建、修补，哪所学校要增购器材等，我都会尽己所能给予支持，直接把钱拨过去。

　　不瞒你说，当时家乡政府部门对慈善工作的关注度还不足，监督体系也不够完善。而我的企业正处于蓬勃发展的关键阶段，绝大部分精力都消耗在投资创业上，根本没有精力关注捐出钱的去向，而做慈善最担心的恰

林文斌（右三）一行到广东省揭西县检查乡道建设项目落实情况

恰就是捐出的善款不能被妥善使用。

通过张洪华先生的介绍，我开始一步步了解宝安区慈善会。我自己是做企业的，慢慢地生意越做越大，发现需要一套完整的制度才能更好地去管理。而宝安区慈善会正好具备我最为关注的这个点，特别是每个月都会定期公布收支明细、救助记录。收入方面，除了企业援助外，社会爱心人士捐助的10块钱、20块钱都有详细记录；救助记录详细公开了资助对象姓名、资助类型和金额。每一笔善款怎么用的，还有专门的工作人员去资助地点跟进，并把情况反馈给我们。你现在就可以打开宝安区慈善会的网站，在首页明显位置就能查到每一笔收支。就像做企业一样，专款专用、每一笔钱都用在点子上，才能让人放心。

宝安区慈善会也一直在打造透明慈善、阳光慈善，正是他们完善的制度令我放心，所以我成为其中一员，我们的多笔捐款就是通过宝安区慈善会这个平台拨出去的，善款出去有痕迹。

像"纪委"一样保证善款用在刀刃上

记者：宝安区慈善会组织的活动想必您也参加过不少，其中印象最深的是哪一次？

林文斌：记得是在2020年10月，当时我是以宝安区慈善会常务理事的身份和张洪华会长一同去广东省揭西县检查定向捐赠给凤江镇东光村村民委员会用于乡道建设项目的钱款落实情况。项目总费用是1000多万元，我们公司通过宝安区慈善会定向捐款80万元。

检查并不是走马观花，宝安区慈善会还带着审计、会计一同前往，与当地政府、基建单位对接，就像一个"小纪委"，严格检查每一笔款项到底用在哪里、用得是不是合理，采购是否存在价格虚高等情况，确保每一分善款都实实在在用到点上，这令我感到很开心、很放心、很安心，完全打消了多余的顾虑。

在座谈的时候，张洪华会长有一句话令我印象深刻。他说，宝安区慈善会设立监事会的初衷就是要对捐款人负责，要让每笔善款用到实处、用得合理规范，每年监事会都会对 50 万元以上的捐款项目落实情况进行监督检查，及时发现问题、纠正问题，引导善款规范使用，让捐款人放心、安心，避免善款使用不当使捐款人伤心、寒心，更规范化和制度化推进宝安区慈善事业向前发展。

其实每年宝安区慈善会都会组织企业家到宝安区对口帮扶的广西大化、都安等地考察。记得有一年我在考察中看到，当地很多村没有水泥路，都是泥土路，当地降雨较少，村民还是使用靠水窖收集雨水的旧办法生活，但因为水窖数量不足，已经直接影响到他们的正常生活。作为一名宝安的企业家，我是看在眼里疼在心上，就自愿捐助了一笔款项。

宝安区慈善会在发动企业家捐款时不存在"道德绑架"的行为，不会为了账面上好看强迫我们去捐款。他们定期带着我们到贫困地区走一走、看一看，用眼前的景象去触动我们的心灵，你认为是当地居民迫切需要改善的，就自愿认领项目捐助；你感觉并不是急需改善的，就可以选择先不捐助，也不会有人再提起，我认为这种方式是非常好的。

授人以渔关注孩子教育问题

记者： 这些年，您还参与了哪些慈善活动？让您印象特别深或感触特别深的是哪几次？

林文斌： 从我自己的人生经历来说，主动参与慈善与家庭教育是密不可分的。另外，正所谓"授人以鱼不如授人以渔"，只有让贫困地区的孩子们接受良好的教育，才是对他们最大的帮助，毕竟接受基础教育的学生比例显然比接受高等教育的群体更大，捐助基础教育的社会效应也必然更大。所以这些年来，我对教育方面的捐助是比较多的，在我担任宝安区政协委员期间，我提交的提案大都是关注增加公办学校学位的。

说到资助学生，不得不再次提到我的母亲。在十几年前，当时我们几个兄弟已经出来创业，手里有些钱，母亲除了送出猪肉、大米外，也想着帮助更多的人。有一次她偶然得知揭西县有65名孤儿，心里很不是滋味，便向我们兄弟几个提起她希望尽己所能提供帮助的想法，"絮叨"着我们的少年、青年时代也经历了贫苦时期，如果没有改革开放，就没有我们发展的平台，只有接受了良好的教育，这些孤儿才有出头之日，反之很可能贫困一生。

后来在母亲的牵头下，我们企业每个月向这65名孤儿提供米油食物和基本生活用品，从小学一直帮扶到他们成年。

为了鼓励孩子们勤奋学习，考上大学后助力家乡发展，自2000年起，我们定下个规矩，只要哪家孩子考上二本以上，我们就会奖励1万元助学金。当然，一家企业的力量是有限的，我们所能帮助的孩子、资助的金额也是有限的，但令人欣慰的是，当地政府也越来越重视慈善事业，后来协助组织成立了奖学基金，不少爱心企业家都参与其中，让我们感觉像是从"孤军奋战"加入了"集团军"，慈善氛围也越加浓厚。

还有件事令我感触比较深，当时是2009年，我在跟惠州的朋友们聚会，机缘巧合得知了横沥镇有些孩子生活比较困难，我们就以六一儿童节为契机，每年过去一趟向镇政府筛选的50多名孩子捐赠生活费和爱心礼物。当时我看着他们的衣服、书包都很破旧，心里很不是滋味，便决定每年为这些孩子完成一个"微心愿"。孩子们也很淳朴，提出的心愿大都是一条裙子、一个书包、一个篮球等。

记得是在2015年，横沥镇增湖小学的家宜同学收到赠送的红裙子后，她的脸上洋溢着天真灿烂的笑容，还向周围同学"炫耀"起来，那种童真的笑容是装不出来的。仅仅是一条裙子，对于生活在宝安的孩子来说或许跟父母说一声、闹一闹就有了，但对于贫困家庭而言，却能给她的生活增添色彩。也是自那时起，我更坚定信心，要在慈善的道路上走下去。所以这几年，揭西不少学校都成立了教育基金，我们基本上都会支持。

愿慈善文化融入校园教育

记者：您对宝安区慈善会有怎样的评价？又有什么好的建议？

林文斌：评价就两个字——"实干"。

在宝安区慈善会的感召下，越来越多的企业家和热心市民成为慈善会大家庭的一员。一套健全的监管体制令它很有公信力，这么多年来时刻紧绷"严格管理才能走得远"这根弦。仅2021年一年，宝安区慈善会就收到善款4460万多元，拨付慈善金3127万多元，在监事会的监督下，每一笔善款都精准帮助了一批需要帮助的人，得到了区委、区政府和社会各界的充分肯定。

另外，我认识了很多兄弟姐妹。在慈善会这个大平台里没有钩心斗角，大家都只有一个单纯的目的，那就是精准帮扶，一心想把事情做好，完全没有利益关系。当然，我们的力量是有限的，也不会对这个世界产生多大的影响，但起码我们帮助了其中一部分人，而且我坚信，如果我们就这样一代一代地往下走，终有一天会实现"共同富裕"，而这个过程又丰富了我的生命，让我觉得这一辈子非常值。

未来当然是希望融入宝安区慈善会这个大家庭的市民越来越多，让这个蓄水池有更多的甘露能流出去，去滋养更多人。

建议的话，那就是希望宝安区慈善会能更好地将"慈善"文化融入学校教育中，借助学生的课余时间，甚至是在家长会上，都应该尽力去传播。

当然，"慈善"二字对于孩子们而言还为时尚早，但对应的"孝""公益""感恩"可以积极培养青少年的慈善意识和社会责任感，启迪越来越多的孩子把感恩社会、感恩父母、承担社会责任作为一种生活方式，帮助他们树立正确的人生价值观。一个孩子懂得了"百善孝为先"，愿意利用暑假时间成为一名"志愿者"，学会理解家长和老师的良苦用心并用优异的学习成绩回报他们，那么当他走进社会、事业有成的那一天，也一定早把"慈善"刻在了心头。否则，即便学会了再多技术，受益的也终究只是个人或者家庭，不会为社会作贡献，那都等于零。

开启慈善的窗　净化心灵之美

记者： 您参与慈善有什么收获和感受能分享一下吗？

林文斌： 习近平总书记在 2015 年 11 月 27 日中央扶贫开发工作会议上提出：“守望相助、扶危济困是中华民族的传统美德。”我认为公益慈善是社会文明进步的重要标志。

乐善好施，守望相助，为善不甘人后的中国文化传承千年。广大市民、爱心企业参与慈善活动折射出新时代的财富观和社会责任感。过去我们常说要藏富不要炫富，现在大家的思维慢慢开始改变，我们会说，应该把自己的财富贡献给需要帮助的人。

很欣喜，宝安区慈善会与社会各界爱心人士正共同播撒爱的种子，不断传递社会正能量的慈善氛围已逐步形成，越来越多的爱心企事业单位及爱心人士加入慈善行列。“人人皆愿为、人人皆可为、人人皆能为”的慈善风尚已经逐步呈现，这正是社会主义核心价值观的具体体现。

生意场上难免会遇到些困难，这时容易把自己想得太“大”，我的名、我的利、我的好处或我受到了伤害等。通过十几年的慈善，我现在常常会想起曾经亲眼看到的仍生活在贫困地区的孩子们，每当想起他们还在为学费发愁时，自然而然会感觉自己面临的困难并不可怕，也鼓起我克服困难的勇气，因为只有这样才有能力更好地帮助他们，助他们实现梦想。慈善放大了我的世界观，做慈善正是一个不断消解“我”的过程，许多事情也就不纠结了。

慈善做多了也能净化心灵。举个例子，有新闻报道个别明星或企业家做慈善的丑闻，不但要在建筑上留名，甚至带一个拍摄团队去使自己成为“主角”，经过网络发酵后，令广大市民很反感。可见，单纯的金钱参与，是不可能令他名垂千古的。要想在历史上留下自己的名字，就需要人格和文化的支撑。只有慈善文化，才能建立一种超越时空、不会被岁月毁掉的价值。

其实做慈善也可以看成是商业上的回报，不过这里的回报并不只是金钱，得到资助的孩子长大后对社会的贡献更大，甚至能影响到他的下一代，从而呈几何式地创造社会价值。

对于我们企业内部而言，慈善文化引领员工互帮互助，增加全体员工的合作性、互动性，有利于创造"和谐、愉快"的企业文化，这也是企业蓬勃发展所必需的。

另外，大家不要认为慈善是企业家做的，其实我们每位市民都可以做。就好像宝安区慈善会公布的收支数据一样，常有市民向专用的银行账号汇入10元、20元，钱虽然不多，但这些热心市民已经将思想提高到一个境界，毕竟"赠人玫瑰，手有余香"。这个社会不是给有钱人准备的，也不是给有权人准备的，而是属于每个有心人的。

慈善人物感言 ☆ ★★ ☆ ★

授人以鱼不如授人以渔。扶贫必先扶智，希望慈善像阳光一样，照耀到世界的每一个角落，让贫困家庭的孩子能够接受公平的、有质量的教育，阻断贫困代际传递，一同奉献社会。

记者手记

林文斌作为深圳市金环宇电线电缆有限公司董事长，业务繁忙。记者本以为预约时间就是件"麻烦事儿"。出乎意料的是，仅一个电话，他就很爽快地确定了时间。

走进林文斌的办公室，书柜上摆放着《习近平谈治国理政》，他说书中蕴含了科学思维方式和求真务实精神。近两个小时的对话，林文斌没有准备任何文字材料，面对每一个问题都是有感而发的，眼神中透露出对慈善的热衷。

谈话过程中，有前来洽谈生意的客户被他安排在休息室等候，记者表达出会尽量精简节省时间时却被他拒绝了。他说："没事，生意随时都可以谈，我认为宝安区慈善会组织的这次活动更有意义，我也想把自己做慈善的一些感受和收获传播出去，希望能感召更多的人来参与慈善，这样创造出的社会价值更大。"

（记者：徐迅）

戚美娴：在对『爱』和『善』的感悟中身体力行

人物简介

戚美娴，女，1957 年生，中共党员。深圳市宝安药业有限公司董事长、深圳市众福康医药有限公司董事长、深圳市森美投资有限公司董事长、通用医药（深圳）有限公司董事。曾任两届宝安区政协委员、宝安区工商联副主席、宝安区残联副理事长，现任宝安区总商会荣誉会长、宝安区非公有制经济组织党委委员、宝安区医药行业协会会长、宝安区女企业家协会会长、深圳市五邑商会常务副会长等。中共深圳市民营经济工作委员会优秀党务工作者（2006 年）、2009 年和 2015 年深圳市"三八"红旗手、2010 年度广东省优秀女企业家、全球总裁创新峰会副主席。2013 年被宝安区政协授予"优秀委员"、2012 年获深圳市宝安区建区 20 周年"50 名优秀人物"、2011 年被宝安区政协授予"优秀提案"、2008 年获宝安区改革开放 30 年"最具影响力母亲"、2021 年被宝安区政府授予"文明市民（道德模范）"等荣誉称号。

在一个阳光灿烂、花香四溢的下午，睿智、率真、爽朗、博爱的戚美娴在她的办公室接受了记者的专访，畅谈她对慈善的理解、对人生价值的追求等话题。身为有魄力、有担当、有情怀的女企业家，她在对"爱"和"善"深彻感悟并身体力行的执着中，行者无疆的她，总是心怀慈爱而平和淡泊，几十年如一日地奔走在一条"爱"的征程上。

记者：戚董，在国企改革的浪潮中，您临危受命、勇于担当，让宝安药业"起死回生"，走上市场化的道路，并"振翅起飞"，这中间的酸甜苦辣可想而知。您可否分享一下这中间的故事？

戚美娴：1988 年，我被调入深圳宝安县文化局（现宝安区文化广电旅游体育局）。1989 年，我通过考试被调入宝安医药总公司（现宝安药业有限公司），成为这家公司当时首个通过考核上岗的员工。因为曾经公派读过夜校财会专业，所以我被安排到公司财务部。为尽快进入工作角色，我刻苦钻研业务，毫不夸张地说，我连走路都在算账。由于勤奋好学，我很快成为业务骨干。公司的财务汇总表，老会计需要花上一两天时间才能完成，我靠着一把算盘，半天就做完了。一年后，由于工作能力和工作成绩突出，我被公司提拔为财务部副部长，次年升任部长。1999 年，公司领导层换届，那时的宝安，新观念、新思想不断涌现，任人唯贤、选贤任能已经成为共识。就这样，经过上级组织的考察，我成为公司的副总经理，2001 年任总经理，2002 年担任董事长。

2003 年，宝安药业被列为国有股权全面退出的改制对象，公司管理团队统一思想、统一目标，经过讨论后决定放弃国字号的身份，把这家拥有 50 多年历史的国企民营化，由员工持股经营。2003 年 4 月，组建民营股份公司按下了"启动键"。说实话，民营化之路走得并不顺畅。一方面，国企员工丢掉铁饭碗，意味着员工失去了包揽生老病死的一切保障，个别人对改制难免存有抵触情绪。另一方面，公司参与改制的员工人数多，分散居住在各街道，交通不便，沟通工作难度很大。公司管理团队在那段时间走遍全区各个街道，深入一线，向员工宣传和解释改制方案。在实施改制过程中，坚持公平、公正、公开原则，一视同仁对待每一个员工，取得了大家的信任。经过管理团队在人事、制度、股权、管理架构等方面的优化，8个月后，在全体员工的理解和支持下，宝安药业顺利完成改制工作。当办公室主任从区投资管理公司取回宝安药业有限公司股权转让协议书回到公司时，那个见证了改制全过程的年轻小伙子激动得泪水在眼眶里打转。我收下协议书时心情很平静，因为我知道宝安药业的浴火重生才刚刚开始。

为了调动员工的积极性，我和公司管理团队研究决定，将宝安药业的30多家连锁门店承包给员工，成为一个自负盈亏的实体，这一举措不仅使员工的积极性和主动性真正被调动起来，而且公司还收获了一笔管理费，门店药品报损数量显著下降。我从一位普通基层员工，到被推选为公司副总经理，到临危受命成为改制企业的掌舵人，20年来，有开不完的会，谈不完的话，算不完的账，签不完的字，真是觉得很累，但换来的是公司驶入了发展的快车道，我感觉，值！

2018年10月，宝安药业又迎来新的发展机遇。大型央企中国医药健康产业股份有限公司为进一步完善市场布局，通过其控股公司广东通用医药与宝安药业共同投资设立通用医药（深圳）有限公司，承接了宝安药业子公司众福康医药的所有药品经营资质及业务资源，全力打造深圳区域医药销售平台。

记者：长期以来，您都很关心慈善事业，积极参与慈善活动，请问戚董您是从什么时候开始接触"慈善"概念的？对慈善有怎样的理解呢？

戚美娴：说到慈善，我感觉今天所做的一切都离不开我母亲对我的言传身教。我的母亲是一个"有大爱"的人，在我们兄弟姐妹很小的时候，她就把"慈善"的种子播种在我们心里。她常常教育我们有能力就要做对社会、对国家有贡献的人，鼓励我们人生路上要多做好事、善事。小时候，我们家住在镇上，家境还算可以。每逢赶集的时候，我母亲都会让邻村的乡亲来家里歇脚或寄存东西。每年，母亲都会带我们姐弟4人去敬老院看望那里的老人。母亲去世后，我们几乎每次回到乡下都会抽时间去敬老院探望老人，在送去一些日常生活用品、营养品的同时，陪他们聊聊天。我们姐弟几人还以不记名的形式，连续多年为我们曾经就读的小学——鹤山市宅梧镇中心小学捐款，这也是母亲在生前就一直教导我们的。街坊邻里，常常夸赞我母亲有爱心、有善心，是大好人。受母亲的影响，我们姐弟几人多次为母校鹤山市宅梧镇中学（原高鹤县宅梧镇中学）捐款捐物。

要问我是什么时候开始接触慈善的，应该就是从那个时候起，我心中便埋下了"善念"的种子吧。其实，慈善是不分能力大小的。我觉得，慈善就是尽自己的能力去帮助需要帮助的人，这就是我对慈善的理解。慈善有不同的表达方式，直接捐款捐物帮助需要帮助的人，这是我们通常理解的慈善，但我认为慈善更需要从自己身边的点滴小事做起。我们用自身财力的"千分之一""万分之一"去做慈善，其实对个人的生活没什么影响，但对需要帮助的人来说，是"分人一叶，即成浓荫"，这是多么有意义的事情，我们何乐而不为呢！

我认为，不能太狭义地去理解"慈善"二字，不是大笔大笔的捐赠才叫慈善，慈善不是少数人做了很多，而是需要每个人都做哪怕一点点。正是来自各方面的慈善捐助，包括那些微乎其微的慈善捐助，诠释了慈善的真谛——那就是："赠人玫瑰，手有余香。"慈善需要的不仅是"富人之力"，更需要"人人之力"。正如歌曲里唱的那样："只要人人都献出一点爱，世界将变成美好的人间。"从身边的人开始理解慈善，从能做的事开始践行慈善，将慈善作为一种生活方式，这样我们在做慈善时，才不会滋生道德优越感，陷入施恩求报的烦恼中。

记者：您在宝安药业岌岌可危的情况下，力挽狂澜、锐意改革，这份担当与魄力值得我们年轻人学习。您认为一家有一定规模的公司要想在市场上走得更稳、更远，除了紧跟时代作出转型、改革之外，社会责任和慈善在其中有着怎样的作用？

戚美娴：对我来说，我个人的定位是企业家，社会主义的企业家不同于资本主义的资本家，社会主义的企业家就要承担社会责任。企业的发展离不开党、国家的支持，因此，社会责任是任何一家企业都不能忽略的。尤其是，慈善作为一件利民的事，企业应该参与，同时，慈善不仅是企业本身的责任，企业全体员工也要参与进来，尽一份力量。

我们宝安药业在大灾大难面前每一次都走在前面，除了率先带头参与慈善活动，我们还关心、关爱自己的员工，让他们在"有爱"的环境中工作。公司有些员工是家庭比较困难、相对困弱的群体，因此我也一直感觉承担着很大的责任。2013年，我们公司党支部还专门建立了"关爱基金"，这是帮助考上大学的困难员工子女的教育基金，也是员工的纾困关爱基金，这个基金发挥了很好的帮困作用，也让大家感觉到我们是风雨同舟、相亲相爱的"一家人"。和我一直坚持做慈善一样，我们公司的员工也形成了投身公益活动和慈善活动的良好氛围。

我记得特别清楚的一件事是2008年7月，我在报纸上看到一则报道——2006年，年近30岁的社会青年王亮多年来患有强直性脊椎炎，并在2004年出现了恶化，只能坐在轮椅上生活，照顾他生活起居的重担落在与他相依为命的母亲身上，而王亮每个月要花费大笔医疗费，母亲难以负担。看到相关报道后，我马上带领公司员工，到王亮家看望他们母子俩。自那时起，我们就开始对王亮一家给予重点帮扶，公司的员工经常自告奋勇地送医送药，看望慰问。王亮要外出治疗，公司还专门派车接送，并邀请王亮一家参加那一年的年会，在年会上专门安排了捐款环节，发动大家的力量，帮助王亮一家。当时，这个环节也把年会的气氛推向了高潮。

记者：您1988年就来到了宝安，到现在已有34年，在大大小小的慈善、公益活动中，也不乏您的身影。请问，在宝安，给您留下印象最深的一次慈善活动是哪次？对宝安区的慈善氛围，您有什么样的看法？

戚美娴：这就要从宝安区女企业家协会说起。2005年，宝安区女企业家协会成立，我担任副会长，两年后被姐妹们推选为会长。姐妹们都希望有一个属于自己的"家"，同时协会也是女企业家为社会奉献爱心、聚沙成塔的地方。我像经营自己的企业一样，满腔热忱地开展协会工作，组织宝安女企业家们开展学习、培训、参观、交流活动，组织到周边市区甚至外省市考察，举办女企业家沙龙、论坛，与外地女企业家协会开展联谊交流，女企业家协会成为宝安企业家热心公益事业、扶贫帮困的一个平台。

我记得，2014年6月，我在与朋友交流中得知茂名市妇联正在开展"单亲贫困母亲安居房"活动，我立即到实地考察，看到一位单亲母亲，丈夫因车祸去世，自己一个人带着女儿，没有固定工作，非常贫困，家徒四壁。

戚美娴到茂名参加"单亲贫困母亲安居房"活动，并与当地小朋友合影

像这样的情况，在茂名还不是个例。回深圳后，我组织召开协会沙龙，详细描述了当地情况，很多女企业家当场就哭了。协会很快募集到了20多万元，20多名宝安女企业家一同登上了赴茂名扶贫的车。在路上，没法到现场参加这次活动的多位女企业家纷纷给我打电话主动捐款，大巴车到达茂名的时候，又增加了10多万元的捐款。我们第一站就找到了那对相依为命的母女，送上扶贫款。经营连锁餐饮的车顺爱董事长还把对方刚成年的女儿带来深圳，录用她为自己公司的员工。现在，我们宝安女企业家协会和茂名女企业家协会经常互动，组成姐妹协会，女企业家们定期开展扶贫帮困活动。

2012年，在协会秘书长胡小芳的引荐下，我们宝安女企业家协会还到五华县华阳镇莲高小学开展了扶贫助学活动。这所小学地处深山，下了高速公路后，我们一行20多名女企业家又颠簸了2个多小时的山路，到了没有大路、车辆无法通行的地方，我们走了一段山路、田间小道后，才到达学校。在宝安慈善家古焕坤先生的陪同下，我们为学校捐款30多万元，用于购买教材和文具。当时，学校的孩子们开心地给我们戴红领巾并连连道谢，我们还和学校的老师学生同台联欢演出，场面很感人……说实话，这些年参加的各类慈善活动，我已经记不清楚了。连续多年来，我们宝安女企业家协会还大力支持宝安区妇联"女生启航计划"。

我在宝安有34年了，整体上来说，宝安是个创造奇迹的地方，成就了很多企业家的梦想，正是这份坚持和智慧，为宝安注入了源源不断的活力，带来了举世瞩目的光芒。宝安有浓厚的慈善氛围，宝安热心慈善的人很多，大家通过身体力行的方式行善，让更多的人自觉自愿地参与公益慈善事业。这里的企业家和很多普通市民都有特别强的社会责任感，他们每一次善行、善举、善意，都彰显着宝安温度。

记者：您除了是宝安女企业家协会会长之外，还是宝安区医药行业协会的创会会长，在您的带领下，协会成为药监部门的"左膀右臂"。我了解到，疫情期间，您带领宝安药业有限公司和宝安区医药行业协会果断承担起疫情防控一线的保障工作。请您谈谈具体的情况。

戚美娴：2012年6月，宝安区医药行业协会成立，我被推选为会长，至今一直连任会长。协会成立当天，我注意到，虽然有些人对成立协会心存顾虑，但大多数人的脸上都洋溢着真诚的笑容，大家对协会充满着期待。我知道，这是同行对我的信任和期望。我自认工作没什么诀窍，唯有用心。当时，我认真分析了宝安医药行业的现状和存在的困难，带领协会组织了多场药品安全宣传活动，筹集30万元善款，捐到区慈善会，成立"关爱基金"，收到了良好的社会效益。

几年来，我们宝安区医药行业协会，组织开展了尼泊尔地震赈灾捐款、广西都安扶贫考察、陆河县河北村脱贫帮扶等活动。我个人和协会还为汶川地震、雅安地震进行了捐款。

在新冠疫情防控工作中，作为宝安药业的负责人、宝安区医药行业协会会长，我必须毫不犹豫地站出来。疫情发生后，我意识到疫情的严重性，立即召集公司高层联合通用医药（深圳）有限公司、区医药行业协会、区女企业家协会筹集抗疫物资，如口罩、消毒水、手套、凉茶……面对四面八方突然暴增的物资需求，我带队冲到一线查库存、调配物资，片刻也不敢休息，为宝安公安部门、交通部门、交警队、街道等送去急需的防疫物资。

2021年6月，在区慈善会的带领下，联动通用医药（深圳）有限公司、宝安区医药行业协会、深圳市宝安区女企业家协会为全区10个街道捐赠防疫物资400多万元，包括KN95口罩150万只、医用口罩10万只、消毒酒精一批、防护面罩一批、防护服一批。

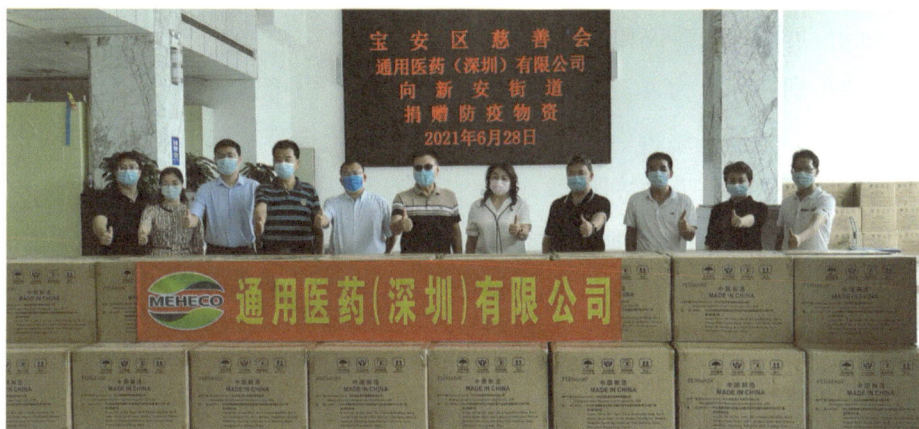

戚美娴（右五）代表公司捐赠物资，助力疫情防控工作

记者： 这些年来，您作为一名有担当、有爱心的女企业家，也有很多社会职务，成为我们身边很多人的学习榜样。您能简单说说参与慈善最大的收获是什么吗？

戚美娴： 凭着良心说，有人说我捐款捐物资、扶贫做慈善是有目的的，说得没错，但我的目的很简单，就是想让需要帮助的人得到帮助和温暖。有人说我不图回报，这不全对，我也有回报，是精神上的回报，我觉得我的人生因此更有意义。这种回报，不是靠捐钱就能换来的。总之，我做这些事，感觉很快乐！也许，一个懂得感恩的人才能乐于付出，一个认为"施比受更有福"的人才能体会到幸福的真谛。

其实任何一次真心助人、做慈善的行为，都是完善自我、实现自我价值的机会。心存善念，多行善事。我们就是自己最重要的贵人，一个人的命运，并不一定取决于某一次大的行动，我认为，更多的时候，取决于他在日常生活中的一些小小的善举。凡真心助人者，最后没有不帮到自己的，我发现改变自己命运的最简单的武器，就是"日行一善"。

参与慈善、公益活动，最大的收获应该可以用四个字来概括——"互相感动"，在帮助别人的同时也获得了内心的充盈，这是一个幸福而快乐的过程。

记者：戚董，我们都说，慈善事业的根基在社会，慈善事业的主体是大众。如何尽心尽责尽力地讲好"慈善大爱"故事？请谈谈您对宝安慈善未来的发展有什么建议和意见？

戚美娴：一人为善，力量有限；众人为善，力可撼天。我认为，传承慈善文化，传播好慈善声音，引导更多社会力量投身慈善事业，这是接下来宝安区要做的一道必答题。

从政府层面、慈善组织层面来讲，我建议宝安着力打造多平台、多层次、全方位的慈善宣传新格局，充分发挥互联网优势，让爱心企业和爱心人士的每一次善行义举见诸报纸、新媒体平台等，将社会各界参与慈善事业的热情和积极性展现得淋漓尽致，从而展示慈善在宝安聚积的正能量和丰硕成果，引导和激励全体人民为"慈善大爱之城"奉献一片爱心。

从个人层面来讲，我认为，慈善作为一个人良知良能的体现，其最可贵的价值，不仅在于某件大事，更在于它充盈于身边的一件件小事。建议我们每一位市民，不要仅仅把善意"藏在心里"，而更应该"落在脚下"，让善意在宝安"你来我往"地传递起来，只有这样才能不断树立崇德向善的新风。

记者：您有怎样的财富观？您感觉人生的最大快乐是什么？您又是如何看待一个人的事业成就的？

戚美娴：人生最大的快乐就是自己的价值得到体现。如果一个人的奋斗目标仅是利或者名，那他一定会活得很累，而我感觉自己好像活得还有些潇洒。我的追求就是凭借我的智慧不断地发展事业，随着事业的不断壮大，又不断地为老百姓做更多的实事、为社会创造更多的财富，并能作出更大的贡献，这也是我人生的快乐所在。需要你的人越多，你的价值就越大，也就更乐在其中……

对我来说，我个人的定位是企业家，我只是一名平凡的女企业家，这些年来，我所做的一切只是尽了应尽的义务，承担了应承担的社会责任。

我做企业并不是为了得到什么，一路走来似乎都是责任在推着我往前。从国企改制到央企，其实一路都是责任在推着我走，不断地经历考验，也不断地发展壮大。

牢记使命，科技发展日新月异，大数据、物联网、区块链技术正在改变我们的生活。面对日益变化的社会新业态、面对领导的期许、面对企业家的期盼、面对社会各界的信任……我深知，唯有赶上时代的步伐，主动调整才不会被淘汰。我从内心感觉到一种责任和动力，无法停止前进的脚步。未来，我将继续带领企业员工，在保障企业发展的同时，去关注更多的困难群体，传递社会正能量。

慈善人物感言 ☆ ★ ★ ☆ ★

在帮助别人的同时也获得内心的充盈，这是幸福而快乐的。这份内心的富足感是支撑我在公益路上不断前行的动力。生活在"有爱"的社会，我们也要做一个"有爱"的人。

记者手记

她不仅把善意"藏在心里"，更"落在脚下"。作为一名有担当、有魄力、有爱心的女企业家，值得我们敬仰、学习。她的务实拓新带领"宝安药业"渡过改制难关并焕发新生机；她的慈善博爱让社会多了一点温暖，善意"花开一朵"，幸福便能"花香满堂"。

（记者：赵盼盼）

文汉根：传承慈善星火 传递爱与温暖

人物简介

文汉根，1966 年生。深圳市红发实业有限公司董事长，深圳市汉永酒店集团董事长，深圳市第三、四届人大代表，第六届深圳市政协委员，宝安区福永、福海工商联（商会）常务主席、副会长，香港深圳宝安福永同乡会会长，贵州省毕节市纳雍县百兴镇"汉根希望小学"名誉校长，广东省梅州市大埔县茶阳镇中心小学（太宁小学）名誉校长。他从小乐于助人，多次见义勇为，数十年坚持参与公益慈善活动，将慈善理念内化于心、外化于行。曾获深圳市先进经验管理工作者、宝安区慈善企业家、宝安区建区 20 周年 50 名优秀人物、宝安区改革开放 30 周年优秀企业家、第三届深圳市宝安区十大杰出青年等荣誉。

萌芽：父母言传身教　从小乐于助人

记者：您坚持行善数十年，请问"慈善"的种子是何时在您心中埋下的？您最初是如何理解和认识"慈善"的？

文汉根：我是土生土长的宝安福永人，七八岁的时候，我们村里有几个年龄比较大的五保户（孤寡老人）。在父母言传身教的影响下，我们兄弟姐妹几个会经常帮助他们做些力所能及的事，比如平时帮忙买生活必需品、打扫卫生、挑水、缝补衣服等。那时，很多人买猪肉回家炸猪油，用来煮菜。村里有一位视障老人行动不太方便，我就每个星期去他家一次，帮他买猪肉、装好锅、炸油盛好。我们坚持帮助这些老人七八年，几乎都是陪伴他们到去世。

村里有些人不太理解我们的行为，觉得这些老人和我们非亲非故，我们干吗要这么做呢？但我们一家就是把这些老人当成自己家人来相处和对待，慢慢地彼此都处出感情了。

这些老人生前对我们也特别好，平时有点好东西都会想着拿些给我们家，有时甚至是煮了一碗面都想分一半给我们。每到过年的时候，村里长辈会给小朋友们派利市。这几位老人给其他小朋友的基本都是2分钱、5分钱，但给我们几个兄弟姐妹就会有1毛钱到2毛钱。平时舍不得吃、舍不得用的他们，把对我们的感恩用一份份心意表达出来。

后来上了初中，我还学会了一些修理活、编织活、木工活，就帮助邻居修补自行车轮胎、做农耕工具。有些自行车修理起来比较复杂，需要购买专门的工具及配件，那时我自己又没钱，就帮忙"跑腿"和修理。

这些经历，应该算是我最早接触"慈善"概念，但其实那会儿根本不懂什么叫"慈善""公益"，更多的是理解为父母和老师教导的学雷锋、做好事。只要看到别人有困难、有需要，我就发自内心想去帮助他们，成了一种生活习惯。在坚持做好事的过程中，我也感受到尽管我们不求回报，但对方是会心怀感恩的。最初对"慈善"的这一理解和认识，也一直指引着我后来的行善之路。

成长：数次见义勇为　帮人亦是帮己

记者： 您小时候养成了学雷锋、做好事的习惯，后来对"慈善"的理解和认识经历了哪些变化？有什么重要的转折点吗？

文汉根： 我1981年初中毕业后进入社会打拼，从那以后，我有五六次见义勇为、帮助拯救他人性命的经历，这让我在"做好事"的基础上，对"慈善"概念有了一些新认识。其中，让我印象较深的是1986年和1993年的那两次。

1986年我开中巴车，在途经深南路竹子林路段时，看到一辆摩托车与货车迎面相撞，摩托车司机严重受伤，满身鲜血。我立马停车，协助处理事故现场，试图拦下路过车辆，但没有一辆车停下帮忙。那个年代路上车辆很少，通信工具又不发达，我在那等了十几分钟，情急之下决定把伤者抬上我的车送去医院救治。但我车上载的乘客不答应，说害怕。我就和他们说："我退钱给你们去坐其他客车行不行？我想救他的命。"他们下车之后，我和货车司机一起把受伤的摩托车车主送到宝安人民医院。医院提醒要交1000块钱押金，货车司机身上没钱，我因救人心切和医生理论，当时刚好院长经过大厅，问我们事由。我就和院长说："我身上只有300元现金，但脖子上戴有一条价值8000港元的项链，愿意用来抵押。"院长听完表示同意只收这300元现金，赶紧先安排救人，还叫我留名，我什么都没留就走了。

第二次让我印象深刻的救人经历发生在1993年。当时有台商公司来洽谈投资办厂事项，地点在宝安区福永镇大院的会议室。我开车去参会的路上途经107国道福永路口，遇到一宗交通事故，看见地上躺着一个满身鲜血的人，我立马下车帮忙救人，想拦路过车辆帮忙但是没有车愿意停下。救不救呢？我很矛盾，因为当时已临近会议开始时间。思索片刻后，我决定救人，与事故当事人一起把伤者送往福永人民医院抢救，资助了1000元给他们，事故当事人让我留下姓名，我说不用。为了赶去开会，我都来不及处理车上的血迹。当赶到会议现场时已经迟到十几分钟，看到大家面色凝重，我站在门口道歉，并请大家给我机会解释。听完我迟到的原因之后，参会的台商公司董事长带头鼓掌称赞，他说："其实我们路过时也看到了这宗交通事故，当时也考虑过帮忙，只是公务紧急并且自己身为外地人，担心帮不上忙。"洽谈会结束后，这位董事长交代公司负责人在福永投资办厂事宜，并指定与我对接。他说："因为小文品格善良，做事踏实。"后来这家台商公司与我有不少业务往来，由此我更加意识到"帮人其实就是在帮己"。

触动：用爱点亮希望　行善是场接力

记者：我注意到您非常重视教育帮扶，在您支持教育事业的过程中，有特别触动您的事情吗？对您后来行善产生了什么影响？

文汉根：我在改革开放的大潮中成长，积累了一点财富，认为有能力帮助别人是最大的福气，应该履行社会责任，心怀感恩、奉献爱心、回报社会，赠人玫瑰，手有余香。

20世纪90年代，我们响应宝安区的号召，以先富带后富，支持教育事业，参与教育扶贫工程。1993年，我们汉永公司刚成立，发展初期资金有限，但我还是决定拿出30万元在贵州省毕节市纳雍县贫困山区捐建"汉根希望小学"，同时还设立了"汉根助学金"，每年给学校送去书包、学习用品、体育用品、御寒衣物等，并定期对优秀师生进行奖励。每到寒暑假，我们还会邀请学校师生来深圳参观学习，增长见识，拓宽视野。

我还记得去调研选址建学校时，就对当地的贫困状况印象深刻。我们先从深圳市坐飞机到贵阳市，然后辗转坐8个小时车到毕节市，又坐车绕着盘旋的山路花了将近2.5个小时才到达目的地纳雍县百兴镇老街村。那里大部分家庭住的是用石片当瓦盖的矮平房，几个村居然没有一所学校，孩子们在破旧的房子里混班上课。自然条件也很恶劣，真的是"天无三日晴、地无三里平"。

当地村支书向我介绍了一块农地，表示这块农地最为平整，可供几户村民养家糊口。得知这个信息，我果断拒绝使用这块农地兴建学校。我来这里的初衷是帮助村民，怎么能切断他们糊口的来源呢？并且这块农地距离几户村民家只有两三米，如果在这里兴建学校必定会影响他们的正常生活。我坚持让当地领导带我走遍几个村庄，决心要找出更好的解决办法。看着绵延的山石，我灵机一动想到我们深圳蛇口打响"开山第一炮"，"海上世界"用地就此诞生。所以，我的目光不只停留在平整地块，最终在几个自然村交会的位置觅得一座小山岗，满足几个村的孩子们上学需求。完成选址后，我们和当地领导干部商量后决定采用爆破方式夷平山顶，劈山建校，村民们也积极参与搬石头等工作。

终于等到学校举办落成庆典的时候，我特地带上太太和8岁的女儿，以及当时宝安县各镇的青年领导参加活动，让他们一同见证欣喜时刻，也向他们传递这份爱心。再次回想那时的情景，我记忆犹新、感触颇深。从村口到学校的蜿蜒山路两边甚至崎岖不平的山坡上挤满了上千人，男男女女老老少少都来了，脸上露出灿烂的笑容，一起用少数民族最高的礼节迎接我们。他们说的欢迎词我记得特别清楚："欢迎！欢迎！热烈欢迎！欢迎各位领导，欢迎文汉根先生！"简单而隆重的庆典仪式上，当地领导、村民代表、学生代表也纷纷上台发言，向我们表达感激之情，盼望已久的建校梦想终于实现了。

他们的真情流露深深打动了我，让我感觉到捐建希望小学是正确的、有意义的，能解决当地孩子的读书问题，帮助他们用知识改变命运。现在，已经有两代人在"汉根希望小学"上过学。当年和我一起去那参加落成庆典的女儿也加入了宝安慈善的大家庭，并成为汉永·瑞酒店慈善基金会长。

从小耳濡目染父母乐于助人，到自己习惯做好事，再到影响我的孩子参与慈善。我想，这也正是善与爱的力量在传承。

记者： 作为一名土生土长的宝安人，您参与了宝安区开展的哪些慈善活动？主要涉及哪些领域？

文汉根：过去这些年来，只要是宝安区开展的慈善活动，我都积极响应和参与，还成立了汉永·瑞酒店慈善基金，努力为慈善事业发展贡献绵薄之力。自1996年以来，已向社会各项公益事业捐款捐物累计近1000万元，捐助领域涉及基础教育、帮困助弱、乡村振兴、社会福利、爱国拥军、抗震救灾、疫情防控等。

在支持教育事业方面，除了在贵州省毕节市贫困山区捐建"汉根希望小学"，我还资助了广东省梅州市太宁希望小学、四川广安中学、广东省龙川县龙母镇福永商会希望小学、广东省河源市紫金县黄塘镇腊石第二小学、湖南省永州市芝山区宝安希望小学以及中山大学MBA学习基金等。

在帮困助弱等社会福利事业方面，40余年来我从未间断地参与敬老爱老、关爱妇女儿童等公益活动，连续多年响应政府号召，在广东省扶贫济困日捐款献爱心。

在支持对口帮扶、乡村振兴方面，我热心参与深圳市及宝安区的对口帮扶工作，其中2006年向广东省湛江市遂溪县、河源市龙川县捐赠资金，支持当地基础设施建设。

1998年，位于贵州省毕节市纳雍县百兴镇的"汉根希望小学"落成

2011 年 8 月，贵州省毕节市纳雍县百兴镇"汉根希望小学"原校长何林给文汉根赠送锦旗

2015 年冬天，文汉根带上妻女一起到太宁希望小学慰问

在疫情防控方面，在我们汉永集团本身业务受疫情冲击影响时，我仍然坚持向武汉红十字会、香港深圳社团、广东海外联谊会、福永街道归国华侨联合会、福永同乡会等捐款捐物，并慰问宝安区隔离酒店一线防疫人员、志愿者、社区工作人员等。同时，号召我们集团的广大党员干部积极参与协助核酸检测采样、社区卡口值守等抗疫志愿服务，希望为疫情防控贡献一份力量，弘扬社会正能量。

领悟：慈善汇流成河　聚力量促发展

记者： 您感觉宝安区的整体慈善氛围如何？2019年，您还专门成立了汉永·瑞酒店慈善基金，这对参与慈善活动有何帮助？

文汉根： 我觉得宝安区的慈善氛围一直都非常浓厚，特别是宝安区慈善会成立以来。正是自那时起我逐渐意识到，慈善之路上一个人的力量有限，一群人的力量无穷；零散的公益犹如一盘散沙，规范化的慈善才能走得更远。过去15年间，在历届宝安区委、区政府对慈善事业的高度重视下，宝安慈善组织经历了从无到有、从有到全的过程。历届宝安区慈善会领导倾注心血，当好"领头羊"，把好"风向标"，做好"必修课"，凝聚社会各界人士长期关注和参与慈善事业，将慈善汇流成河，呈现"众人拾柴火焰高"的积极态势。宝安区慈善会充分发挥"敢闯敢试"的特区精神，不断创新慈善捐助形式，丰富慈善文化内涵，规范慈善运作管理，提升慈善工作能力，打造慈善公益品牌，发动社会力量共同推进"合力慈善"。如今，参与慈善渐渐成为"宝安人"的一种习惯。

在我这些年参与慈善活动的经历中，有一个时间点非常关键，那就是2012年我出资50万元在广东省梅州市茶阳镇太宁希望小学捐建了一幢教学楼以及附属设施。从那以后，我很少再以个人或企业身份做慈善，而是在宝安区慈善会和福永、福海商会的带领下，以组织的名义去参与。

2019年，在宝安区慈善会的指导下，我们成立了汉永·瑞酒店慈善基金，这意味着可以更加规范、细致地开展各类慈善活动，实施帮困助弱行动。

2020 年，宝安区慈善会、汉永·瑞酒店慈善基金慰问福海街道汉永酒店集中隔离点防疫工作组

2020 年 9 月，文汉根出席福商公益基金会活动

2021 年，文汉根到太宁希望小学回访并赠慰问金

读万卷书，行万里路！

读万卷书　行万里路

欢迎太宁小学优秀师生到深圳游学—汉永集团赞助

2022 年，太宁希望小学优秀师生到深圳游学

2022 年的贵州毕节"汉根希望小学"

我们深深感受到更强的使命感、责任感和荣誉感，会更加自觉地依法依规参与慈善事业，让冠名慈善基金发挥更大作用和实效。同时，在整合各方资源，落细落实具体措施的过程中，也有了更大的自主性和灵活性，能更加及时高效地将救助资金送达受助者手中，真正做到"雪中送炭"，以解"燃眉之急"。例如，当我们公司有员工患重病需要救助时，我们可以立即启动汉永·瑞酒店慈善基金的救助资金，按照相关标准，第一时间给予帮扶。

正因有了日渐完善的慈善机构和规范的运作管理，以及社会各界对慈善事业的广泛关注，我们公司员工及其家属越来越积极主动地参与慈善活动。他们能清晰知晓自己所捐赠款物的去向，放心地献出一份爱心。

记者：这么多年坚持参与慈善、帮助他人，您最大的收获是什么？

文汉根：以前我觉得主要收获是实现自我价值、帮人帮己，就像以前我帮助了邻居，他们会及时回馈好吃的、好玩的；我救了人，合作方会因欣赏我的人品决定投资；我捐建了学校，能受到村民最高礼节的欢迎和致谢；帮助的人多了，自己的事业和生活也更加顺畅……

后来发现，其实我更大的收获是和慈善共成长，在实现自我价值的同时凝聚大爱。正如在 2021 年河南发生暴雨灾情时，我在公司内部询问哪些员工家乡是河南的，向他们表达慰问。没想到，马上就有员工主动发起募捐，大家也纷纷响应，这让我十分欣慰。虽然这只是一个小小的举动，却折射出爱心的互相传递，慈善的互相感染。

这些年，我很欣喜地看到越来越多的青年主动接触慈善、坚守慈善。平时，身边有很多年轻人特别喜欢听我讲述慈善经历和故事，表示要努力成为懂得感恩、有责任心、有爱心、能担当的人，也要致力于倡导慈善精神。

憧憬："爱的家园"飘满"慈善花香"

记者：您如何看待慈善在社会发展过程中发挥的作用？为什么要传承慈善文化、弘扬慈善精神？

文汉根：我认为慈善是文明社会的一个标志，是社会传递正能量和爱的表现，在促进社会和谐、推动社会基层治理和精神文明建设等方面，都发挥着至关重要的作用。这些年来，一个个慈善榜样相继涌现，慈善理念深入人心。

古语有云："积善之家，必有余庆。"慈善精神与文化之所以要代代传承，在我看来主要有两方面原因。首先，慈善精神及文化是中华优秀传统文化的重要组成部分，是先贤们的伟大实践和创造，也是留给后人的无价财富。我们给后人所留的有形财产终有耗尽之时，但慈善是可持续累积和发光发热的宝贵财富，是能浸润世代人心的强大力量。其次，传承慈善文化，倡导慈善精神，弘扬正能量，能让我们的世界观、人生观、价值观变得更加明朗。在参与慈善活动的过程中，我们能感受到被他人需要，从而实现自我价值，丰富内心世界。

人们常说："人生遇贵人，胜得千两金。"我希望更多人主动学做别人的"贵人"，让每一份善心变成一粒火种，用一束光照亮别人、温暖自己。如此，我们的身边才会有无数的"贵人"。

记者：您希望宝安慈善事业发展成什么样？对它的未来有何憧憬？

文汉根：宝安慈善事业一路走来，不断给我们惊喜，对它的未来，我也满怀期待，希望能带给人们更多光亮与希望。

我建议进一步完善相关机制，加强项目评估。提前对慈善项目或活动进行综合评估，畅通拨款机制，确保落地落实、有始有终。例如，在捐建希望小学时，提前做好选址、生源等考察调研工作，确保建了用得上、办了能用好。在捐款时，畅通渠道，确保救助金第一时间直达受助对象手中，真正帮到有需要的人。

同时，不断拓宽慈善领域，深化慈善内涵。未来的慈善事业覆盖范围可从传统领域向科教、文化、体育、卫生、环保等更广阔的领域拓展，救助方式也可更加多样化，除了捐款捐物，加强提供教育培训、就业帮扶、心理健康关爱等服务，深化扶志和扶智。

此外，广泛发动社会力量，汇聚慈善合力。我一直认为，慈善不只是政府部门和企业家的事情，而应发动更广泛的社会力量参与其中。

我希望能和更多志同道合的人共同成长，从日积小善做起，将慈善理念内化于心、外化于行，影响和感染更多的人走上慈善之路，推动宝安慈善事业不断向前发展，让"慈善之花"开遍宝安，让"爱的家园"飘满"慈善花香"。

慈善人物感言 ☆ ★ ★ ☆ ★

慈善之路没有终点，愿你我携手同行。

记者手记

将慈善内化于心，外化于行

外表温文尔雅，待人谦和有礼，行善默默无闻。正如很多人对文汉根的印象，一接触我便感受到他身上这股特别的气质。

慈于心，善于行，乐于人。从小时候耳濡目染父母乐于助人，到自己将做好事、帮助他人当成一种生活习惯，再到影响和带动越来越多的人加入行善队伍，将慈善汇流成河。从他的身上，我们看到了"慈善人"最朴素的初心和持之以恒的坚守。

老吾老以及人之老，他像对待亲人般贴心照顾困难老人；幼吾幼以及人之幼，他深入山区捐建学校、资助贫困师生。用慈善托起梦想，用爱心点亮希望，用责任促进和谐，这是践行给他的力量。慈善之路无终点，点滴奉献见真章，这是信念给他的勇气。他用数十年的坚守，让我们相信"不啬微芒，造炬成阳"。

（记者：何冬英　图：宋璐　资料图片为受访者供图）

姚伟洪：帮困助学好风尚，敬老扶残真善举

人物简介

姚伟洪，男，1972年10月生，广东深圳人。本科学历。深圳市洪韦盛实业有限公司董事长。现任宝安区工商联（总商会）常务委员（常务理事），宝安区慈善会常务理事，深圳市光彩事业促进会理事，宝安区青年企业家协会副会长，深圳市宝安区福永/福海商会常务副会长，福海信息港慈善基金负责人，曾任宝安区第三、四届政协委员。姚伟洪个人与深圳市洪韦盛实业有限公司曾荣获宝安区政府颁发的"宝安区慈善百强企业"、宝安区慈善会"宝安区慈善捐赠企业奖""脱贫攻坚爱心企业""抗震救灾奉献爱心企业""精准扶贫贡献奖"，多次荣获市、区工商联"热心会员"和"慈善企业家"奖等荣誉称号。

参与扶贫济困慰问老人　公益之心初露萌芽

记者：姚总，您好。这些年来您一直热心慈善事业，积极投身各类社会公益活动。回想最初，您是从什么时候开始接触慈善，对慈善最初的理解又是怎样的呢？

姚伟洪：最早接触慈善，是从我加入福永商会的时候开始的。那时，我跟着福永商会的其他企业家们一起参加活动，帮助困难群众，慰问孤寡老人。现在回想起来，当时也不觉得是做慈善，只是把它当作一项活动，更多的是这类活动给了我关于慈善的启蒙，让我在帮助别人的过程中感受到自己作为企业家的责任。

我加入慈善行业的改变契机也是最令我动容的一件事，是一次中秋节前的慰问活动。我在跟着福永商会走访的时候，看到了一些孤寡老人一个人留在家中过中秋节，身边无人陪伴。那时候我的心里突然涌上了一种难过和悲伤的情绪，与当下那个环境中的老人产生了共情。中秋节本是一个阖家团圆、热热闹闹的传统节日，而这些老人或因为子女外出务工，或因为子女组建新家庭等原因无法和家人团聚，只有孤苦伶仃的一个人，让我感到非常心酸。一想到自己也会有年老的时候，就更加感同身受。也正因如此，在当时的那个场景下，我和商会其他企业家们的慰问给这些老人带去了一丝关爱，让他们体会到了来自陌生人的温暖，并且帮助他们解决了一些生活上的问题，这让我感受到了做慈善的价值，并从此与慈善结缘。直到现在，我每年都会到养老院、老干部中心去慰问，帮助一些孤寡老人。

后来，我开始有意识更多地参与慈善工作。在赈灾济困、慰问本地困难群众、参与脱贫攻坚等工作中贡献自己的一份力量。同时，我也会通过慈善晚会等各种慈善活动筹集更多的资金，捐赠给有需要的人。

我认为慈善是爱的传递，慈善是心的修行。在我看来，帮助一个人、两个人很简单，但长远来看，建立一个长效机制才能使更多有困难的人受益。我也一定会以身作则，参与慈善事业，感召更多的企业家、爱心人士积极投身慈善公益事业，帮助有需要的人。

解决留守儿童上学难题　捐资兴建希望小学

记者：这些年，您都参与了哪些慈善活动？让您印象特别深的事有哪些？

姚伟洪：在投身慈善事业之后，我加入宝安区慈善会和宝安区工商联（总商会），有了更多机会参与慈善活动。这些年来，我成立了福海信息港冠名慈善基金，让捐款箱"走"进园区；并通过宝安区慈善会，参与慈善微跑、抗洪救灾、扶贫济困、支持新农村建设和乡村振兴、"广东扶贫济困日"等募捐活动；作为商会的会员企业家，我跟随宝安区工商联（总商会）和福永/福海商会参与了各种慈善晚会、慈善募捐活动，包括"宝企帮百村"精准扶贫、捐资助学、赈灾、抗疫免租减租、慰问活动等。

做慈善之前，我都要亲自到当地去看一看，走一走。一方面，能从中收获很深的感触；另一方面，我希望不是简单地捐钱了事，而是真的改变一些地区及家庭的贫困状况。这些年我参加的慈善活动很多，各个领域的都有。印象比较深刻的一件事是在 2011 年 10 月，我捐资 60 多万元兴建了江边福商希望小学。

教育是脱贫之本。捐建希望小学的契机要追溯到 2003 年，当时我跟随福永/福海商会前往贵州的一个小乡村，参加希望小学的奠基剪彩活动。县城到村里的路途很远，路面坑坑洼洼都是积水，要开着越野车才能到达。到了村里之后，我看到那里的房子很破旧，每家每户的生活环境都很艰苦。许多家庭只有留守老人和儿童在，真的是家徒四壁，感觉他们的生活举步维艰，连基本的生活保障都满足不了。那种情况下，我心里很不是滋味。当时我就想，我要帮助孩子们解决上学问题。也是那次慈善之行，让我更加坚定了做慈善的信念。我告诉自己，在力所能及的范围内，要尽最大努力出一份力，去帮助更多有需要的人。随着企业发展越来越好，我有了一定的经济能力，慈善帮扶的力度也在不断加大。也是在这种背景下，2011年，在宝安区慈善会的牵头组织下，我捐资60多万元参与兴建了江边福商希望小学。

精准帮扶贫困山村　改"输血"为"造血"

记者：您在上面提到，您也参与了一些对口扶贫工作，可否讲一些具体情况？

姚伟洪：2018年，我参与了由宝安区工商联（总商会）牵头开展的"宝企帮百村"精准扶贫活动，分别与广西都安县拉仁镇仁勇村、菁盛乡新成村，大化县雅龙乡宏伟村结对帮扶。

在精准扶贫的3年时间里，2018年，我以福海信息港慈善基金名义捐赠18万元，用于仁勇村贫困户危房改造项目。2019年，我先后以企业名

福海信息港慈善基金成立，宝安区慈善会会长张洪华（右）向姚伟洪（左）授牌

广西都安瑶族自治县拉仁镇人民政府向姚伟洪（右二）及其企业赠送锦旗

义捐赠近 10 万元，用于采购广东河源龙川的扶贫农产品；捐赠 15 万元，用于新成村发展养蜂产业项目；捐赠 6 万元，帮助宏伟村贫困户添置门窗。2020 年，我又先后捐赠 8 万元用于新成村建设扶贫水柜项目；捐赠 5 万元用于宏伟村修路……

令我印象深刻的是，2018 年，我跟随福海街道精准扶贫组，来到广西都安瑶族自治县拉仁镇仁勇村，看到年久失修的土坯房，有的还是木瓦结构，严重危及村民的居住安全。我第一时间与当地的村领导探讨帮扶方案，并通过慈善基金捐赠 18 万元用于该村贫困户的危房改造。

在我看来，扶贫也要有明确的方向。有句话说得好，"扶贫先扶智"，授人以鱼不如授人以渔，我们不仅要简单地捐款，更要解决贫困村的贫困源头问题，激发他们的内生动力。脱贫工作和普通的捐款并不一样，我们不能让贫困村的村民们觉得有这样一个保障之后，就可以不进行劳作了，要真正做到"志智双扶"。

几次实地考察走访下来我发现，很多贫困村的贫困现状，都是自然环境造成的。自然条件比较艰苦，土地保水量不足，即使雨水很多，土壤也很贫瘠，可以选择种植的农作物不多，需要认真试验。目前帮扶的几个村有进行百香果种植的，也有进行畜牧业养殖的，我希望通过帮扶可以解决他们的贫困，给他们开出一条致富的道路，让他们把握自己的人生。也就是我给你致富的方法，你通过自己的努力改变现状。后续我也会给予他们一些渠道上的帮助，帮他们打通销售渠道。将扶贫的"输血"改为"造血"，让贫困村的困难群众可以脱贫致富，共奔小康。

这些年来，我跟随宝安区工商联（总商会）以及街道精准扶贫组进行定期回访，追踪对口扶贫村的脱贫实际情况及需求。在回访中，看着村民入住的新房子、新铺的水泥路，还有得知村民通过养蜂脱贫等好消息，我更加相信，慈善的力量能够帮助村民改善生活环境，过上更好的日子。

与中小企业共渡难关　减免园区企业租金超 400 万元

记者：新冠疫情期间，宝安企业家纷纷伸出援手，您也参与其中，当时您都做了哪些工作呢？

姚伟洪：2020 年，新冠疫情在全国范围内暴发，那时是物资最紧缺的时候。宝安区慈善会深入了解基层一线所需，广泛动员各界社会力量参与疫情防控，全力以赴为一线筹集急需的防护服、隔离服、口罩等抗疫防护物资，在区慈善会的倡导和带领下，我发动福海信息港园区企业积极捐款捐物，为抗击疫情汇聚暖流，贡献了慈善力量。物资紧缺只能加钱购买，你加钱我也加钱，就是希望尽可能多地买到防疫物资，为宝安区的一线防疫人员送去。在宝安区慈善会的带领下，我和其他企业家一起，将收集来的物资发给辖区各个医院，解了防疫一线工作人员的燃眉之急。

同时，我也积极响应党和政府的号召，体恤企业在疫情影响下的经营不易，给公司旗下福海信息港 1、2 期及福海国际科技园等科技园区内的企业 2020 年 2 月租金减半的优惠，减免租金超 400 万元，一共有 200 多家企业受益，助力园区中小企业共渡难关。

新冠疫情对企业来讲，冲击力还是蛮大的。在这种艰难的时刻，我们作为物业单位响应号召减免租金，对我们的经营收入影响也很大。我理解园区中小企业的困难，但作为企业家，我也有企业经营的困难，包括银行贷款、员工工资成本等开支，但我有能做的就做一点，所以我们为园区企业减免租金的一半，希望能在一定程度上减轻他们的租金压力。

在我跟随宝安区慈善会、福永/福海商会等组织参与慈善活动的过程中，通过走出去，我看见了更多的人生无常，感悟了更多的人生道理。在做慈善的过程中，我也交到了很多热衷于慈善的企业家朋友，从他们身上学习到了很多经商为人的道理。其实做慈善有一个很大的责任，作为企业家群体中的一员，我也在尽可能地回馈社会。

在这个时代发展背景下，得益于各种良好政策，我得到了好的发展机遇，所以我也想尽自己的能力，表达我的感恩之情，去帮助一些需要帮助的人，算是另一方面的反哺社会。同时，在帮助别人的时候，我自己也很开心。他们慢慢变好再去帮助其他人，这就形成了一种善意的传递。我也穷过，我知道深处困境时的艰难，但困难是一时的。每个人都不会永远保持一种状态，在渡过了难关之后，可能迎接我们的就是更好的未来。

建立冠名慈善基金　让更多人感受"宝安温暖"

记者： 您刚刚提到在做慈善的过程中，也交到了很多朋友。那您觉得宝安区的慈善氛围怎么样呢？

姚伟洪： 自加入宝安区慈善会做慈善以来，我深有感触。在经济发展"新常态"下，宝安区主动适应慈善事业发展的新形势和新挑战，不断创新慈善方式，丰富宝安慈善文化内涵，弘扬慈善文化，全方位体现慈善的真谛和力量所在——慈善更需要"人人之力"。在宝安区慈善会张洪华会长的创新带领下，通过"慈善冠名基金"、慈善爱心募捐箱、慈善拍卖、"公

姚伟洪接受记者采访

姚伟洪慰问福永街道辖区民警

益慈善项目大赛"等形式多样、内容丰富的募集活动和渠道，吸引了更多的爱心企业家、爱心人士关注慈善、支持慈善、参与慈善，慈善氛围越加浓厚。

近些年来，宝安区慈善会从网络助学到免费午餐，从爱心义卖到公益书屋，用越来越多的"微慈善"活动不断丰富着人们对慈善的认知，诠释着"友善"的核心价值观，使慈善文化更加深入人心，让慈善发展成果惠及更多广大群众。

放眼整个深圳，宝安区的慈善氛围是特别浓厚的，这里就像是家一样的地方。在参与宝安慈善活动时，我感受到宝安的"温暖""大爱"，慈善与爱相结合，营造全民慈善的氛围，传递社会正能量，让更多爱心人士投身慈善，切实感受到慈善文化的影响与力量。

记者：做了这么久的慈善，对您来说，最大的收获是什么？您对宝安未来慈善的发展有什么建议？

姚伟洪：一直以来，我用行动感染、鼓励身边的企业家积极参与各种慈善活动，去体验、感受做慈善带来的快乐。我觉得最大的收获就是我找到了宝安区慈善会这个组织，收获了一群共同致力于慈善事业的同行人，相信我们是可以携手一生、共同追求人生大爱的好伙伴。同时，我也通过做这些慈善活动，丰富了自己的内心。我相信慈善会，相信我们的带头人，相信在宝安区慈善会的带领下，宝安慈善会带来美好的改变，让更多的人感受"宝安温度"。

我认为宝安慈善有今天的发展成果，离不开带头人的组织领导。这些年来，宝安区慈善会始终坚持慈善活动一切资金流程公开透明，使慈善会的影响力持续扩大，进而能够深入民心。也是出于对宝安区慈善会的信任，2017 年 5 月 19 日，我成立了"福海信息港慈善基金"，我以深圳市洪韦盛实业有限公司的名义出资 100 万元作为启动资金，再由社会各界定向捐赠资金，由宝安区慈善会进行管理。"福海信息港慈善基金"是宝安区慈善会管理的多只企业慈善冠名基金之一，也是宝安区慈善会近年来开辟慈善募捐新渠道的一项明显成果。该项冠名基金的资助对象包括福海、福永街道辖区的户籍困难居民，困难劳务工本人、配偶及其直系亲属，在辖区发生事故需要救助的困难群众。截至目前，基金已资助困难群众30余人，4个慈善项目，共计76万元；通过慈善捐款箱、"党建＋慈善义卖"活动、个人专项捐款活动、社会企业捐赠等方式接受赠捐款14万余元。

慈善事业是第三次分配的主要渠道。当前，我国城乡、区域、不同群体间的收入差距总体较大，不同地区在就业、教育、医疗、居住、养老等方面社会保障和公共服务均等化水平还有待提高，我建议宝安作为社会主义先行示范区，可以充分凝聚民众力量，发展慈善事业，发挥第三次分配的作用，推动新时代的乡村振兴、促进共同富裕。

慈善人物感言

慈善是爱的传递，慈善是心的修行。近年来，蓬勃发展的中国民营经济大大推动了公益慈善事业的发展，成为不可或缺的重要力量。民营企业家是改革开放的最大受益者，我们必须承担起更重要的责任，发挥更大的作用。我坚持职企共赢，用心做企业，用爱做慈善，我希望通过慈善，通过付出自己的时间、技术、能力来帮助他人，感受快乐和幸福。

记者手记

在采访姚伟洪的过程中，我近距离地感受到了他真心实意做慈善的那份执着与奉献精神。作为一名企业家，他是成功且理性的决策者；作为一名慈善人，他是善于共情且感性的好心人。

近20年的公益慈善之路，让姚伟洪更加重视解决困难群众的能力贫困问题。在他看来，慈善不单单是金钱上的捐助，更多的是精神上的支持与给予。他希望引导那些留守儿童或是贫困群众依靠勤劳的双手和顽强的意志来摆脱贫困、改变命运。

如今，慈善事业已经完全进入姚伟洪的生活。这些年来，他会回访兴建的希望小学，看看那里的孩子们是否真正地解决了上学难题；他会回访贫困山村，看看那里的村民们是否真正地得到了帮助，改善了生活条件。他的慈善故事彰显了一名企业家的责任与担当，也感染着身边人将大爱不断传递。

（记者：杨文静）

黄晓凤：用茶道通善道 情系教育圆梦助学

人物简介

黄晓凤，深圳市天恒茶业有限公司董事长、国家高级评茶师、国家高级茶艺师、深圳市茶叶流通协会副会长、深圳市宝安区茶文化研究会常务副会长、宝安区慈善会常务理事。

本着对湖南黑茶独特的家乡情怀与感情，黄晓凤多年来一直潜心研究黑茶文化，是深圳黑茶的引领者。她的公司深圳市天恒茶业有限公司，是深圳首家黑茶专业批发商，是深圳开店最多、规模最大，同时也是最专业的黑茶专营商，主要经销湖南白沙溪茶厂、湖南益阳茯茶厂等名优黑茶，也是湖南黑茶标志性品牌——白沙溪的深圳总代理，同时是白茶标志性品牌——福建省广福心道白茶深圳总代理。

作为宝安区专营茶叶的慈善人的代表，黄晓凤发起成立了深圳白沙溪黑茶慈善关爱基金，关注教育板块的慈善事业。她不仅自己默默帮助山区的贫困学子，还积极引导和发动身边的茶友和她一起帮助那些有需要的困难人群。

缘起：以茶向善　专栏女作家开启慈善路

记者：作为宝安区有名的慈善女企业家，您如何理解慈善的概念呢？

黄晓凤：我是做茶的企业家，在我看来，慈善与茶道是相通的。为什么这么说呢？在茶道中，饮茶要慢，心底要善，这八个字应该是饮茶的最基本要求。看似简单的八个字，要做到却不是那么容易。饮茶节奏要慢，因为只有慢下来，茶香才能体会得更为充分。心底要善，因为只有心善，才能更为贴近天地、贴近自然，才能明白人生真谛。

我的企业专做黑茶。黑茶属于六大茶类之一，其制作工艺极为复杂，经过 32 种古法制成，而且由于持续发酵的原因，所以极具收藏价值，可以说黑茶是古茶类中收藏价值最高的茶种。我经营的安化黑茶历史悠久，历史上横贯欧亚大陆的"丝绸之路"运输的主要商品是丝绸、瓷器、茶叶。安化黑茶，通过古丝绸之路源源不断运往西北边疆，也销往俄国、英国等国家。

沿着千年前的茶马古道，体会茶道文化，我认为，茶是禅的味道，禅是善的表达，生活中需要保持一颗纯净的心，以善为本，诚心待人。这是我的茶道，也是我的善道。

记者：作为专业经营茶叶企业的代表，您与"慈善"的缘分是如何开启的呢？对"慈善"最初的理解和认知是怎样的？

黄晓凤：说起我和"慈善"的缘分，和《宝安日报》这份报纸还颇有渊源。2010 年前后，我受邀在《宝安日报·文化茶座》版面里开设了《晓凤谈茶》这个栏目，根据春夏秋冬四季温度变化和 24 节气的更迭，我在这个栏目里跟大家说怎么按季节喝茶，如何按体质选茶。

可以说，在《宝安日报》当公益专栏作者的这些年让我真正意义上接触了公益、接触到慈善。而在此之前，在深圳打拼的我只知道献爱心，有谁找到我，我就捐一点钱、物，和自己的专业既不对口，也没有形成习惯，并没有觉得自己在做慈善。

对于慈善的最初理解，我感觉慈善就是善、是爱。慈善是与生俱来的，人人都有善心和爱心，人之初，性本善，我们做人的根本就在这里。作为女性、母亲，现在回忆十几年前的自己，就是单纯地献爱心，有捐钱的事情只要找到了我，我都要捐。而成为《宝安日报》的一位专栏作者后我通过报纸了解到，做慈善也是有组织的，以《宝安日报》为桥梁我也认识了一些与我同样爱茶、懂茶又有善心的朋友，这才慢慢找到宝安区慈善会这个组织，真正与慈善开启了善缘。

记者： 在成为《宝安日报》的专栏作者后，您有做过哪些慈善？您是怎样成为宝安区有一定影响力的活跃的慈善人士的呢？

黄晓凤： 成为《宝安日报》的专栏作者后，读报就成为我的一种生活习惯。每逢看到有困难群众通过新闻报道求助后，我都会跟报社记者联系，奉献一点爱心。一来经过新闻报道出来的事情都真实可靠；二来我作为报社的专栏作者，做慈善也更方便。这样慢慢地坚持下来后，也被宝安区慈善会的领导知道了，知道宝安有一个经营茶叶又热心做公益的人。确实也有一些朋友劝我，做"慈善"的都是大老板，以我的经济实力可能还达不到做慈善的"门槛"。

但是我这颗热心做慈善的心一直没有停下来。后来经宝安区茶文化研究会林启中会长介绍，我加入宝安区茶文化研究会并任常务副会长。在2015年年底我们茶文化研究会专门搞了一个慈善拍卖会，当时我拿出了我最好的黑茶——"千两茶"出来拍卖。然后就接触了宝安区慈善会，也认识了宝安区慈善会的众多工作人员。

记得当时聊天的时候，我表示愿意做善事，也很有爱心，慈善会张洪华会长了解后，就建议我加入宝安区慈善会。当时考虑到自己的经济能力和企业的规模就没有答应也没有推拒。我有点难为情地问了会长："加入慈善会需要多少钱？"没想到会长回答我说："不要钱！"

这件事情可以说是触动我并让我坚持做慈善的一个起点，一开始我加入宝安区慈善会多少有点不自信。是张洪华会长鼓励了我，他说："做慈善不一定要有钱，也不一定要有权。如有实力的人可以做一些偏重资金链的项目，有能力的人可以做一些偏重人力资源的项目。你有这份善心，有一颗引导向善的心，做力所能及的事情，这就是一种慈善。"

做慈善最重要的是内心，而不单纯是经济实力。一下子我的格局就打开了，我对慈善的固有思维发生了转变。在此之后我就下定决心加入宝安区慈善会这个大家庭，我慢慢明白慈善是给你一种温暖、一种自信、一种力量，在宝安区慈善会这个平台上，我实现了我儿时的一个梦想——资助贫困山区的孩子上学。

圆梦：资助贫困少年复学，弥补心中遗憾

记者： 您说，加入慈善会后实现了儿时的梦想，可以具体说一说吗？

黄晓凤： 一直以来我都有资助一些贫困学子，遇到有需要帮助的人，经常会捐助几千元给他们付学费，帮助他们渡过难关。但我认为，我个人的力量毕竟有限，因此我经常发动身边的人一起去参与慈善。2016年11月，我成立了深圳白沙溪黑茶慈善关爱基金，就是为了让更多和我一样愿意参

"深圳白沙溪黑茶·同心班"资金发放仪式。黄晓凤以冠名的方式资助同心班学生生活费

黄晓凤以冠名的方式资助"深圳白沙溪黑茶·同心班"学生生活费

与慈善的人凝聚在一起,尽可能地帮助更多的人。

我是从农村走出来的,从小吃了很多苦,长大后到一些山区去,了解到很多孩子面临没钱读书或者教育资源匮乏的处境,深刻体会到农村孩子和城市里的孩子从生下来面临的教育环境就不一样。我希望尽我所能,让这些孩子接受相对好的教育,能够通过好好学习改变自己的命运。

2018年10月23日,湖南省益阳市安化县职业中专学校的100名困难学生收到深圳市宝安区慈善会爱心企业家亲自递到他们手上的助学资金。这笔资金就来源于深圳白沙溪黑茶慈善关爱基金。

通过宝安区慈善会这个平台捐资设立爱心基金,发挥了基金更大的作用。宝安区慈善会联系"一家一"助学就业,"心连心"精准扶贫项目,从深圳白沙溪黑茶慈善关爱基金中拿出40万元捐助设立"深圳白沙溪黑茶·同心班",以冠名的方式资助"同心班"学生生活费。"同心班"分为一班和二班,共100名学生,每名学生每年可获得2000元的生活资助,连续资助两年。

我记得有一名受资助的学生叫周旺,他家中有6口人,爷爷奶奶年过花甲，他和弟弟正在上学，父母文化水平不高，靠外出打工勉强养家糊口。他受资助前父亲突发重病，几经周折才查出患上了脑膜炎，昂贵的医疗费用让原本就困难的家庭负债累累，加上母亲需要照顾父亲，家中失去了收入来源，他的学习生活费都没了着落。他原本已经决定放弃学业了，后来得到基金的资助，他不再畏缩。他告诉我一定更加努力，考上理想的大学，将来做一个对社会有用的人，努力回报社会，传递爱心。

这个孩子十分触动我。因为我自己就是因为家庭困难而失学的，那种痛苦的感受和遗憾一直留在心中，现在有能力回报社会，参与爱心助学活动，就希望帮助那些困难学生完成学业。能帮助一个孩子完成学业就可能改变一个孩子的命运；能帮助一个孩子就业就可以改变一个家庭的困境！

深耕：关注教育领域　善爱福来福往

记者： 所以也因为您自己的梦想，您一直关注教育这块？那后来在宝安做慈善时还有做过什么与教育相关的项目吗？

黄晓凤： 深圳白沙溪黑茶慈善关爱基金成立后很快就突破了 100 万元，因为关注的教育领域让很多企业界人士感兴趣，所以我们每年都会将基金里的资金用于困难学生和福利院的孩子，宝安区慈善会也发动更多的爱心人士和我一起参与慈善。

2019年，由张洪华会长倡导推动的"慈善文化进校园"活动在宝安开展，在 12 月 31 日的宝安区慈善文化进校园征文比赛表彰暨 2019 年度工作总结会召开的时候，区慈善会、区民政局、区教育局、区教育发展事务中心、深圳大学等单位的重要领导都来了，我在活动现场听到学生代表分享慈善故事、慈善文化进校园经验，非常感动。

宝安是非常有爱心的地方，宝安很多学校都把慈善理念的宣传、教育和培养作为学校精神文明建设和德育教育的重要内容，并结合自身特色，以主题活动为载体，在师生、家长中宣传慈善理念，弘扬慈善行为，为营造学校、家庭、社会三位一体慈善文化氛围，培养学生善念，增强师生、家长的社会责任感作了深入、有益的探索。在 2019 年"广东扶贫济困日"活动中，宝安区近 22 万名中小学师生踊跃参与捐款活动，捐款近 200 万元，参与捐款人数和捐款额均创新高，这说明我们宝安的孩子内心都非常柔软、非常阳光、非常有爱心，是一颗颗慈善的种子。

我们宝安区慈善会通过各种形式让学生们接触慈善、了解慈善、参与慈善，从小在他们心中种下爱和善的种子，让其心灵得到净化和温暖。孩子从小就受慈善文化的熏陶，也会成为一个充满爱心和善念的人，我们的社会将会越来越和谐。

记者： 您坚持做了这么多年慈善，最大的收获是什么？

黄晓凤： 慈善文化是中华优秀传统文化重要的组成部分，在弘扬和践行社会主义核心价值观中有着重要地位。我觉得参与慈善，福来福往。你献出去的爱心最终会以其他方式回报你。

2009 年前后，我通过一个朋友了解到甘肃陇南的孩子缺少学习用品，于是我发动身边的朋友一起给他们寄去许多学习用品，自此，我一直很关注甘肃陇南的孩子。

2010 年，深圳职业技术学院的一批甘肃陇南的学生毕业，于是，我去招聘了几个孩子来我的茶艺馆工作。宝安茶艺馆的销售经理就是当年我招聘的一个小伙子，现在他成了我的得力干将，帮了我很多，而且他也已经在宝安成家立业。当年我招聘他是希望帮他解决工作问题，没想到日后他回报我的更多。所以我一直坚信：参与慈善，福来福往。

展望：积小善　成就城市大爱之美

记者： 除了慈善基金，在个人的微慈善项目中，有没有什么项目是您一直在做的？

黄晓凤： 前些年我在开设的茶艺馆门口专门放置了爱心茶柜。一杯爱心茶，夏天能消暑降温，冬天可暖心暖胃，爱心茶柜全天候能放出热水、凉水，一旁的盒子里，我们还会不定时摆放一些应季茶包，供户外工作者

黄晓凤成立的白沙溪冠名基金关注福利院的孩子成长

黄晓凤成立的白沙溪冠名基金关注福利院的孩子成长

黄晓凤茶艺馆门口的爱心茶柜每天吸引大量的孩子来喝茶

自助取用。

天气炎热的时候环卫工人每天都来我店前接上一杯可口的茶。放学的时候，周边的孩子们都喜欢来我的茶艺馆门口，拿着牛奶来兑我们煮的黑茶，说自己制作的奶茶比外面买的更香。

这个事情，自我加入了宝安区慈善会就一直坚持做，因为我的带动，不少茶行也都开设了爱心茶柜，免费为城市建设者和有需要的人送爱心、请他们免费喝茶休息。这些反映了我从点滴处、力所能及的一种微小慈善，这也是我加入宝安区慈善会后的收获。我想宝安区有很多来自基层、中小企业的创业者，甚至一些小餐馆、小卖店，这些商铺老板同样有善心、有爱心想做一些好事，怎么去做？虽然他们做出的善举不像大企业做的大项目那样，但是他们也有一种情怀，也想为社会出力。我想未来能够激励宝安区中小企业家这样一个群体，来告诉他们，我是怎么做慈善的，引导更多的人一起向善，那就真的功德无量，宝安也会处处是爱心、处处有温暖，在宝安生活工作的人们，在宝安成长的孩子也一定有一颗阳光善良的心。

记者：作为慈善会的理事，请您讲一讲未来宝安区慈善会的发展。

黄晓凤：公益慈善来自人心中的善念，来自对美好生活的追求，更来自将真爱传递的力量。当前，后疫情时代，外部环境风云变幻，社会公益组织自身也要自我提升，除了学会自我"造血"，不断"开源"，还要善于创新，唯有如此才能实现公益事业的可持续发展。

慈善组织等社会力量除了在扶贫济困、扶老救孤等传统慈善救助领域持续发力，在日常生活和工作中也可以发动更多的中小企业、街坊邻居参与。我举一个例子：前段时间，一条写给深圳"城中村"一家猪脚饭餐馆的用餐评论，触动了不少人。评价者写道，她是一个即将离开深圳的四川女孩，原本独自来实习，却被学校和中介坑了。她称在离开深圳前的最后一天，无意中点了一份猪脚饭，没想到久违地吃了一顿饱饭。"可能大家觉得我这样说很搞笑，但是这种感激的心情，也许只有我自己能体会了……"商家给该点评也留下了长长的回复，告诉她人生有起有落，不要太在意一时的失意。"你可以搜一下约翰·库提斯。看看他的坎坷不平，你会发现自己是幸福的！"

因为有在外漂泊的不易和曲折，一顿"这么多，这么实在"的猪脚饭，触动了她内心的柔软处。餐馆老板也并未简单回复一句"谢谢"，而是同样不吝文字耐心劝导、谆谆勉励。一来一去，两个陌生人之间流动的善良与温暖，勾起不少网友对女孩遭遇的共情，以及初入社会的"代入感"。其实深圳有很多猪脚饭和餐饮商铺都会给"深漂"的人一个暗语，有时候是"A套餐"或者"15元"，只要你说出这个词语就代表你现在遇到困难，没钱吃饭，那么可以来吃一顿免费的猪脚饭。

类似案例在网上也有。去年，有店家免费送蜜橘给大学生做实验研究，聊天记录在网上流传后，该网店很快就收获了"爆单"。老板出面提示："这次爆单让我心里特别暖，希望大家理性下单。"

宝安区慈善会现在做的很多"微救助"和"慈善文化进校园"的活动就是在传递善意和暖意，人与人之间的守望鼓励、暖意流动，是对社会善良种子的呵护。一个人的善良，或许不会轻易表露，但一旦出手便会扩散闪光。在为他人遮风挡雨的同时，善良也会守护自己。现在宝安区慈善会的工作已经做得很好了，社会的善意传递要靠我们每一个社会人来共同努力。

德不孤，必有邻。我们乐见人与人之间的暖意流动，也希望宝安更多的中小企业家以及零售商铺店主能参与慈善事业，共同呵护好社会的善良。

慈善人物感言 ☆★★ ☆ ★

慈善并无差别，人人皆可慈善。慈善并非富人的"专利"与政府的"专职"。我从乡村走出来，一直在努力打拼，事业和企业正处于发展上升期，实力还算雄厚，但我会积极并努力同众人一起做善事，爱心的分量，不是以善款的多少来衡量的。只要胸怀仁爱之心、慈情善念，人人皆可为慈善尽上一份心力，作出一份贡献。

记者手记

人人可慈善　处处有爱心

在采访黄晓凤的过程中，阳光、浪漫、善良、热情的湘妹子人物肖像画很快呈现在眼前。黄晓凤的故事让我了解到，慈善并非高不可攀的庙堂之选，抑或悲悯众生的精英情怀。一座广厦、一座金山是慈善，一张纸、一杯水也是慈善，且是更为广泛、更趋于本质的慈善。

因为她，湖南安化的100名困难学生感受到来自宝安的温暖，宝安慈善事业又多了一个成功案例。她坚持善小而为的爱心茶柜，证明了宝安的公益慈善事业人人可为、处处可开花。

大道无形，大爱无声。要将慈善理念融入企业文化，并不是只有谷歌这样的大型公司才能实现，有爱心的女性代表同样可以开辟自己的慈善之路。宝安多年来大力推动创新慈善，充分激发帮扶者的参与热情，打造诸多公益慈善的闪亮品牌，为慈善事业良性发展提供了强大动力。相信未来越来越多的黄晓凤会在宝安涌现，她的善良也将带动更多的中小企业家在宝安这块热土上结出慈善硕果。

（记者：何柳）

李新华：发展不忘国防，致富不忘拥军

人物简介

李新华，出生于 1961 年 11 月 3 日，籍贯是广东省五华县。现任深圳市宝安华发实业有限公司董事长，深圳市宝安区福永、福海商会执行副会长、区社会拥军联谊会创会会长、广东省横陂育才基金会会长。2010年 7 月，李新华本着"发展不忘国防、致富不忘拥军"的思想，发起并成立了"深圳市宝安区社会拥军联谊会"。他用十年如一日的坚持不懈和真情付出，铺就了一条不凡的十年拥军路。目前，宝安区社会拥军联谊会已成为社会化拥军的典范。李新华个人先后免费为联谊会提供办公场所、培训基地，为宝安区退役军人红星志愿服务队提供办公室共计 1 万多平方米，合计捐款捐物数千万元人民币，慰问现役官兵、家属和退役老兵等 10 多万人次。获得了"全国爱国拥军模范"、"广东省爱国拥军模范"、广东省"广东好人"、"深圳市爱国拥军模范"、深圳市"鹏城慈善个人奖"、宝安区"慈善个人奖"等荣誉称号。

"拥军是我的生命和事业的一部分"

记者： 您是从什么时候开始接触"慈善"这个概念的？对"慈善"最初的理解和认知是怎样的？

李新华： 我出生在广东省五华县的一个山村。1983年，我怀揣10元钱，从五华水寨车站坐上开往深圳的汽车，开始了我独自闯荡深圳经济特区的艰难创业路。我从事过许多行业，面包店伙计、工地建筑工、建筑运输……凭着客家人敢闯敢拼、朴实勤奋、吃苦耐劳和坚韧不拔的精神，我一步一个脚印，咬牙坚持了下来，从中总结吸取了不少经验，也积累了创业的资本。终于，在1994年，我成立了深圳市宝安华发实业有限公司，担任董事长，公司主营工业园的开发、建设、经营和资本投资运营。在我创业后的公司不断发展壮大的过程中，首先想到的是养育过我的家乡父老乡亲，我始终没有忘记他们，一直心系家乡。事业有成后，我决心回报家乡，为家乡人民做一点力所能及的事。

2009年，我在家乡新联村，发起并创建深圳市琴江文化研究会径美联谊会，担任会长。该联谊会从成立至今，我个人前后出资超过1000万元，支持家乡新联村的建设和发展。这个时候，我并没有想过这就是在做慈善，只想着为家乡的发展贡献自己的一份力量。

记者： 还记得您第一次参与慈善活动的情况吗？您做了些什么？感受如何？

李新华： 我虽然没有当过兵，但从小就怀有一个军人梦想，对军人有着一种深深的情怀。在2010年7月，我本着"发展不忘国防、致富不忘拥军"的思想理念，发起并成立了"深圳市宝安区社会拥军联谊会"，这是深圳市乃至广东省首个经政府社团登记管理机关核准登记，具有法人资格的非营利性社会拥军组织。

深圳市宝安区社会拥军联谊会成立后，我组织带领全体会员，充分利用各种社会资源，促进双拥工作。先后投入资金近千万元人民币，建成面积达 3000 多平方米的"拥军之家"，包括党群服务中心、多功能培训室、拥军（国学）文化长廊、老兵驿站、老兵保健养生中心、宿舍、饭堂等多种配套设施，专供广大部队官兵、退役老兵及家属活动使用。

在成立大会上，我曾经这样表示："我会尽自己最大努力，少说空话，多做实事，牢记联谊会的宗旨，服务军人和退役老兵及优抚对象，配合爱国主义教育、双拥和国防教育，促进当地的经济发展。"

记者： 经过这么多年的发展，如今深圳市宝安区社会拥军联谊会规模如何？

李新华： 我把拥军当成我的生命和事业的一部分。自拥军联谊会成立以来，我率领拥军联谊会全体成员从开始的过节式拥军转变成常态化、全方位拥军新模式，以"党建引领、维护核心、铸就忠诚、担当有为"为主题，与驻军部队开展双拥共建、党建等文体活动，组织会员企业进军营参观学习、举办"退役军人专场招聘会"、组织退役军人创业和军嫂上岗就业培训，远赴江西瑞金、广西等多个红色地区参观学习，定期举办双拥联谊活动及晚会，坚持对宝安户籍现役军人、军属、退役军人、特困老兵进行多种形式的关爱和慰问活动，开展军民融合式发展训练和国防教育培训近 3 万人次，服务退役军人达 3000 余人次，走访慰问驻粤部队，远赴广西等全国 10 多个省、市、区部队 100 余次，为部队、退役军人、军属等赠送慰问品、慰问金达数千万元，硬件设施投入近千万元，慰问人数上万人次。

深圳市宝安区社会拥军联谊会已由成立之初的 5 名企业家、56 名会员，发展到现有理事成员 100 余家、会员 700 余人。十多年来，我带领拥军联谊会在思想上创新，在创新中发展。努力践行一个民营企业家的社会责任，积极践行社会化拥军拥属工作。

目前，宝安区社会拥军联谊会已成为广东、深圳、宝安社会化拥军的一面旗帜、一个典范，是宝安、深圳，乃至广东社会化拥军的一个窗口，先后吸引了北京、重庆、江苏、浙江、广西、四川、湖南、江西、广东各兄弟城市，深圳各区、驻深部队等党、政、军与社会各界 8000 余人次前来调研考察，得到了社会各界的高度肯定和赞扬。我也先后获得了首届"宝安慈善奖"、"深圳市第四届鹏城慈善奖"、2018年度"广东好人",宝安区、深圳市、广东省及全国双拥办授予的"爱国拥军模范"等荣誉称号,受到习近平总书记等党和国家领导人的亲切接见。

记者: 这些年,您还参与了哪些慈善活动?

李新华: 这么多年来,我在慈善事业方面的主要精力都放在扶贫济困、抗震救灾、乡村振兴、奖教奖学和拥军优属等方面。2009年,我在家乡新联村发起并创建深圳市琴江文化研究会径美联谊会,担任会长;2013年,我带头发起并成立了广东省横陂育才基金会,先后担任执行会长、会长。基金会成立以后,我个人为家乡横陂教育事业捐资130万元,用于奖教助学;2017年向五华县教育基金会捐资人民币100万元;多年来,奖励村里考取大学的学子50人次,共计发放奖金近50万元;资助新联小学及幼儿园的教学设施改造近10万元。

坚持13年共投入200余万元,在家乡五华新联村为全村300余位老人举办"重阳敬老爱老"活动,给每位老人发放节日纪念品、慰问金并组织聚餐及文艺演出等,不但给村里老人送去关爱和温暖,还给他们带去精神食粮。

在家乡建设方面,村民们总结出我为新联村的建设和发展做的10件实事:

1. 全面完成新沙路水泥硬底化建设;

2. 点亮新联村村属路段灯光;

3. 建造了高标准的文化生活广场;

4. 创建了保安队,平安新联人民;

5. 接引山泉水,健康了人民生活;

6. 成立联谊会,奖励学子上大学;

7. 重阳长寿节,树立尊老孝敬风;

8. 创建医疗站,健康有保障;

9. 齐心协力办学校,培养下代新联人;

10. "五好"家庭树新风,新联明天更文明。

我的爱心,不仅献给了自己家乡的人民,还辐射到社会的每个角落。

2014 年 9 月 10 日李新华会长向广东省横陂育才基金捐款

我倾心打造宝安区社会拥军联谊会富华培训中心，进行优秀爱国主义传统文化传播和国防与"双拥"知识宣传教育；为创新拥军模式，我个人出资开展"《幸福家庭美德》学习"公益培训，倡导忠孝为先，共同创造幸福和谐家庭。自 2016 年 4 月以来，共有近 1000 个家庭上万人次参加培训，为进一步提高兵员素质、助力提升部队战斗力尽到了自己的一份力量。

联谊会多次与驻军部队开展"双拥"共建、党建共建；举行退役军人创业和军嫂上岗前就业培训，组织企业进军营，举办了"退伍老兵专场招聘会"，帮助退伍军人和军嫂找到合适的工作岗位。相当一部分退役军人就业后，凭借优秀的能力和积极主动的良好作风，先后成长为企业骨干或部门领导。为部队赠送书籍 1 万多册；组织退役军人招聘会，进行培训就业等，服务了 300 多名退役军人；走访驻粤部队，远赴广西部队等共计100 多次；为部队、退役军人、军属等赠送慰问品、慰问金，我个人出资数千万元。

2015 年 12 月 20 日，光明新区发生山体滑坡事故，参加救援的官兵衣服洗完后无法及时晾干，给抢险救援官兵带来极大困扰。我得知这一消息后，当即采购了 500 台双层干衣机和其他生活急需品送到他们手中，让官兵们全身心投入抢险救援。

2016 年 5 月，得知深圳海军预备役部队为加强军民融合式发展急需训练基地，我又立即筹集 20 多万元，对场地进行重新平整，建设军民融合训练基地、文化宣传长廊、信任背摔台、毕业墙等训练设施和器材，先后开展军民融合式发展训练和国防教育培训达 5000 多人次。

联谊会成立以来，每年都对宝安户籍的退役军人、特困老兵进行多种形式的关爱，如每年八一、春节前开展慰问活动；赞助"两参"老军人到广西为牺牲战友扫墓；组织退役军人到海上田园老战士纪念馆参观；为退役军人举办保健养生活动；为全区 300 多名退役军人、"五老"人员寄送生日礼物，到家里为百岁老游击队员举办生日会等。

我用最实际的行动，表达了自己对家乡对祖国人民的深情厚意，为社会公益事业贡献自己的力量，如今，联谊会已成为宝安社会化拥军的一个窗口，这也是令我感到非常自豪和开心的一件事儿。

"参与慈善是我必须做和应该做的事情"

记者：让您印象特别深或感触特别深的慈善活动是哪几次？为什么感触特别深？

李新华：2016 年 7 月，我得知革命烈士、电影《高山下的花环》主人公梁三喜原型人物王发坤的家属生活比较困难后，带头捐款 10 万元，并发动联谊会其他会员筹集资金，将共计 20 万元的爱心善款交到烈士遗孀李金花大嫂手里。捐赠现场，李金花接过爱心款，感动得热泪盈眶，久久说不出话来。在现场，我也很激动，烈士遗孀是一个非常需要关心的群体，能切实帮助她们，我感到很欣慰。我虽然没当过兵，但我对军营有向往，对军人有崇敬之情，12 年拥军路只是个开头，我还会继续坚持下去，开创下一个 12 年。

2017 年 7 月 11 日上午，李新华会长带队到老游击队员郑汉文家中举行生日会

2018 年 10 月 19 日，李新华会长慰问海军"深圳舰"

　　还让我有深刻印象的慈善活动就跟新冠疫情有关了。2020 年，新冠疫情发生时，我刚好回到老家广东五华欢度春节，了解到疫情的严重性后，我立即投入家乡的疫情防控工作中，亲自带头并组织全村志愿者为进出村里的人员量体温、对值守点进行消毒等，还把煲好的老姜老艾水送到新联

2019年9月13日中秋，李新华会长在富华基地慰问宝安消防救援大队参训官兵

村出入口疫情防控点。我不但亲自参与一线防控工作，还出资3万元购买了口罩、消毒设备、消毒水等防疫物资，第一时间送到了村里的防疫一线。同一时间，我还向家乡五华县横陂镇政府捐赠了2万元人民币。由于疫情防控工作开展及时、措施得力，真正做到了严防死守，杜绝了一切传染源，确保了全体村民的安全。回到深圳后，我又来到深圳武警驻宝安中队、机场中队、海警驻宝安工作站、海军驻宝安某部、宝安区人民武装部等单位，捐赠口罩、消毒水、预防药品等防疫物资，同时还深入宝安的社区慰问退役军人，为他们送上防疫用品，总价值200万元人民币。

当我从媒体上得知香港新冠疫情肆虐后，我就在想，驻港部队官兵为了保护香港的安全，不顾个人安危，逆行而上，我能为他们做点什么呢？于是，我便主动与驻港部队某部领导取得了联系，详细了解到部队急需采购一批中草药，熬制给官兵们喝，那些草药可以有效预防上呼吸道感染，从而降低感染新冠病毒的风险。我当即联系多家中医药公司进行联合采购，我们要采购数千人份的药品，并且要一份一份配制、称重并包成一包一包的，然后再装入纸箱并封箱，经过一天一夜紧张的忙碌，终于在第二天上午完成药品采购、包装，并第一时间安排送到部队。

疫情发生时，人人自危，但需要有人站出来引导大家科学地抗击疫情，虽然做这些事情有风险，但是我知道，这是我必须做的事儿。我也只是做了我该做的事情。

记者：宝安区开展的慈善活动您参与了哪些？

李新华：宝安区开展的很多慈善活动我都参与了，比如，抗震救灾、广东省扶贫济困、宝安区对外援助（河源、广西河池、四川）等地的扶贫及帮扶活动、拥军优属等。

记者：在参加宝安慈善活动过程中，您有没有什么不一样的感受？具体说一说。

李新华：宝安区慈善会获得了许多重量级奖项，比如，在深圳市鹏城慈善表彰大会上，宝安区慈善会连续两次被授予"慈善组织奖"，是全市唯一两次获此殊荣的区级慈善会；2011年、2012年和2013年，连续三年被市政府授予"扶贫济困日组织奖"；2012年被评为"深圳市双拥模范单位"；资助驻地困难官兵项目2013年被评为广东省扶贫济困优秀项目；在2016年第三届鹏城慈善奖评选中，宝安区慈善会荣获"典范机构"；张洪华会长荣获"推动者之公益支持奖"。这些奖项的背后，凝聚了宝安区慈善会多年的努力。把钱捐给宝安区慈善会，我们这些企业家都很放心，因为我们知道每一分善款都会用到实处。

记者：谈谈您眼中宝安区的慈善氛围是什么样的？

李新华：宝安区慈善会通过慈善文化进校园、公益慈善项目大赛、慈善微跑、慈善募捐、慈善救助等多种多样的慈善活动在宝安营造了良好的慈善氛围，尤其是"慈善文化进校园"工程，在帮助青少年树立正确的世界观、人生观、价值观，从小培养孩子们的善念上影响很大，通过影响孩子从而影响一个家庭，在宝安掀起了全民慈善的热潮。

宝安区慈善会张洪华会长一直强调："公信力是慈善会的生命所在。"宝安区一直致力于打造宝安特有的慈善文化，建立健全各种制度和办法，让宝安区慈善会公开、透明地在阳光下运作。经过多年的努力，宝安区慈善会已经发展为有活力、有公信力、有凝聚力、有影响力的慈善机构，而

李新华会长与福永商会共同参观捐建的洋田希望小学

宝安区也被公认为是一个富有爱心的城区。

宝安慈善在继承中创新，在创新中发展，在发展中前行

记者： 您对宝安慈善 15 年的发展有什么看法？

李新华： 宝安区慈善会会长张洪华一直强调，慈善募捐是慈善组织的价值所在。多年来，宝安区慈善会积极拓宽慈善募捐形式，不断畅通募捐渠道，通过拓展慈善定向募捐、设立慈善冠名基金、设置慈善爱心募捐箱、举办慈善拍卖活动、打造慈善"互联网+"、举办慈善微跑活动、开展"广东扶贫济困日"活动等多种形式和渠道，不断提升宝安区慈善会慈善资金整体实力。宝安区慈善资金整体实力一直位居全市前列。

这么多年来，宝安区慈善会坚持扶危济困、助医助残、救急赈灾的宗旨，始终把生活最困难、遭遇最不幸、群众最同情的困难群体作为救助重点。

先后出台了资助户籍困难居民重大疾病医疗、资助劳务工重大疾病医疗、自然灾害和突发性重大事故救助、向残疾人综合职业康复服务中心捐赠康复器材、资助福利中心弃婴（童）先天性唇腭裂和先天性心脏病治疗费用、"6·13"特大暴雨灾害专项救助、资助驻地困难官兵、捐赠区中心血站双层采血车一辆和捐赠区人民医院肾功能衰竭医疗设备 9 个慈善项目，为构建和谐宝安作出了应有的贡献。

宝安慈善在继承中创新，在创新中发展，在发展中前行，15 年的耕耘已经让慈善在宝安开花结果。

记者：参与慈善这么多年，您最大的收获是什么？

李新华：坚持做慈善，身体好、家庭和、事业顺。

记者：您对宝安慈善未来的发展有什么意见建议？

李新华：加大宣传力度，号召更多的人来参与宝安慈善，只要人人都献出一点爱，我相信，我们的生活一定会更加美好。

记者：您怎么看待慈善在社会发展过程中发挥的作用？

李新华：据我了解，在 2016 年慈善法颁布之后，中国的公益慈善事业取得了长足的发展。到 2021 年，全国社会组织数量已超过 90 万个，其中公益慈善组织和社会服务组织的数量也在不断增长，蕴藏在中华文明之中的大善大爱精神，近些年来也不断涌现。罹患重病的患者通过网络平台募捐，在很短的时间内就能筹集上百万元的善款；遭遇疫情、灾害的地区，更是一方有难、八方支援。现阶段我国的公益慈善事业的发展已经具备了良好的基础。

另外，企业家进行社会捐赠，会相应地减免税负。一征一减，等于国家送给大企业家们的两个礼物。既有利于教育后代，形成努力奋斗的家风，又能利用这笔资金推动公益慈善事业的发展，我们作为企业家，何乐而不为呢？

在社会治理方面，相较政府和企业而言，公益慈善组织更能试错，更能在社区治理、养老服务、困难群体关怀等方面尝试走出一些创新道路，在国家社会治理方面发挥重要作用。

踔厉奋发搏中流，奋楫争先谱新篇。在全面建设社会主义现代化国家新征程中，慈善事业面临着新任务、新要求。我相信，随着法治化建设的不断完善，规范化、专业化水平的不断提升，慈善事业必将在社会发展过程中发挥更大作用，更好地服务国家和社会。

记者：请您用一句话评价宝安慈善。

李新华：宝安慈善保平安。

记者：请您用一句话表达您参与慈善的感受。

李新华：坚持做慈善，事事得顺利。

记者：请您用一句话感召更多的人来参与慈善。

李新华：人人做慈善，慈善为人人。

慈善人物感言 ☆★★☆★

只要人人都献出一点爱，我们的生活一定会更加美好。

记者手记

李新华先生待人热情、和蔼可亲，采访过程中，我不断被眼前这个普通而又不平凡的男人所感动。他并不善于言辞，但是他用自己的实际行动，谱写着属于他的慈善故事。谈及获得"全国爱国拥军模范"并受到国家领导人的亲切接见时，他不好意思地笑了笑，说感觉自己做得还不够，他会以这个荣誉为新的起点，继续在拥军路上奋勇前行，充分发挥模范带头作用，为深圳、宝安的"双拥"事业贡献自己的微薄之力。采访结束时，他站起来送我，他虽不是军人，可是那一刹那，我却在他的身上看见了军魂。

（记者：范晓霞　图片由被采访对象提供）

庄流创：『慈善是人生的一种信仰』

人物简介

庄流创，深圳市麦轩食品有限公司现任董事长，粤式酥点制作技艺第四代传承人。17岁就跟着父亲庄祖来学习粤式酥点制作整套工艺流程，并拜访岭南名师，根据当地饮食习惯变化，在坚持运用传统工艺配料配方的同时，创新麦轩品牌蛋黄酥、潮式酥等十多个品种，其产品先后荣获"蛋黄酥国饼经典""2019中华糕饼领导品牌""月饼节金奖"等众多荣誉。同时，他收徒授艺，将粤式酥点制作技艺传给女儿庄丽萍，鼓励她对不同国度、不同民族面点还有文化进行比较研究，在营养搭配和口味上创新，研发出低糖、无麸皮、无添加蔗糖以及高蛋白高营养的新中式创新酥点。

热衷慈善反哺家乡

记者：您是从什么时候开始接触"慈善"概念的？对"慈善"最初的理解和认知是怎样的？

庄流创：人之初，性本善。乐善好施是我们中华民族的传统美德，我对"慈善"的理解和认知与从小生活的环境息息相关。一方面是在我出生地——陆丰市海口村（现为崎头村），有位老阿婆，因其能治好疑难杂症，在当地颇有威望，大家都称她"神仙"。她经常为村里的小孩看病，所以我们都很尊敬她。她常教导我们要多做好人好事，整个村民风淳朴，大家互帮互助，邻里关系非常融洽，给我留下了深刻印象。另一方面是来自我的母亲。记得村里有位失孤老人，年纪大了无子女照顾，母亲经常会吩咐我给她送饭菜，每次看到她感激又开心的笑容，我内心触动都很大。

在这样的教育和环境中长大，我深刻体会到"赠人玫瑰，手有余香"的快乐，慈善成为一种自然而然的行为。我始终觉得人要时常怀揣着一颗感恩的心，去回报生活给予的一切。同时，一家积极参与慈善事业的企业才会是一家有凝聚力、竞争力的企业。当自己的力量可以真正帮助到别人时，自己也会变得很充实。

记者：您第一次或最开始参与的慈善活动情况是什么样的？当时是什么氛围？您做了些什么？

庄流创：我年轻时就出来打拼了，因为早早地担负起了家里的重担。那个时候我和我的父亲在深圳开了一家小店，也就是麦轩的前身。在我创业早期，很多亲戚朋友帮助过我，虽然创业初期我的资金还不是很充足，但我仍然希望可以帮助家乡父老。

我第一次做慈善大概是30年前，当时村里要修建寺庙，由于我母亲"礼佛"的原因，当时在母亲的鼓动下，我捐了4000元，那个时候我还没赚到第一桶金，但是想到家乡父老对我的帮助，我觉得这个钱一定要捐。

2019 年，深圳市麦轩食品有限公司在宝安区民政局成立了麦轩慈善关爱基金。庄流创在成立仪式上致辞

　　随着年龄和阅历的增长，我在后来才意识到，这其实就是一种对生命的感恩，是人们对美好生活的向往，是积德行善创建和谐社会的一种期盼，同时也是中华优秀传统文化的传承。也正因为有这种传承，家乡的慈善氛围很浓，大家都乐于反哺家乡，在各项公益事业上积极奉献，这种风气对我影响很大。

　　记者：这些年，您还参与了哪些慈善活动？让您印象特别深或感触特别深的是哪几次？

　　庄流创：我对家乡有很深的感情，每一年回去，我都要给父老乡亲包红包，帮助那些尚在困境中的人，最后只剩下自己坐车回深圳的路费，因为家乡那些率先走出去到社会闯荡的人都会这样做，即使到现在我们还保留着这项"传统"。

　　印象最深的是，20 年前家乡发展还很滞后，村里到镇上只有一条土路，每逢雨季，道路泥泞，进出困难，严重影响村民的日常生活和村里孩子求学。"要致富，先修路"，当时在乡亲们的倡议下，大家决心共同出资修路。那时，正值深圳工厂扩建，资金周转比较困难，但是面对家乡的事情，我无法做到"置身事外"。我找人借了3万元，捐赠给家乡用于修路。后面我抓住了企业发展的好时机，很快就将这笔修路钱还清。如今，从镇上到村里畅通无阻，方便了乡亲们出门做生意和孩子们上学，小汽车可以直达家家户户门口。

还给我留下深刻印象的也与家乡有关。10年前，家乡遭遇严重台风灾害，大量民房、农作物受损，有3个村100多户家庭因灾返贫，乡亲们生活困难，此番情景让我很心痛。于是，连续几年春节，我都从深圳租用大卡车，拉粮油、糕点等回去给当时的贫困户，并送上现金慰问。同时，为了支持当时的扶贫工作，我捐款5万元为村里购买垃圾清运车，解决卫生问题。在我看来，这些都是一些小事，远不及家乡对我的养育之恩，但是勿以善小而不为，能通过做自己力所能及的事情帮助家乡，这让我内心得到极大的充实。

与宝安慈善同行，让爱薪火相传

记者：宝安区开展的慈善活动您参与了哪些？

庄流创：这30年，我在宝安扎根奋斗，这里早已成为我的第二故乡。我们这代人是深圳改革开放的见证者和参与者，也是受益者。作为一家拥有近百年历史的粤式酥点品牌，麦轩坚守"一百年做一件事，用心做好饼"的初心，在延续祖辈传承的同时，不断创新探索粤式饮食文化的无限可能。作为深圳市标准化良好行为企业AAA级食品企业，麦轩一直将食品安全放在企业经营的首位，通过了HACCP、ISO22000食品安全管理体系和ISO9001质量管理体系认证、出口食品生产企业认证，并全面采用食品条码追溯系统，实现对食品安全全方位的追溯和管控。在用心做好品牌的同时，我们也将慈善理念融入企业文化，坚持公益慈善事业，帮助更多需要帮助的人。

在2019年，我成立了麦轩慈善关爱基金，组织公司员工，定点、精准帮扶宝安区民政局在册低保户家庭200余户；积极慰问来深建设者，参与春节前助力返乡活动。另外，我们还通过捐款、认购农产品等各种方式，助力脱贫攻坚和乡村振兴，积极参与宝安的慈善事业。

多年来，我们麦轩慈善关爱基金已累计捐款捐物200余万元。能为这座城市作点贡献，也实现了我个人的人生价值，是一件很有意义的事情。我也希望能够将公益事业延续下去，通过企业的力量给予更多的人帮助，号召更多的爱心企业加入公益慈善事业中来。

记者：在宝安慈善活动中，您有什么不一样的感受？

庄流创：宝安区慈善会坚持以服务发展为己任，以民生需求为导向，创新思路开展各类慈善活动，实施了一大批慈善公益项目，全区慈善救助能力显著增强、慈善基金规模不断壮大、社会慈善氛围日益浓厚，在扶危济困、救急救难、乡村振兴等方面发挥了重要作用。此外，慈善会还给予麦轩慈善关爱基金很多的指导与帮助，让我们的基金更加专业。

记者：您对宝安区的慈善氛围有什么看法？

庄流创：宝安是一个处处充满爱的地方，不论是日常的关爱、扶贫

2020年，庄流创（中）代表深圳市麦轩食品有限公司参加爱心福彩资助来深建设者春节返乡活动

济困，还是对突发事件的大力援助，宝安人都走在前列。各种类型的慈善活动早已深入人心。慈善文化建设，慈善理念宣扬，更是将宝安慈善与教育、生活相结合，在广大群众心中种下爱和善的种子，增强了大家的社会责任感，涌现出很多爱心团体、企业和个人，在各个时期，慷慨解囊，默默奉献，形成了很好的社会风气。

记者：对宝安慈善15年的发展您有什么看法？

庄流创：宝安区慈善通过多年发展已经走向高质量的发展道路，慈善组织的数量与规模明显提升、慈善捐赠与志愿服务大幅增长、慈善文化与理念深入人心、募集善款形式创新且多样、慈善工作专业化程度不断提升。现在宝安慈善事业的社会功能日益凸显，在解决社会问题、弘扬爱心、促进和谐社会发展中起到了很好的补充作用。

记者：您参与慈善最大的收获是什么？

庄流创：慈善是人生的一种信仰。参与慈善多年，我得到了很多人的认可与感谢，同时也树立了自己企业的良好社会形象。但如果以此为必得的收获，则有违初心。我参与慈善的收获，更多的是精神上的富裕和内心

庄流创（左五）参加深圳市麦轩食品有限公司主办的深圳市宝安区特殊教育学校师生DIY主题活动

的满足，帮助他人，快乐自己，这是我的初心。一方面，企业不定期举行各种慈善活动；另一方面，我通过身体力行，为我的孩子树立了榜样，让我的孩子也主动加入慈善事业，并形成了良好的家风。

记者：您对宝安慈善未来的发展有什么意见建议？

庄流创：一是坚持创新，通过更多渠道、更多方式，壮大慈善事业发展；二是完善机制，做好资金的管理工作，精准帮扶，专业帮扶；三是重视慈善文化宣传，特别是对年青一代的教育与引导，弘扬真善美。要在广泛发动上下功夫，进一步壮大慈善事业硬实力；要在塑造品牌上下功夫，进一步扩大慈善事业影响力；要在规范管理上下功夫，进一步提高慈善事业公信力；要在氛围营造上下功夫，进一步增强慈善事业感召力；要在队伍建设上下功夫，进一步强化慈善事业推动力。

希望宝安区慈善会募集更多善款，帮助更多需要帮助的人，传递更多正能量，让更多的人为有善心而感到光荣和自豪。让中华民族的传统美德不断发扬光大，让社会更加和谐地发展。

履行社会责任，做爱心担当企业

记者：您怎么看待慈善在社会发展过程中发挥的作用？

庄流创：慈善如春雨，润物细无声。对于社会困难群体，慈善能给予精神与物质上的双重慰藉；对于各类突发的自然灾害，慈善又能发挥及时雨般的作用。发展好慈善事业是对社会保障体系的有益补充，不仅为政府解忧更为群众解愁，提高社会文明程度，树立良好社会风气，是共同富裕的重要助力，也是社会文明进步的重要标志。

做慈善是生命影响生命，是爱的传递。我曾经看到一个故事，讲述的是一对夫妇为了纪念他们已故儿子两周岁的生日，为一户陌生家庭支付了饭钱。随后，这户家庭也同样为他人买单。餐厅的老板被这一行为打动，发起了为人付款的传递爱心活动。很多人传递爱心，做慈善是不需要回报的，如果受惠者能将这种感恩之心传递下去，对社会的发展将十分有益。

同时，这种正能量的故事传播开来，能够激励、影响更多人去传递爱心。所以做好事、做慈善对和谐社会的发展有很大的推动作用。我认为慈善不分大小，只要能帮助到人，就是慈善。

记者：作为一家公司的经营者，您如何看待做生意和做公益两者之间的关联？

庄流创：在企业的发展过程中，我一直都在强调要把慈善理念融入企业的发展之中。我们经常组织一些员工去贫困地区开展公益活动，一方面，培养员工的慈善理念；另一方面，让员工能够保持感恩的心，这也有利于企业的发展，有利于共同把企业做好。

我们不会刻意去做一些慈善活动。企业家要先把企业经营好，才有能力帮助更多的人。如果我们自己没有足够的能力，对别人的帮助也十分有限。

此外，我们做慈善还有一个理念就是"扶贫不扶懒"，如果一个人只是单纯缺少钱，而不是遇到了真的困难，我们是不会帮的，我们要帮助真正需要帮助的人，更要从源头上帮助对方拥有自我生存的能力。金钱不能衡量一个人的爱心，有时候他们需要的不仅是钱的支持、物的支持，更多的是精神上的支持。

记者：请您用一句话评价宝安慈善。

庄流创：慈善行动遍地开花，宝安温度温暖人心。

记者：用一句话表达您参与慈善的感受，感召更多的人来参与慈善。

庄流创：心存善念，种善因得善果。帮助他人，成就自己。

慈善人物感言 ☆★★ ☆ ★

慈善就是一种信仰。做慈善就是自己对生命的感悟，对良知的交代，不是做给别人看的。做慈善一定要量力而行，善无大小，不能去攀比，重要的是持之以恒。

家乡情怀点燃慈善家的赤子之心

给家乡修路，为整个村子带来"致富路"；给家乡人民捐款捐物，身上只留下回家的路费；动员公司员工投身慈善，让爱心持续传递……慈善之路，庄流创走得很"宽泛"。

与成立麦轩坚持做饼一样，庄流创在慈善事业上同样保持"初心"。采访中，庄流创提及最多的就是家乡。从他儿时的成长环境，到乡里乡亲的互帮互助，再到长大后回报家乡，这些与善结缘的每个细节，都体现出他对家乡深沉的爱意。

而庄流创的慈善事业也与麦轩紧密相连。他17岁时跟着父亲学习的粤式酥点制作，至今保留在麦轩的产品中，他还将这项传统手艺传给自己的女儿，推动麦轩的传承和发展。在慈善事业上，他亦是如此，不仅从小培养孩子的向善之心，同时还给她们做榜样，带领她们开展慈善活动，传递慈善之心。

如今麦轩的发展越来越好，庄流创对慈善事业也倾注更多的心血。他说无论钱多钱少，做慈善最主要的就是事情本身，对于受助的人来说都是力所能及的帮助。不论功名高与低、财富多与少，乡情永远是心底最柔软的地方。未来，他还会持续关注家乡发展、献力于慈善事业。

（记者：高山）

江家贤：点亮志愿微光 汇聚慈善大爱

人物简介

江家贤，中共党员，出生于 1985 年 7 月，硕士研究生学历。现任深圳市宝安区志愿者联合会党支部书记、秘书长。她从儿时起便乐善好施，从一名普通的宝安志愿者成长为全区志愿服务的"大管家"，通过建章立制、壮大队伍、规范管理、深化项目等创新探索，广泛汇聚志愿服务力量，推动慈善事业融合发展，助力构建"大慈善"新格局。曾获评第二十四届"广东青年五四奖章"提名奖、2020 年广东省优秀共产党员、2020 年广东省抗击新冠肺炎疫情先进个人、2020 年深圳市优秀共青团干部、2020 年深圳市全民禁毒工程先进个人。

儿时乐善好施　养成助人习惯

记者： 每当提及您的慈善故事，很多人的第一反应都是"志愿服务"。请问您是从什么时候开始接触志愿服务的，对它有何认识？

江家贤： 从幼时起，不论是父母还是老师，都教导我们要敬老助老、帮助他人。这般谆谆教诲在我的内心深处扎根，成为我永久的认知。在我很小时，母亲就经常带着我捐助帮扶老家的敬老院，这在无形中影响着我。

1994 年，我正就读于宝安的宝城小学，共青团中央、全国少工委面向全体少年儿童发起一项名为"中国少年雏鹰行动"的素质训练活动。我和同学们以假日小队的形式参与"手拉手"互动等各类社会实践活动，其中一项重要实践内容就是走进西乡敬老院陪伴孤寡老人。每次去到那儿，我们陪老人聊天、散步，给他们读报、表演节目，老人们就像看见自己的亲孙子、孙女一样，用慈爱的目光注视着我们。最让我开心的是看到他们脸上洋溢的笑容，尽管笑起来时满脸皱纹，咧开的嘴里仅剩几颗牙齿，但我觉得那是世界上最美丽的笑容。

那段时间，我和同学们还参加了结对帮扶贵州省贫困山区学生的活动，和当地的学生结成对子，通过写信的方式交流生活和学习情况。和我结对的那个学生在信中分享他的生活和学习情况，给我讲当地的民俗风情，感谢我给予他鼓励。通过这些信件往来，我了解到原来还有这么贫穷的地方，也会因自己能给别人带去温暖和希望而感到欣慰。

现在看来，当时所做的这些事情已经属于"志愿服务"范畴了，但那时的理解是帮助像他们一样有需要的人，给他们带去快乐的同时自己也会感到快乐。

记者： 在您后来的成长经历中，还做过哪些帮助他人的事情？有特别触动您的细节吗？

江家贤：似乎在我的成长过程中，总能遇到一些需要帮助的人，而尽己所能去帮助他们，已经成为一种习惯。其中，印象特别深刻的有这几段经历。

一段也是发生在小学时，我和同学们一起为一位白血病患者募集救治善款。我们准备好捐款箱、患者资料，利用周末时间到宝安五区市场（后更名为"宝民街市"）附近募捐。为了尽可能地吸引更多市民捐款献爱心，年少的我们使尽浑身解数，第一天采用举牌流动式，第二天采用摆摊设点式，第三天还安排吹笛子、拉小提琴等才艺表演，每经过一个人，我们都不厌其烦地解释。这次募捐持续了一个多月，尽管最终募集的善款有限，但我们还是很开心，因为至少让更多人关注到了这个需要帮助的群体。

另一段是在我读高中期间，学校组织我们去宝安区社会福利院（后更名为"宝安区社会福利中心"）开展活动，和特殊儿童结对玩游戏。看着他们的眼神和言谈举止，我才意识到，原来有很多同龄人和自己是不太一样的。相比起来，我们是多么幸运和幸福。那些情景，深深触动了我。我多么希望自己能给予他们更多的帮助，但当时的我心有余而力不足。于是，我便下定决心，以后要让自己变得更强大，帮助到更多人。

还有一些难忘的经历发生在2022年。6月，广东多地持续强降雨，清远市、英德市更是遭遇"百年一遇"的洪水袭击。当看到关于英德灾情的报道时，我的心揪了起来，立刻联系英德团市委副书记华予，询问清楚灾情所需物资后，联合宝安区青年企业家协会及爱心企业跨越速运，一同为英德紧急送去所需民生物资。8月，重庆市森林火灾牵动着全国人民的心。作为在重庆读书生活了4年的人，我一直把那里当成自己的"第二故乡"。得知灾情后，我立刻联系重庆团市委，为他们紧急快递宝安区志联的防疫储备物资。

这一桩桩、一件件，虽然都不是轰轰烈烈的慈善壮举，却让我在一点一滴中积攒着爱心与温暖，也盼望着有一天能凝聚成慈善的清流。

接触志愿服务　思考融入慈善

记者：您从何时真正开始了解志愿服务？这对您后来的生活和工作产生了什么影响？

江家贤：去宝安区社会福利院参加活动时，我其实已经接触到了早期的志愿者组织。当时，宝安区义工联（后更名为"宝安区志愿者联合会"）有个助老组，志愿者们会去敬老院看望和陪伴老人。但那会儿我对志愿者组织、志愿服务还不太了解。

直到 2008 年北京奥运会招募志愿者，我才真正深入了解志愿服务和志愿者。当时我身边有同学报名参加了北京奥运会志愿服务，我因马上要去香港继续攻读研究生而未报名。同学在志愿服务结束后，有和我分享她在那里的经历，言语间透露出满满的自豪感。于是，在去香港读研前的那个暑假，我正式注册成为一名宝安志愿者。

因对志愿服务的兴趣日渐浓厚，我在香港读研期间也选修了一些和志愿服务相关的课程，还参与了一个名为"志愿者领袖计划"的项目，学到不少与志愿服务相关的专业知识，积累了一定的实践经验，这对我后来开展志愿服务工作起了很大的帮助作用。

回到宝安参加工作后，我也经常参与一些志愿服务。2018 年年初，机缘巧合下，我辞去干了 8 年的法院工作，入职宝安区志愿者联合会，将志愿服务作为自己事业的新起点。对于这个决定，我身边不少同事、家人、朋友都表示质疑和不解，问我为何放着安稳的机关工作不做，天天日晒雨淋做志愿者。我向他们道出心声：我从小在宝安长大，也是一名很早就接触志愿服务的中共党员，希望坚守那份初心和热忱，尽自己的绵薄之力，把更多的爱与温暖传递到宝安的每个角落。

来到宝安区志愿者联合会后，我开始思考如何充分发挥志愿服务的作用，将其更有效地融入公益慈善，帮助更多人。

记者：您怎么理解志愿服务和慈善之间的关系？

江家贤：志愿服务是慈善活动的重要形式，是慈善事业的重要组成部分。《中华人民共和国慈善法》第七章的内容就是"慈善服务"，共有 8 个条款，是该法关于志愿者和志愿服务的核心条款，集中规定了有关志愿者和志愿服务的制度框架，以法律形式对志愿者和志愿服务组织的权责予以确认。

在多年的实践过程中我们也认识到，志愿服务和慈善是相辅相成的，志愿服务能有效推动慈善事业发展。例如，我们在日常的一个个具体的志愿服务活动和项目中接触大量的人和事，可以及时发现需要帮助的对象，了解具体情况，给慈善活动提供信息和参考。又如，在捐资助学等慈善活动中，需要有志愿者持续做一些具体事务。

深化帮困助弱　合力"雪中送炭"

记者：为了开创宝安志愿服务新局面，进一步扩大慈善覆盖面，您做了哪些努力？

江家贤：在宝安区志愿者联合会工作的 4 年多时间里，我一直致力于提升宝安志愿服务的影响力，从建章立制、规范管理、壮大队伍等方面着手，带领宝安志愿者以志愿服务助力社区基层治理体系建设，扩大慈善覆盖面。

在宝安团区委的指导下，我牵头起草了《宝安区志愿服务需求管理办法》，力争在区县级志愿服务的制度化、规范化发展方面先行示范；建成"宝安义工天地"和"宝安志愿者学院"，为全区志愿者和志愿服务组织搭建对外展示、交流学习、项目接洽、组织孵化等的公益性平台；牵头组建了"民间河长""安全生产志愿服务队""疫情防控应急志愿者"等专业志愿者队伍；打造了全国首个国际青年志愿服务单体户外 U 站，组建了由超过 500 名志愿者组成的全国首支全外籍青年志愿者服务队。

我希望在此过程中，让更多人清晰了解宝安志愿服务的发展现状、所涉及类别、达到的水平，可为哪些领域的事业发展提供助力。其间的艰辛历历在目，但我从未想过放弃。

记得在《宝安区志愿服务需求管理办法》起草撰写的过程中，为了更直观地看到一线志愿服务情况，我常常带队深入社区、交通路口、U站、行政窗口、福利中心、医院等志愿服务一线，倾听一线志愿者的意见和需求。在组建"民间河长"队伍的时候，为了招募吸纳更多专业力量，我曾多次带着志愿者伙伴们"三顾茅庐"，希望用真诚打动这些专业人才，吸引他们加入护河治水专业志愿服务领域。

4年来，宝安区志愿者联合会不断壮大，全区志愿者从不到30万人发展到如今超过68万人，占全市近1/4，124个社区志愿者之家全部建成，志愿服务U站增至75座。这也为我们更广泛、深度、有效地融入宝安慈善事业奠定了坚实的基础。

记者： 在拓展志愿服务领域，深化帮困助弱方面，您牵头开展了哪些创新工作？

江家贤： 近年来，在宝安团区委的指导下，依托宝安区志愿者联合会这个温暖有爱的组织，我们在帮困助弱志愿服务创新方面进行了不少尝试。

一方面，探索深入开展关爱自闭症儿童志愿服务。从2008年开始，宝安区志愿者联合会就成立了"关爱自闭症儿童义工服务队"，开始名为"点亮星灯 璀璨星空"关爱自闭症儿童项目的探索，定期开展手工制作、星儿生日会、康复训练、心理辅导、社区宣传等服务项目，为"星儿"家庭送去温暖。2015年，"点亮星灯 璀璨星空"关爱自闭症儿童项目荣获第二届中国青年志愿服务银奖。因多方面原因，这个项目中间暂停了几年。2022年，我们将继续该项目并更名为"关爱星星儿童"计划，将在原有服务的基础上，进一步拓展服务内容，联合自闭症儿童治疗机构挖掘关爱对象，链接各方资源给予帮扶。

另一方面，按照"邻里三相"社区志愿服务计划，努力将志愿服务精准融入基层治理，以便及时高效地帮扶困难群体。自2019年起，宝安团区委开始实施"邻里三相"社区志愿服务计划。主要针对10个街道124个社区，为有需要的人群提供关爱慰问、生活照料、结对帮扶、教育培训、心理咨询等常态化志愿服务，切实帮助有需要的人。在团区委的指导下，我积极统筹宝安区志愿者联合会和各街道志联（义工联），组织志愿者采取集中慰问和入户慰问的形式，对辖区孤寡老人、空巢老人和特殊人员等困难群众开展一系列慰问及送温暖活动。比如，志愿者深入老人家中，给他们提供生活照料、结对帮扶等志愿服务，帮助他们解决生活中遇到的困难和问题，营造社区居民互帮互助的浓厚氛围。

为了更加精准地了解和服务群众需求，我们还在宝安各大U站常态化开展志愿服务的同时，邀请居民及志愿者加入微信群，由专人在群内收集了解居民的需求，及时对接需要帮助的对象。

传递凡人善举　共筑"大爱之城"

记者：您是如何发挥志愿服务优势作用，合力参与和传播慈善大爱的？

江家贤：我一直认为，在传播慈善大爱的路上，一个人的力量是薄弱的，小团体的力量也是不足的，但当整体社会的力量集聚在一起时，这股蓬勃而强大的力量就能温暖一切。作为宝安志愿服务的"大管家"，我有责任和义务带领志愿者家人们充分发挥志愿服务的组织架构完善、队伍庞大和响应及时等优势，通过一个个凡人善举传播慈善大爱。我想通过几个事例，来让大家感受我们在利用志愿服务优势，有效地融入慈善方面所作的努力。

汇聚爱心，合力救助。2018年6月下旬，我从志愿者伙伴那里得知一个求助信息：家住宝安西乡的李振源于2012年8月迎来了一对双胞胎女儿的诞生，但不幸的是，两个孩子在半岁时均被查出患有重度地中海贫血。幸运的是，终于找到了理想的骨髓配型，可于2018年9月在深圳儿童医院进行移植手术。这本该是个大好消息，但整个手术治疗过程至少需要60万元费用，李振源一家难以负担。他们家有片荔枝林，当年正好赶上丰收"大年"，却没有销路，这让他更加犯愁。

我们立即在宝安各大志愿者群转发扩散这一信息，并提醒李振源可向宝安区慈善会求助。志愿者们纷纷自发通过网络力量帮助他们销售荔枝，走进果园帮忙采摘。宝安区慈善会了解情况后也立即联系企业家，到果场察看情况。深圳市广兴源投资有限公司董事长、宝安区慈善会副

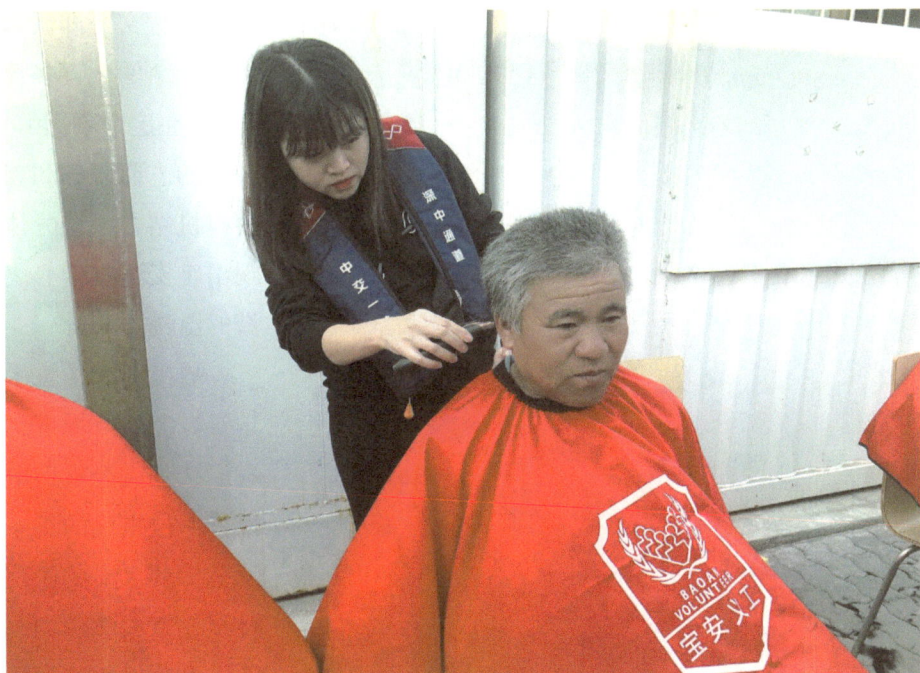

2020 年 1 月 9 日，江家贤在深中通道（西岛）组织开展义剪活动，为户外劳动者义剪和送清凉

2020 年 1 月 11 日，宝安区中心血站、区志联在壹方城购物中心联合举办"献血有量 大爱无疆"暨宝安义工献血活动，江家贤代表区志联接过区中心血站赠送的感谢状

2020年5月8日，江家贤为宝安地标农产品黄田荔枝溯源帮扶直播带货

2022年8月，江家贤牵头为重庆市巴南区捐赠一批防疫物资，援助重庆市火灾后重建及防疫工作

会长黄耀文当即认购果园剩余的2万多斤荔枝。在这个事例中，宝安的志愿服务和慈善有机结合，充分体现出宝安这座爱心之城的温暖。

链接资源，雪中送炭。2022年的一天，我们接到一个求助电话，一位市民的父亲病危，从宝安的医院转至北京大学深圳医院重症监护室救治且急需输血，但当时该医院血库缺血。情急之下，我赶紧联系宝安区中心血站，血站立即响应，开通绿色通道，紧急备血送往医院。当市民有困难想到找志愿服务组织时，我们之所以能快速链接到宝安区中心血站的资源，及时保障伤者救治，是因为我们常态化开展无偿献血志愿服务活动，建立了稳定联系。在

2022 年 8 月，江家贤在清远连南瑶族自治县寨南中心学校开展助学公益活动

无偿献血志愿服务活动中，志愿者们除了为献血市民提供问询指引、心理疏导等服务外，自己也挽起袖子，捐献一份热血，奉献一片爱心。

记者：在您的影响和带动下，有哪些社会力量参与践行和传播慈善大爱？

江家贤：这些年来，我很欣慰地看到越来越多的人加入我们的队伍，他们中有医生、律师、警察、教师等专业力量，也有爱心企业、慈善基金会等。

其中，一些律师和医生会利用下班时间，给有需要的人提供法律咨询、义诊等服务。宝安中医院（集团）主任中医师谢嘉嘉就是典型人物，他在工作之余脱下白大褂，穿上红马甲，参与义诊、关爱户外劳动者等志愿服务，义务为群众提供医学建议。在宝安，像他这样的志愿者还有很多，他们立足本职工作，发挥自身优势，弘扬雷锋精神，为需要帮助的困难群体服务。

一些爱心企业和慈善组织的举动，也让我十分感动。当看到我们常态化开展无偿献血志愿服务活动时，中建三局有个项目队组织工作人员集体献血。当得知我们对口帮扶的广东省河源市龙川县登云镇登云中学和廻龙镇大塘小学篮球场破旧不堪，连篮网都没有时，广东省书豪李群体育事业公益基金会随即决定援建两个篮球场，满足孩子们的体育运动需求。当在各大志愿服务U站的"心愿墙"上看到有需要帮扶的人时，很多爱心人士主动联系我们表示愿意认领"微心愿"……这样的例子不胜枚举，在"润物细无声"中让人感受到爱与温暖的互相传递。

记者：您是如何做到这么多年一直坚守和引领志愿服务的？动力是什么？最大的收获是什么？

江家贤：这么多年来，很多人问过我这样的问题，包括我自己。我想，或许是服务对象的那一声声"谢谢"和那一张张真诚的笑脸打动了我，又或许是志愿者伙伴们十余年风雨无阻的坚持支撑着我。每当真正帮别人解决了困难时，我总是由衷地感到快乐，这可能是我最大的动力。

身为宝安区志愿者联合会的负责人，我在心里常对自己说："我必须以身作则、做出表率，用心用情、辛勤付出，挑最重的担子、干最累的活，及时出现在别人最需要我的时候，这样才对得起大家给我的那份信任。"我很欣慰地看到，如今在宝安"有困难，找志愿者"成为一种新的社会风尚，

在2022年宝安区"12.5国际志愿者日"主题活动上

而"赠人玫瑰,手留余香"则成了我最大的收获。

展望爱心之路　推进深度融合

记者: 在推动志愿服务更加广泛深入地融入慈善事业方面,您有何计划和打算?

江家贤: 接下来,我们将在宝安区慈善会的基本账户下,设立"青春宝安"专项冠名基金。该基金主要用于青少年帮困助弱、扶危济困、志愿者权益保障、关爱困难、优秀志愿者等领域。依托这一基金,不断充实慈善志愿服务资金库,吸引更多爱心企业加入,形成"社会关注慈善志愿服务、人人参与慈善志愿服务"的良好社会氛围。

同时,推进开展"互联网 + 慈善志愿服务超市"。打破传统慈善志愿服务超市运营辖区固定和运营时间限制,引入"互联网 +"理念,并融合新兴信息技术对慈善志愿服务超市各个环节进行全方位的升级和改造,让

江家贤从一名宝安志愿者成长为全区志愿服务"大管家"

救助像网上购物一样便捷,并实现慈善捐助款物和社会救助需求之间的"点对点"精准对接,形成线上和线下的良性互动。

再者,计划搭建银龄养老互助平台,创新融入志愿服务力量,全面推广"时间银行"养老志愿服务。组织老年人开展互帮互助、以老助老的志愿服务活动,鼓励健康、相对低龄的老年人帮扶空巢、高龄、失能及特困老年人,将志愿服务和养老服务有效结合起来。在此过程中,设立时间银行资金池,并开通社会捐赠渠道,鼓励社区企事业单位或个人捐赠物品、资金等来扩充资金池,用于日常运作、时间币转增兑换、志愿者褒奖等。

记者: 您如何看待宝安的慈善事业?对其未来发展有什么意见建议?

江家贤: "一方有难,八方支援",这在宝安慈善事业发展过程中体现得淋漓尽致。特别是宝安区慈善会成立以来,宝安的慈善事业不断向着健康、有序的高质量方向发展,广泛汇聚力量,弘扬慈心善举。对于宝安慈善事业的未来发展,我期待有更多的创新举措,不断拓展服务领域,深化服务内涵。

结合宝安区落实国家中长期青年发展规划和建设青年发展型城区、志愿者之区的现实需求,我建议可以打造更多乡村振兴品牌慈善项目。例如,支持持续开展宝安区志愿者子女和"小候鸟"夏令营等项目,让更多"小候鸟"可以来到深圳感受城市发展魅力,开阔视野,增长见识,立志发愤读书。

同时,注重培养青少年儿童的慈善意识,从娃娃起抓慈善教育。深入开展"慈善文化进校园"等系列活动,宣传慈善文化,培育慈善理念,培养行善习惯。

此外,还应结合新媒体思维,不断丰富社会慈善捐赠方式,让人们可以更加灵活便捷地实施救助,营造"慈善就在身边、慈善随手可做"的浓厚氛围。

做慈善事业的行动者，当爱心奉献的传播者。

记者手记

一个人带动一群人　一群人温暖一座城

外表阳光干练，做事雷厉风行，只要是她负责的事情，都能风风火火地被高效落实。"三顾茅庐"求贤才，脚沾泥土送温暖，只要是她认定的方向，都是风雨兼程、笃定前行。

从一名普通志愿者成长为宝安志愿服务的"大管家"。她把志愿服务当成事业，始终秉持"赠人玫瑰，手留余香"的理念，以实际行动践行和传播"奉献、友爱、互助、进步"的志愿者精神，展现着新时代宝安青年的精神品格和价值追求；她把助人为乐当作生活习惯，影响和带动越来越多的人以志愿服务融入"大慈善"队伍，用坚持守护善良，用爱心传递温暖，用担当诠释初心。

一个人带动一群人，一群人温暖一座城。正是一个个像她一样的平凡人，用志愿行动传递爱与善，以一己之力发出光与热，彰显着城市温度，传递着慈善大爱。

（记者：何冬英　图片由被采访对象提供）

田佳怡：用镜头记录感人瞬间 用新闻传播慈善故事

人物简介

田佳怡，女，宝安区融媒体中心记者，自 2013 年起负责宝安区及宝安区慈善会的相关慈善新闻报道。

初尝助人为乐的快乐　年轻记者与慈善结缘

记者： 作为一名记者，请你简单地介绍一下自己的职业，以及你与慈善之间的缘分。

田佳怡： 我是宝安区融媒体中心的一名记者。记得我刚刚从事记者工作的时候，遇到了一位前来寻求帮助的市民，由于时间太久，具体的缘由已经记不清了，我只记得大概是他的社保在办理的过程中出现了一些问题，所以前来求助。当时我只是一个初出茅庐的小记者，对记者这份职业有着天然的责任感和使命感，觉得一定要帮他解决这个问题。后来，我和他一起找到相关部门，最终这件事顺利解决了。事情解决后，这位市民给我发来了一条表达感谢的短信，当时看到这条短信的时候，我特别感动，觉得所做的一切都值得，也第一次体会到了帮助别人所带来的快乐。虽然这件事很小，却一直让我非常难忘。在我看来，帮助他人也是一种慈善。

田佳怡工作照

　　2013年，由于工作部门调整，我从原来的民生新闻部门被调到了时政新闻部门。时政记者都会有自己专门负责的相关单位，我们把它称为记者的"跑线"。在一次记者分线中，我成为宝安区慈善会的跑线记者。还记得那是过年之前，宝安区慈善会会长张洪华召集我和《宝安日报》的跑线记者黄芳以及慈善会的工作人员开会，讨论慈善会的相关宣传工作。张洪华会长侃侃而谈，畅谈宝安区慈善会过去一年的工作成绩以及未来一年的工作安排。整个发言虽然没有稿子，但是条理十分清晰，看得出来，张洪华会长对慈善工作充满着热情与责任感。一种敬佩之感油然而生，从那以后我和宝安区慈善的缘分真正开始了。

见证扶贫济困故事　感受慈善的爱

　　记者： 在这些年的慈善采访中，有没有让你感触特别深或者令你特别感动的故事？

　　田佳怡： 2017年，按照党中央关于东西部扶贫协作的部署，宝安区结对帮扶广西都安瑶族自治县和大化瑶族自治县，除了政府的对口帮扶，宝安区慈善会还发动社会募捐进行对口帮扶，捐建"爱心水柜"项目。2018年10月30日，我同宝安区慈善会一道来到广西都安瑶族自治县下坳镇隆麻村，考察"爱心水柜"项目。

　　隆麻村是被周围大山包围着的一个村，我们坐车去村里需要走狭窄的山路，山路的旁边就是万丈深渊。当时坐在车里，我的心情非常紧张，我紧紧地握住座位上方的把手，心想"如果掉下去可能就完了"。但是，这条路却是下坳镇隆麻村村民在没有"爱心水柜"之前，每天打水的必经之路。每到旱季（11月至次年3月），村里人都要翻过山坳到30里外的外村去挑水，腿脚快的人去打一趟水来回也要走3个多小时。旱季里经常一家人共用一盆水洗脸，洗完脸洗脚，洗完脚还要留着给牲口喝。

　　在隆麻村，我跟随宝安区慈善会来到了村民蒙大爷家，说起家里通水的事情，他笑得合不拢嘴，他说之前政府帮村里通了路和电，现在"爱心水柜"又帮他们解决了用水难题。宝安区慈善会捐建的这19座"爱心水柜",可以帮助当地600多人喝上水。记得当天阳光明媚,在宝安区慈善会一行和蒙大爷交谈的时候,一缕阳光洒下来,那个画面非常美。

还有一件让我印象特别深刻的事就是2021年8月和宝安区慈善会一行,去河南考察灾后重建项目,当时我们去了南阳市第十中学,学校的东教学楼

去往广西都安瑶族自治县下坳镇隆麻村的山路

受到2021年7月河南省洪涝灾害的影响,成为C级危房,在2021年7月被拆除。拆除之后严重影响了学校的招生和发展,很多原本可以在这里读书的学生,没有办法读书。百年大计,教育为本,宝安区慈善会在详细了解和考察后,决定出资重建这栋教学楼。这两件事,仿佛让我明白了慈善的意义,慈善就是帮助真正需要帮助的人,让爱与温暖在人与人之间传递,让更多的人生活得更加便利,更有幸福感!

"慈善之果"在宝安传递　幸福感安全感油然而生

记者: 在你接触采访的宝安企业家或者慈善工作者当中,有没有你特别欣赏或敬佩的人,你觉得他们身上有哪些品质令你感动?印象最深刻的

一件事是什么？

田佳怡：在多年的采访中，我见到了宝安很多扶贫济困、乐善好施的爱心企业家，包括在做《慈言善道——宝安慈善访谈》的过程中，我对宝安的爱心企业家有了更加深入的了解。像宝安的爱心企业家欧阳泉、文汉根、黄尔春、林填发、黄耀文等，他们都是宝安非常成功的企业家，他们身上最可贵的是在自身企业做大做强的时候，还心怀感恩之心，他们感恩自己得到了国家发展的红利，认为自己应该回馈社会。每当国家有大灾大难的时候，这些宝安的企业家从不吝啬，慷慨解囊；见到有需要帮助的困难群众时，愿意伸出援助之手帮助他们。他们捐资助学、成立慈善基金、帮助身边人，每件事都彰显着慈善和爱。

其中印象最深刻的是发生在2018年的"爱心荔枝事件"。家住西乡的李振源是一位果农，在西乡承包了一个果园。当时他6岁的双胞胎女儿罹患重度地中海贫血。幸运的是，孩子从台湾省找到了配型，但手术费用不菲。李振源原本希望以卖荔枝的方式为孩子筹得手术费，但当年正是"荔枝大年"，荔枝一直滞销，急得他不知如何是好。在宝安区慈善会得知这一事件之后，张洪华会长第一时间联系了宝安爱心企业家也是区慈善会副会长黄耀文一起去现场看，了解事情的经过后，黄耀文当即决定将李振源山头上所有的荔枝全包了。随后他将摘下来的荔枝送给了宝安辖区的福利院、救助站以及环卫工人，将这份爱心传递下去。作为宝安区慈善会的跑线记者，我见证了这一事件的始末，当看到得到帮助后的李振源激动的泪水时，我特别感动。我们生活在一个有温度、有爱心的城市里，身边有这么多充满善念的人，我也感到非常幸福。

宝企筑起铜墙铁壁　爱心诠释责任担当

记者：这几年受新冠疫情的影响，也涌现出了一大批具有社会责任感的企业，可以分享一段你报道过的印象深刻的防疫慈善故事吗？

田佳怡：2022年2月，宝安区局部再次出现新冠病例，宝安的医务工作者、街道社区工作人员等一线防疫人员以"深圳速度"奋战在防疫前线，全力守护市民的生命健康。这个时候，也有一大批爱心企业和爱心企业家为宝安防疫工作提供保障。印象最深的是宝安爱心企业鑫荣懋果业科技集团股份有限公司，他们在那时打出"你守护深圳，我守护你"的口号，把水果送给最美防疫人，齐心抗疫，共同守护深圳。

当时，充足的物资供应保障才能让深圳平稳渡过疫情防控难关。2022年3月中旬，鑫荣懋入选深圳市第一批"疫情防控生活物资保障企业"，并在第一时间启动全国供应链网络，紧急向深圳调配大量新鲜水果，以确保市场上水果货源充足、价格稳定。鑫荣懋深圳配送中心在保证日常水果供应的基础上，加大水果储备量及加工量，每天收发新鲜水果超过千吨，发往全市超过1000家商超门店、社区店等，全面覆盖线上、线下渠道，助力鹏城"果盘子"的稳定供应，让市民更有底气宅家。鑫荣懋为宝安防疫工作提供了有力保障，用爱心诠释了企业的担当。

新冠疫情期间，宝安多家企业主动担起社会责任，为宝安区抗疫一线捐款捐物，鑫荣懋只是其中一员。其间，还有很多宝安的爱心企业家，为奋战在抗疫一线的工作人员，捐赠抗疫物资和药品，其中包括口罩、消毒酒精、手套、防疫中药等，大家各尽所能、众志成城，希望能共同"战胜"疫情。作为一名记者，我深知疫情当前，企业的发展同样面临很大的挑战，而在这个时候企业还能想到如何回馈社会，履行企业的社会责任与担当实

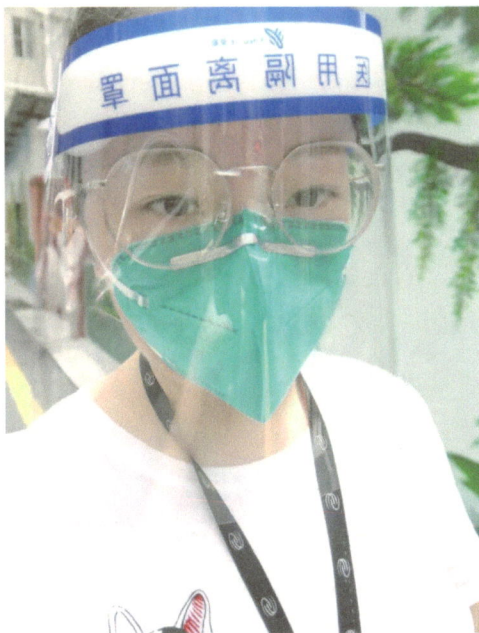

田佳怡参与疫情防控报道工作，记录感人慈善故事

田佳怡与慈善会的工作人员一起出差

属不易。在采访报道的过程中，我也被他们的这份爱心所感染。

感悟慈善的真谛　传播慈善"好声音"

记者：你觉得慈善有什么意义？作为一名记者，如何去将这些慈善故事传递出去？

田佳怡：我非常赞同宝安区慈善会张洪华会长的一个观点和理念，那就是"人人慈善"，慈善不分大小，有经济能力的人捐款捐物，没有经济能力的人助人为乐，只要你愿意参与其中，慈善就无处不在，慈善不是用金钱衡量的，也许一个关心的眼神、一句温暖的言语，也能帮助一个正处于困苦中的人。

我觉得慈善的意义是给在黑暗中绝望的人带去一束光，那束光是一只无形的手，它抓住了即将坠崖的人，给了他继续生存的勇气。在一次新安街道商会组织的"乐善社区行"活动中，我无意中采访到了一位社区居民，她几年前患有尿毒症，当新安街道商会得知她的情况之后，一直通过发放慰问金的方式帮助她，并关注着她的病情，她说现在她的身体情况越来越好了，已经可以上班了，她不知道怎么表达感激之情，只能说谢谢。当时她的泪水就在眼眶里打转，我认为这就是有意义的慈善救助，宝安爱心企业家们的善心，改变了她的命运，给了她继续好好生活的勇气。

作为一名记者，我想我能做到的就是做好每一次的慈善报道工作，写好宝安慈善故事，把善念传递出去，让更多的人了解宝安区慈善会，了解宝安区的慈善理念。同时，在采访过程中认识那些有爱心的宝安企业家和爱心市民，了解他们身上的慈情善念。我也会通过镜头记录下每一个感人的画面，每一个值得纪念的瞬间，希望能够感染越来越多的宝安人，使其加入宝安区慈善的队伍当中。

2021年已经是我做宝安区慈善会跑线记者的第九年了，在过去的8年的时间里，只要是宝安区慈善会组织的活动，我都第一时间赶到现场采访报道，及时发布新闻。现在，我会在做到这些的基础上，尽可能地通过宝安融媒App、视频号等多种新媒体渠道和方式传播慈善理念、慈善故事，继续扩大宝安慈善的影响力。

慈善人人可为　做慈善事业践行者

记者：你觉得宝安的慈善氛围怎么样？你一直以来参与慈善报道感觉最大的收获是什么？

田佳怡：宝安区的慈善氛围非常浓厚，从慈善微跑活动倡导"人人参与慈善"的理念到宝安区慈善文化进校园，让孩子从小就了解慈善、认识慈善，到慈善地标，一个永久的标志性的慈善雕塑的落成，再到慈善空间，可延续、可复制……一项项举措，让宝安的老百姓想不认识慈善都难，宝安的慈善氛围自然不言而喻。并且在我看来，宝安区慈善会是最干净的慈善会，任何线下活动都不动用慈善金的一分钱，着力打造阳光慈善、透明慈善。特别需要提到的是，宝安区慈善会会长张洪华非常尊重企业家，每当考察慈善项目，或者决定资助某一个慈善项目时，都会与企业家们沟通商量，得到认可后再上会、实施。宝安区慈善会倡导人人参与慈善，一滴水的力量很小，但是无数爱的水滴可以汇聚成一条爱的河流，爱和善不是一时冲动，而应是根深蒂固，永远传递、永远延续下去……

在当慈善记者的这些年里，我很荣幸加入宝安区慈善会这个大家庭，这里的每一位伙伴都非常亲切，尤其是张洪华会长作为一名退休的宝安老领导，没有任何领导架子，经常与我们谈心聊天，每次沟通的过程，对于我来说都是一个学习的过程，在他身上我看到了坚忍不拔，看到了永不放弃，看到了活到老学到老的精神，也看到了一个慈善人身上的大爱。他常常带着我们一起做慈善，他说"做慈善的人都会是幸运的人"，我相信这一点。每当我跟随宝安区慈善会到外地调研慈善项目的时候，无论当地是否下雨，天气是否恶劣，我们到达的时候一定会是晴空万里。

在参与慈善报道的过程中，一个个慈善故事感染了我，让我也心存善念。每当看到那些因为爱心建起来的学校里，学生们的笑脸；每一次慈善慰问中，受助人紧握的双手；每一次慈善项目考察中，一双双目光坚定的眼睛，我都深受感动，感觉自己是不是也应该做点什么。可自己的能力有限，我会在朋友圈中看到他人转发水滴筹时，出一份力，希望能够水滴聚成河，帮助那些遇到困难的人摆脱困境，渡过难关。

慈善人物感言 ☆ ★★ ★

慈善事业是社会文明进步的重要标志，一座城市，不仅需要有巍然耸立的高楼大厦，也需要有向上向善的精神楼宇。近年来，在宝安区慈善会的引领下，宝安慈善力量不断发展壮大，慈善作用日益凸显，慈善氛围持续向好。从传统的扶危济困，到如今宝安慈善事业已向多领域需求拓展，涵盖了扶贫帮困、助学支教、创业就业、助老助残、妇幼福利等诸多领域。宝安的慈善企业家和爱心人士正在用实践证明，慈善人人可为，而人人慈善，也将为人人带来更多、更直接、更实在的获得感、幸福感、安全感。

　　作为一名有着8年慈善报道经验的记者，田佳怡是宝安慈善事业发展中最直观的见证者和记录者。从她的话语中不难发现，她对宝安区慈善会会长张洪华的敬仰和对宝安区慈善氛围的认可与自豪。慈善的意义在于慈善精神的延续，带动更多的人加入慈善，形成互帮互助、和谐友好的社会氛围。在这一点上，田佳怡无疑用自己的方式，为宝安慈善事业发出了"好声音"，让更多的人了解到了宝安的慈善事业，以及温暖人心的慈善故事。8年里，她已然从一个见证者、记录者成长为慈善事业的践行者。

（记者：杨文静）